她們
魏晉南北朝
女子圖鑑

賈南風、綠珠、謝道韞……
她們的名字，勾勒出魏晉南北朝的波瀾

在亂世中的絕代風華
美麗與智慧的交鋒、權力與命運的博弈

挖掘魏晉被遺忘的故事｜書寫屬於女性的史詩篇章

淡霞——著

目錄

序　柳絮飄揚，命運隨風而舞

第一章　教育篇
賈南風：父母是孩子命運的起點

　　引子 …………………………………………………… 014
　　蒼黃：家族烙印的色彩 ………………………………… 017
　　漩渦：屬於上流階層的權力遊戲 ……………………… 042
　　深淵：叛逆者的終極宿命 ……………………………… 059
　　結語 …………………………………………………… 067
　　尾聲 …………………………………………………… 069

第二章　愛情
綠珠：剎那芳華，終生追憶

　　引子 …………………………………………………… 072
　　人間如夢，芳華難再 ………………………………… 075
　　那些與愛無關的故事 ………………………………… 093
　　結語 …………………………………………………… 106
　　尾聲 …………………………………………………… 108

第三章　才華篇
謝道韞：馥郁才情，蘭質慧心

引子 ………………………………………………………… 112

山陰道上的晉代風流 …………………………………… 115

才女的養成之道 ………………………………………… 128

從韶華到卓越的璀璨密鑰 ……………………………… 141

結語 ………………………………………………………… 149

尾聲 ………………………………………………………… 151

第四章　夢想篇
文明馮太后：讓夢想成為現實的燈塔

引子 ………………………………………………………… 154

微小身影的偉大抱負 …………………………………… 158

夢想如沉睡巨龍，喚醒即成非凡之力 ………………… 181

革新與堅韌的雙面詩篇 ………………………………… 190

結語 ………………………………………………………… 195

尾聲 ………………………………………………………… 196

第五章　選擇篇
李祖娥：翻轉人生的抉擇之路

引子 ………………………………………………………… 200

從微時到流年守候 ……………………………………… 203

誰能掌控世界的棋局？ ………………………………… 217

選擇之重與取捨之輕⋯⋯⋯⋯⋯⋯⋯⋯⋯⋯⋯ 231

　　結語 ⋯⋯⋯⋯⋯⋯⋯⋯⋯⋯⋯⋯⋯⋯⋯⋯⋯ 244

　　尾聲 ⋯⋯⋯⋯⋯⋯⋯⋯⋯⋯⋯⋯⋯⋯⋯⋯⋯ 246

第六章　美貌篇
馮小憐、潘玉奴、張麗華：傾城容顏，傾世傳說

　　引子 ⋯⋯⋯⋯⋯⋯⋯⋯⋯⋯⋯⋯⋯⋯⋯⋯⋯ 250

　　紅顏的絕代風華 ⋯⋯⋯⋯⋯⋯⋯⋯⋯⋯⋯⋯ 254

　　末世皇妃，難逃宿命？⋯⋯⋯⋯⋯⋯⋯⋯⋯⋯ 281

　　結語 ⋯⋯⋯⋯⋯⋯⋯⋯⋯⋯⋯⋯⋯⋯⋯⋯⋯ 296

　　尾聲 ⋯⋯⋯⋯⋯⋯⋯⋯⋯⋯⋯⋯⋯⋯⋯⋯⋯ 298

目錄

序
柳絮飄揚，命運隨風而舞

每一個時代都在創造歷史並書寫著歷史，讀歷史，是人生的必修課。歷史學家錢穆說：「當信任何一國之國民，尤其是自稱知識在水準以上之國民，對其本國以往歷史應該略有所知。（否則最多只算一有知識的人，不能算一有知識的國民。）所謂對其本國以往歷史略有所知者，尤必附隨一種對其本國以往歷史之溫情與敬意。」

本書的作者淡霞，以現代學者的素養和新的思維方式，把目光轉向魏晉南北朝300多年的歷史，為這一時期不同性格、命運的女性立傳，實為中國歷史人物研究打開一個新局面。多年來，作者一直關注、研究魏晉南北朝歷史，且著重觀察在這段歷史的風雲際會中，各色人物，尤其是女性的人生際遇、命運轉折，以及成為「名花」，或大小「人物」之後的悲歡離合，生死情懷。在洞察心底、觸摸靈魂的同時，逐漸發展出與以往歷史評判不同的獨到感知和見解，筆下的人物更具靈魂的血肉，也更具風采和精神。

在古代典籍記載中，王侯將相、才子豪傑，少不了與傳奇女性有一段或幾段纏綿的情感糾葛，而糾葛到最後，要麼生死相依，相約來世；要麼刀光劍影，視若仇寇。情天恨海，上演了一幕幕多姿多彩的悲喜劇。回顧悠長的歷史過程，傳奇女性與女性傳奇的存在，成為歷代史家與一般民眾非常感興趣的話題。隨著時間的流逝，這些話題又演繹出許多傳奇故事，於廟堂和民間綿延不絕，歷久彌新。

序

柳絮飄揚，命運隨風而舞

魏晉南北朝 360 多年歷史，只有幾十年是大一統的時代，其他皆是軍閥割據，或朝廷偏安一方，各自稱王稱霸的爭持階段。就在這個時期裡，戰爭連綿、英雄輩出、理想閃耀、個性張揚。其間，三國鼎立、魏晉風度、三教合流、衣冠南渡……可謂氣象萬千。此一時期，所謂的夷人、胡人等北方民族，為這個大家庭輸入了新的血液，開創了一代新風尚，奠定了大唐盛世的文化基礎。當然，這是從好的及有益的一方面來說，若從反面的壞的或弊端一方面而言，則這 300 多年歷史，又是一個混亂、無序、過渡型的非理性時代，弱肉強食的叢林法則遍及天下。孔武強蠻者，以力稱霸，繼而結黨營私，禍亂天下。以謀成事者，奸邪叵測，虎視朝堂，繼而篡權弄柄，斂財稱兵，竊國奪寶，顛覆正朔。最後導致華夏傾危，生靈塗炭，百姓沒於水火中。這便是一個真實的魏晉南北朝，也是一批批傳奇女性賴以生存、成長、蛻變的土壤。

書中描繪的賈南風、綠珠、謝道韞、馮太后、李祖娥、馮小憐、潘玉奴、張麗華等等一連串人物，毫無疑問是這個大時代最具傳奇色彩的女性。作者於浩瀚的歷史典籍中，探賾索隱，抽絲剝繭，鉤深致遠，從不同的視野和角度，以現代眼光透視歷史縱深，分析、描述、評論這些女性的美與醜，憎與愛，以及人生遭遇，命運浮沉。其間，穿插歷史案例，對照古今女性，旁及當時的重大歷史事件和歷史風貌，描繪出魏晉南北朝時代的女性所處環境與獨特個性，啟發後人。

書中展現的代表人物，讓我們較為清晰地看到，粗醜無比、貴為皇后的賈南風，妒忌而專權，機變百出，專權跋扈，無惡不作，實為八王之亂、少數民族南下的始作俑者。所謂不自找死路就不會死，賈南風的所作所為，堪稱西晉王朝的掘墓人。而美艷絕倫、賤為歌伎的綠珠，受鉅富石崇憐愛，笛聲曼妙，歌舞翩翩，彷若天仙下凡。其最終結局，與歷史上許多心比天高、命比紙薄的紅顏美人一樣，以命殉情，香消玉殞。正所謂，

問世間情為何物，直教人生死相許。這位奇女子於高樓之上縱身一躍，實則預演了西晉王朝奢靡浮華生活的終結，一個時代就此成為過去。

或許是命運的安排，或許是歷史的巧合，賈南風與綠珠兩個女性結局如此不同，恰如西晉正反兩個方面——豔麗和醜陋共存，人與狼共舞。此一情形，正如狄更斯（Dickens）所言：「這是一個最好的年代，這是一個最壞的年代。」淤泥中，依然有蓮花綻放；戰亂中，猶迴響著平等、博愛、向善、慈悲的琴弦。世人皆醉，亦有醒者。志士仁人以堅毅剛卓、不屈不撓的精神，懷抱為天地立心、為生民立命、為往聖繼絕學、為萬世開太平的崇高理想，不惜以身家性命，保護和延續文化的血脈。若東晉百年風雲激盪，產生了有「芝蘭玉樹」之美譽的陳郡謝氏，有「琳瑯滿目」之讚嘆的琅琊王氏。在王謝家族中，奇女子謝道韞博學聰穎，風韻高邁，具有林下風氣，被謝安稱為「雅人深致」，冠絕一時。代表東晉百年女性風采美韻的「林下風氣」，謝道韞一人啟之，一人領之，風頭之出色，成為一個時代的絕響。

按作者書中記述，謝道韞以婚姻串起西晉王謝兩大世家，其「詠絮之才」（未若柳絮因風起）、清談辯才（代小叔王獻之舌辯賓客）、臨陣豪勇（擊殺對立，即現代稱之反革命分子），其詩詞佳作「時哉不我與，大運所飄颻」，莫不讓後人追慕稱羨。作者以深厚的情感，優美的文筆，兼及對歷史人物的溫情敬意，描述了謝道韞才華蓋世，傳奇又富人情味的一生，透過對謝氏女的謳歌，以表彰民族獨立之精神，自由之觀念。

北魏馮太后，或輔佐，或臨朝，銳意改革，融會少數民族和漢族習俗與文化，為孝文帝漢化改革鋪路，實乃中國歷史上偉大的女政治家。李祖娥，北齊皇后，雖享榮華富貴，但優柔寡斷，一生命運坎坷，最後不知所終。這兩個北朝女性人物，皆有鮮明的個性與特點，或許是環境與時代使然，二人的命運結局卻是天壤之別。

序　柳絮飄揚，命運隨風而舞

　　馮小憐（北齊後主高緯嬪妃）、潘玉奴（南齊皇帝蕭寶卷寵妃）、張麗華（南陳後主陳叔寶妃子），個個姿容美麗，或才華過人，或精通音樂舞蹈。他們起於微末，得遇君王，算得上王朝末世的「絕代佳人」。然而，這幾位隔世的奇女子，上位之後耽於享樂，縱情聲色，最終的結局是「緣障未開，業塵猶擁，漂淪欲海，顛墜邪山」（北魏溫子昇〈定國寺碑〉）。李商隱有詩，諷喻北齊滅亡之禍：「小憐玉體橫陳夜，已報周師入晉陽。」馮小憐以哀婉的琵琶歌吟，預示著自己的命運：「雖蒙今日寵，猶憶昔時憐。欲知心斷絕，應看膠上弦。」在亂世如朝露的日子裡，美人們與主子一起拚命地折騰，掀起的欲海波濤淹沒了江山，最終也吞噬了自己。

　　歷史是一面鏡子，每個人看到的歷史，都投注了強烈的個人色彩。後世人類究竟從中得到什麼啟發？黑格爾（Hegel）說：「人類從歷史中學到的唯一教訓，就是沒有從歷史中吸取到任何教訓。」此語雖有些偏頗，但亦有其合理成分。又，培根（Bacon）說：「讀史使人明智。」因環境與時代所限，身處時代浪潮中的個人，無論渺小還是偉大，應當盡量使自己變得聰明和有智慧，且懷揣一份悲憫之心，充滿溫情地去認知、感受歷史上各種人物的命運，理解歷史事件的發生、發展與個人的作用，釐清歷史演變的脈絡，見微知著，透過已逝人物的悲喜劇，得到某些經驗或教訓，這便是我們今天讀本書的要義所在。

岳南

011

序

柳絮飄揚，命運隨風而舞

第一章　教育篇

賈南風：父母是孩子命運的起點

引子

西元1918年上半年，對中國名人圈而言，注定是不平靜的。

有人看破紅塵遁入空門，如著名音樂家、書法家、戲劇活動家李叔同，這年他沒有像往常一樣返家過年，而是於正月十五在杭州虎跑寺成為了悟禪師的在家弟子，法號弘一。有人曾問皈依佛門後的弘一法師怎麼理解俗世的愛，他回答：「愛，就是慈悲。」

有人則連紅塵之愛和佛門慈悲一起拋棄，駕鶴西遊，如著名詩人、作家、翻譯家蘇曼殊，於這年5月3日在醫院病逝……這位吟出「契闊死生君莫問，行雲流水一孤僧」的酒肉和尚、現代名士，死因竟是不聽醫生勸告的暴飲暴食。

蘇曼殊死後第二天，一位55歲老人也與世長辭，與李叔同、蘇曼殊揚名文壇。不同的是，這位老人未曾留下錦繡文章和魏晉風度供後世吟誦與仰慕，但他嚴謹自律的性格、愛與慈悲的精神，對近代歷史和政治、歷史人物，均產生巨大甚或奠基性的影響。

有人說，沒有他的資助，就沒有孫中山的革命事業，推翻中國兩千多年封建帝制的辛亥革命以及之後中國近代化的過程，也會受到一定影響；有人說，沒有他以及他的子女，中國近代歷史上諸多政治人物的性格和命運，都要改寫；有人評論，他的子女對20世紀的中國具有不可思議的影響力，甚至在一定程度上影響了中國的歷史演進。他的家族，因而成為世界關注的焦點。

他，叫宋耀如，他和妻子倪桂珍育有三子三女。她們是大姐宋靄齡、二姐宋慶齡、小妹宋美齡。宋氏三姐妹個個卓爾不群，無論是學識、才能，還是胸懷、膽略，皆為當時社會女性仰慕的楷模，更使一般人豔羨和無法企及的是，她們的婚姻亦屬傳奇。宋靄齡的丈夫孔祥熙，是中華民國

南京國民政府行政院院長兼財政部部長，同時還是一位銀行家和富商；宋慶齡的丈夫孫中山，辛亥革命之後被推舉為中華民國臨時大總統，是中華民國和中國國民黨的締造者，有「中華民國國父」之稱；宋美齡的丈夫蔣中正，曾任黃埔軍校校長，後任中國國民黨主席、「二戰」時期中國戰區最高統帥，直至「中華民國」總統。

宋家不僅三個女兒聰明優雅、風光顯赫，三個兒子宋子文、宋子良、宋子安也都以博士學位畢業，學有所成，事業風生水起。20世紀初的中國，綿延兩千多年的封建帝制被推翻不久，現代化的過程剛剛起步，重男輕女的觀念尚且深入社會核心，為何宋氏一門就可培養出如此多優秀的子女，尤其是對三個女兒的教育可謂一舉成功。答案或許就在宋氏家族的領導者宋耀如和倪桂珍身上。

作為宋氏家族的領導者，宋耀如深知教育和機遇對於一個人成才、成功的重要性。

譬如，他拋棄傳統的「女子無才便是德」的觀念，重視教育，積極努力為女兒尋找教育的機會。譬如，他沒有重男輕女的觀念，認為男女平等，父母應該給予女兒和兒子同樣的出國受教育的機會。宋氏三姐妹宋靄齡、宋慶齡、宋美齡都曾在美國的衛斯理安學院（Wesleyan College）讀書，宋靄齡還是學院的第一個中國留學生。譬如，他鼓勵女兒們開闊眼界，不局限於傳統，接受進步的理念。宋氏姐妹回憶，在她們留學美國期間，經常能收到父親寄來的信件和資料，向她們傳遞革命思潮的理念。正是在父親開明、有遠見、進步的觀念浸潤下，宋氏三姐妹才圓滿地完成學業，並成功地投身到追求民主革命的洪流中。

若說父親宋耀如是宋氏三姐妹觀念上的領導人、家庭教育中的主要「言傳」者，那麼，母親倪桂珍則是宋氏三姐妹行為上的引導人、家庭教育中主要的「身教」模範。

倪桂珍，浙江餘姚人，她的母親是明代科學家徐光啟的後裔。她敢於

突破傳統，為自己選擇伴侶，亦勇於打破世俗藩籬，用自己的實際行動教導女兒們如何成為一個對社會有用的人。譬如，她不溺愛孩子。宋靄齡和宋慶齡都是15歲就出國，宋美齡更是不到10歲就被父親送到美國讀書。明理的倪桂珍全力支持丈夫，不因為孩子們「少小離家」而糾結。譬如，她用基督教的寬容和博愛精神教導女兒們，並身體力行。她經常和丈夫宋耀如一起熱心接濟窮人，還出錢資助學校和教堂。這種長年累月的慈善行為，如春風化雨般滋潤著三個女兒的稚嫩心靈。儘管宋氏三姐妹後來的政治立場和人生道路有所不同，但她們都終其一生，積極熱心地投身社會活動，利用自己的影響力促進慈善事業的進步和發展。這不能不說是倪桂珍這位偉大母親潛移默化的功勞。又如，倪桂珍雖然支持女兒們接受進步的西方教育，但對中國傳統的禮儀，她同樣要求三個女兒嚴格遵守。無論何時，出現在公共場合的宋氏三姐妹，都穿著得體、舉止優雅，成為時人紛紛效仿的對象。

所謂梧桐樹易栽，金鳳凰難得，人們羨慕的是她們的美麗容貌、高雅儀態、良好教育、慈善精神，卻不知這非凡的背後，飽含著父親宋耀如辛苦創業的累積和遠見卓識的教導，母親倪桂珍身體力行的示範和奉獻精神的影響，以及他們共同營造的豐富人脈。人脈即資源，即機遇。宋氏三姐妹成為百年來歷史的傳奇人物，她們的成功是父母教育的成功，亦可謂近代中國家庭教育最成功的案例。

「今人不見古時月，今月曾經照古人。」在宋氏家族書寫歷史傳奇的1,600多年前的西晉王朝，也有一位同樣出身高貴、婚姻顯赫、叱吒風雲的「第一夫人」。她的命運和歷史評價，卻截然不同⋯⋯

蒼黃：家族烙印的色彩

泰始八年的傳奇

歷史的長河波瀾壯闊，歷朝歷代的普通年分皆為其不甚起眼的浪花。西晉的泰始八年，即如此。泰始，是西晉開國皇帝司馬炎用的第一個年號。泰始八年，即西元272年。

如同歷史上的每一個普通年分一樣，這一年，有生有死。「書聖」王羲之的老師衛夫人出生，竹林七賢之一、與嵇康一起打鐵且藐視鍾會權勢的向秀去世。同年去世的還有司馬家族壽命最長的司馬孚，他以93歲高齡故去，留下遺言：「有魏貞士河內司馬孚，字叔達，不伊不周，不夷不惠，立身行道，終始若一。當以素棺單槨，斂以時服。」（《資治通鑑》）司馬孚是晉武帝司馬炎的爺爺、司馬懿的弟弟，他的去世意味著三國一代風流真正的煙消雲散，穿著舊朝魏國的衣服下葬，也說明西晉建國初期的人心並非完全傾向新王朝，如偏安江南一隅的東吳皇帝孫皓，在自己的小王國裡一邊花天酒地，一邊做著統一中國的美夢。三國的另一霸主蜀國，已滅國多年，其樂不思蜀的末代皇帝、被西晉封為安樂思公的劉禪，已於前一年（泰始七年）在洛陽去世。改朝換代，風流雲散；時移世易，百廢待興。

泰始八年，是壬辰龍年，作為晉朝真龍天子的司馬炎，於國事，對南方的東吳政權磨刀霍霍，命令龍驤將軍王濬「罷屯田兵，大作舟艦」，有攻吳之計；於家事，他有安頓之計，鑑於後宮女子左芬出色的文學才華，司馬炎將她提拔為修儀。這一年的二月，他還為太子司馬衷迎娶了太子妃賈南風。

二月，辛卯，皇太子納賈妃。妃年十五，長於太子二歲，妒忌多權詐，太子嬖而畏之。（《資治通鑑》）

無論是唐人房玄齡領銜編撰的《晉書》，還是宋人司馬光撰寫的《資治通鑑》，史書上的賈南風都是又黑又矮又醜又毒又色又狡詐的醜陋形象，可謂占盡天下醜之最。其實，選她做兒媳婦，西晉開國皇帝晉武帝司馬炎一開始是非常抗拒的。

惠賈皇后諱南風，平陽人也，小名旹。父充，別有傳。初，武帝欲為太子取衛瓘女，元后納賈郭親黨之說，欲婚賈氏。帝曰：「衛公女有五可，賈公女有五不可。衛家種賢而多子，美而長白；賈家種妒而少子，醜而短黑。」元后固請，荀顗、荀勖並稱充女之賢，乃定婚。始欲聘后妹午，午年十二，小太子一歲，短小未勝衣。更娶南風，時年十五，大太子二歲。泰始八年二月辛卯，冊拜太子妃。妒忌多權詐，太子畏而惑之，嬪御罕有進幸者。（《晉書·列傳第一》）

《晉書·列傳第一》如此描述賈南風的模樣：「短形青黑色，眉後有疵。」沒有比較就沒有傷害，司馬炎為兒子司馬衷挑選妻子，心目中的形象與賈南風可謂完全是背道而馳的，他的標準可是很高。著名教育家評論司馬炎的選兒媳標準時說：「拿種之賢妒作第一個標準，足見對於女子是希望其柔順的。其次便希望其多子；當時觀察女子將來多子與否，也只能就其種觀察，如果她一脈宗支是蔓衍的，便認其為多子。希望多子，正表示宗嗣觀念之重。其次講到她的色貌，端正、長、白，便是美的標準。」[01] 可見，作為帝國的最高統治者，司馬炎對接班人——太子的婚事是極其慎重的，希望太子妃是一名長相好、生育能力強、賢慧柔順的有教養美女。為此，他像普天下所有愛擔心的父親一樣，放眼望去，早早鎖定了理想中

---

[01] 《中國婦女生活史》，陳東原著，商務印書館，2017 年 12 月版，第 64 頁。

太子妃的目標，那就是司空[02]衛瓘的女兒。史書記載，衛家可是世代子弟都顏如玉，家族裡美男美女如雲。流傳千古的「看殺衛玠」的典故，就出自他家。可惜，人算不如天算，天算不如謀算。最終，司馬炎違背初心，改變主意，竟從他最厭惡的「賈家種妒而少子，醜而短黑」的賈府中選中賈南風做兒媳婦，從而為自己辛苦建立的帝國埋下禍根。之後的歲月裡，深居後宮的賈南風以一己之力挑撥起「八王之亂」，「八王之亂」引起少數民族南下，少數民族南下導致西晉滅亡，西晉滅亡後出現五胡十六國和南北朝，從而使中國大一統的政治和文明出現斷裂，影響不可謂不深。此為後話。

危機和禍根，自泰始八年「二月，辛卯，皇太子納賈妃」就埋下了。然而，當時的司馬炎在這一年還在為消滅三國的餘孽東吳做準備。作為西晉的開國皇帝，他還在為建立大一統的中華帝國而努力奮鬥，沉浸在「天下一統」美夢中，雄心勃勃的他又怎會想到自己的一念之差竟為帝國帶來四分五裂的後果？

當時，同樣做著「天下一統」美夢的，還有東吳的孫皓。泰始八年，東吳與西晉在西陵展開大戰，西晉大將羊祜戰敗，被貶為平南將軍，東吳則大獲全勝。但美夢畢竟是夢，如幻如影，如風如露，終究破滅。東吳的孫皓沒能等來「青蓋當入洛陽」的榮耀，反而是八年後（西元280年）以亡國之君的屈辱身分被押送至洛陽。同樣，在洛陽宮殿宏偉寬大的龍椅上高高階坐的司馬炎，終於迎來了天下一統的輝煌時刻，幻想著江山的千秋萬代，卻沒想到這一美夢將被自己選中的醜兒媳婦擊碎，而這個日後差點掀翻西晉皇位的賈南風，是司馬炎親手下詔娶進家門的。

吳主既克西陵，自謂得天助，志益張大，使術士尚廣筮取天下，對曰：「吉。庚子歲，青蓋當入洛陽。」吳主喜，不修德政，專為兼之計。（《資治通鑑》）

---

[02]　古代一種官職，「三公」之一。

泰始八年，還給歷史留下兩場著名的口舌之爭。其一是賈充（賈南風之父）為維護司馬家族的利益，曾指使人在眾目睽睽下殺死魏國的皇帝曹髦（高貴鄉公），弒君的他被人以「高貴鄉公何在」質問得惱羞成怒卻也無從辯解，但弒君的他也正是靠著弒君「功績」而成為西晉的核心權貴人物，女兒賈南風由此得以踏進皇宮成為太子妃。歷史證明，賈南風挑起的「八王之亂」是西晉滅亡的開端。其二是當時著名的務實大臣羊祜非常不喜華而不實的人，對前來拜訪他的王衍沒有好臉色，認為他誇誇其談，並預言他「當以盛名處大位，然敗俗傷化，必此人也」。王夷甫即王衍，是西晉著名的清談家，後來高居宰相之位，西晉滅亡，王衍等高官權貴的清談誤國也是其中重要的因素。可以說，泰始八年，西晉尚未完全統一全國，卻已於前朝和後宮中埋下亡國的種子。

賈充與朝士宴飲，河南尹庾純醉，與充爭言。充曰：「父老，不歸供養，卿為無天地！」純曰：「高貴鄉公何在？」充慚怒，上表解職；純亦上表自劾。

羊祜不附結中朝權貴，荀勖、馮紞之徒皆惡之。從甥王衍嘗詣祜陳事，辭甚清辯；祜不然之，衍拂衣去。祜顧謂賓客曰：「王夷甫方當以盛名處大位，然敗俗傷化，必此人也。」（《資治通鑑》）

醜女賈南風在這神奇的一年，就此闖進人們的視野，走上歷史舞臺，開始自己濃墨重彩的表演。

▍誰為醜小鴨披上紅嫁衣？

古今多少事，都付笑談中。大概很少有人會想像：假如司馬炎得償所願，選取的太子妃是衛瓘家的女兒，歷史過程會發生改變嗎？歷史沒有假設。多數人關注、好奇的是，一個黑、矮、醜、毒、色、狡，幾乎沒有什

麼優點的女人，是如何走上西晉政治舞臺，並長袖善舞地毀掉司馬氏殫精竭慮、苦心謀劃篡奪來的江山呢？

德國哲學家黑格爾有句名言：「凡存在的就是合理的。」這裡的「合理」約為「合乎常理」。有著「千古第一醜后」之稱的賈南風能登堂入室，嫁給中華帝國皇帝之子、太子司馬衷，自有其存在的合理性。可以說，當時的她，占盡了天時、地利、人和。

充既外出，自以為失職，深銜任愷，計無所從。將之鎮，百僚餞於夕陽亭，荀勖私焉。充以憂告，勖曰：「公，國之宰輔，而為一夫所制，不亦鄙乎！然是行也，辭之實難，獨有結婚太子，不頓駕而自留矣。」充曰：「然。孰可寄懷？」對曰：「勖請行之。」俄而侍宴，論太子婚姻事，勖因言充女才質令淑，宜配儲宮。而楊皇后及荀顗亦並稱之。帝納其言。會京師大雪，平地二尺，軍不得發。既而皇儲當婚，遂不西行。詔充居本職。（《晉書‧列傳第十》）

先說天時。當時賈南風的父親賈充，因為擁立司馬氏家族奪取天下有功，被封為魯郡公，權傾朝野。當時，賈充「無公方之操，不能正身率下，專以諂媚取容」，很得統治階級信任；兼之他的女兒（與前妻所生）嫁給司馬炎的弟弟司馬攸，與皇家有姻親關係，賈充的權勢如日中天。朝中有些大臣看不過去，就想方設法建議皇帝，將賈充派往邊疆之地平叛。賈充深以為憂，不願去冒險，卻也不敢違逆皇帝的旨意。正當為難之際，前來為他餞行的老朋友荀勖就替他出主意：將女兒許給太子，要準備婚事，作為岳父的他當然就不能遠赴邊疆送死。如同溺水之人抓住一根救命稻草，賈充大喜過望，依計行事，所謂「獨有結婚太子，不頓駕而自留矣」、「既而皇儲當婚，遂不西行」。如此，賈南風作為賈充的女兒，就有了婚配太子的可能。此謂天時。

再說地利。地利即賈南風居住的環境和所處的地位。有了天時，只是

表明賈充之女有了婚配太子的可能，並不能就此認定賈南風一定能嫁給太子成為太子妃。因為賈充的女兒有好幾個，如賈荃、賈裕、賈南風、賈午等。賈荃、賈裕為賈充前妻所生，且已婚配，不必考慮。獨有賈午是賈南風的親妹妹兼潛在情敵，況且一開始，晉武帝就打算將賈午婚配給太子，然而這個賈妹妹實在運氣不好，沒有母儀天下的福氣，年齡小，身高不夠，連新娘子的嫁衣都撐不起來，於是，幸運的金蘋果就砸到醜女賈南風的腦袋上，一代醜后由此走上歷史舞臺。此為地利相助也。

最後是人和。醜女賈南風醜則醜矣，她背後龐大的利益集團亦不可忽視。為她鋪就嫁入皇室之路紅地毯的人，就是她的好父親、好母親。她的父親賈充，自不必說，不願去邊疆冒險平叛，自是絞盡腦汁促成女兒嫁給太子，況且以他擁立司馬氏建立晉朝的功勳和官職威勢，以及自己多年經營的官場人脈和朋友們，自有一批趨炎附勢之徒，自願自動地為他效犬馬之勞，朝中稱頌賈南風賢慧的阿諛奉承之聲不絕於耳。前文敘及的荀勖即為其中一員。

賈南風的母親郭槐，更是歷朝悍婦之代表。她的悍，不僅表現在對丈夫情事的嚴格控制上，還在於她能審時度勢，準確而果斷地抓住事件的關鍵點。比如為女兒擇婿，她鎖定晉朝未來的皇帝——太子司馬衷，並不忌諱當時傳聞裡司馬衷的白痴形象，也許她知道自家女兒的黑矮醜也是一大弱點，痴兒醜女成絕配，可謂精明至極。對自家劣勢清楚無比的郭槐，為達目的不擇手段，竟向富有四海的皇家——武元皇后楊艷行賄。皇家會缺錢嗎？還用得著收受賄賂嗎？答案是肯定的。

晉朝是個奢侈成風的朝代，奢侈過度必然囊中羞澀，沒錢當然就會接受不義之財，行賄受賄，賣官鬻爵，就連當朝皇帝晉武帝都不能避免。有一次，晉武帝問司隸校尉[03]劉毅：「你看朕和漢朝哪個皇帝能相比？」劉毅

[03] 官職，監督京師和京城周邊地方的祕密監察官。

乃正直之士,他不假思索地回答:「桓帝、靈帝。」桓帝、靈帝是漢朝有名的昏庸皇帝。晉武帝作為開國之君,自覺英明過人,本想收穫讚揚之詞,聽到拿他跟昏庸皇帝作比,心中不悅,就問:「為什麼這樣說?」劉毅毫無畏懼地說:「桓帝、靈帝賣官的錢,都充入國庫;陛下您賣官的錢,都用作個人開銷。這樣說來,您還不如桓帝和靈帝呢。」晉武帝知道劉毅說的都是事實,只好強顏歡笑說:「可惜桓帝和靈帝沒有像你這樣勇於直諫的忠臣,這樣說來,我還是比他們幸運。」身分高貴的皇帝,被臣下如此譏諷而不能理直氣壯地懲罰他,除了表明晉武帝略有雅量之外,最重要的是說明晉武帝本人心中有愧,默然即為承認。唐代詩人周曇寫過一組多達193首的詠史詩,評論歷史人物,談及晉武帝時,其詩云:「漢貪金帛鬻公卿,財贍羸軍冀國寧。晉武鬻官私室富,是知猶不及桓靈。」此言可謂不虛。

　　初,賈充妻郭氏使賂後,求以女為太子妃。及議太子婚,帝欲娶衛瓘女。然後盛稱賈后有淑德,又密使太子太傅荀顗進言,上乃聽之。(《晉書‧列傳第一》)

　　俗話說:上梁不正下梁歪。當朝皇帝都如此,何況皇后乎?楊豔皇后果然不辜負郭槐的厚望,收了賄賂後,就極力向皇帝誇讚賈家女兒的賢德。自古以來,枕邊人的洗腦是最溫柔,也是最猛烈的。為報答郭槐的賄賂,身為尊貴皇后的楊豔,不僅自己慫恿皇帝,還拉上太子的老師荀顗一起對晉武帝灌迷魂湯,真可謂幫人幫到底,送佛送到西。可惜,貪婪的楊皇后尚不知,凶悍醜陋的賈南風,豈是她的傻兒子司馬衷能駕馭得了的?她是在親手幫丈夫和兒子的王朝選擇掘墓人。

　　無論如何,占盡天時、地利、人和的賈南風成功了,在父母的輔佐以及賈氏利益集團的推波助瀾下,她青雲直上,坐穩了太子妃的寶座。父母親友齊上陣,烏鴉飛上梧桐樹。

毋庸置疑，賈南風是著名的醜女一枚，但她是王公世族的女兒，能在美女如雲的眾多競爭者中脫穎而出，一躍成為皇室的太子妃，這不能不說是靠著家庭背景導致的結果。在任何時代，家庭背景都是展現子女的婚姻角力，也是社會現實。古代傳統社會的大多數女子，大門不出，二門不邁，無法真正接觸社會，對男性、對婚姻只有幻想權，沒有決定權，故而，婚姻與其說是子女的聯姻，不如說是父母上半輩子的經營成果展現，拚的是父母的眼界和累積。正如美國著名漢學家伊佩霞（Ebrey）所說：「女人婚後過的日子是績麻還是教孩子讀書，相當程度上取決於她們加入的那個家庭的社會和經濟條件，而且沒有什麼比她自己出生的家庭情況更有可能預測她會嫁到什麼樣的人家。」[04]

▎母親的翻版：醜陋、妒忌

　　著名心理學家曾說：「基本上，人一生有兩個家庭：一個是自己出生、成長的家庭——我們稱為原生家庭；另一個是進入婚姻生活後所建立的家，也就是自己『當家』的家。」於女人而言，雖然在婚後建立的家是自己做主當家的兩人世界，但在家庭和社會上處理人際關係的方法，對待事物的思考和行為，卻無一不展現了自己原生家庭父母教育的巨大影響力，這影響甚至是刻在骨頭裡，流在血液裡，今生都無法改變的。比如，一代醜后賈南風，她的典型形象醜、妒、狡、毒，甚至她的少子，都可從其原生家庭窺見端倪。

　　史書沒有詳細記載賈南風婚前的任何動態，所有的黑箱作業和幕後謀畫盡由長輩們去表演，所以我們不清楚這位面相不討人喜歡的女孩是如何度過她的青蔥歲月的。對每個青春期女孩子都很在乎的外貌，她自卑嗎？

---

[04]《內闈——宋代婦女的婚姻與生活》，[美]伊佩霞著；胡志宏譯，江蘇人民出版社，2010 年 7 月版，第 232 頁。

對朦朧的愛情，她動心嗎？對未來的夫婿，她期待嗎？因為史料匱乏，這一切，我們都無從知曉，如同大多數歷史女人的模糊面孔，人們並不關注她們的個人情感。歷史，只看結果。

史書中，賈南風一出場，已是15歲，且直奔結婚而去。「更娶南風，時年十五，大太子二歲。」15歲的少女賈南風，身披嫁衣，珠環翠繞，嬌羞著，好奇著，被吹吹打打的迎親隊伍接進神祕森嚴的太子府。

宮門一入深似海。比太子大兩歲的醜女賈南風，搭配白痴太子司馬衷，這對姐弟戀的婚姻之路，這對奇葩組合的宮廷生活，腥風血雨，波詭雲譎。正是在這裡，賈南風將她家族先天遺傳和後天教育的醜、妒、狡、毒，輔以自己拙劣的臨場演技發揮，在西晉短命的歷史中，表現得淋漓盡致。

美和醜是相對的。西施、貂蟬、楊玉環、王昭君是中國歷史上著名的四大美女，她們常常成為歷代文人騷客或褒或貶的吟詠對象。同時，對應著四大美女，歷史上還有著名的四大醜女，她們是嫫母、鍾無豔、孟光、阮氏女，這四大醜女雖然容貌對不起觀眾，卻因品德高尚、賢慧而有才能被歷代文人稱頌。賈南風與之不同，醜則醜矣，德行亦不佳，以致成為歷代文人和史家口誅筆伐的對象。

美有多少種，醜就有多少種。單純的模樣醜，並不可怕，可怕的是導致的性格扭曲、放蕩無恥，以及擁有生殺予奪權力之後的暴虐殘忍。人醜就要多讀書，醜后賈南風也許讀了很多書，不然在當皇后的11年中，皇帝丈夫懦弱無能，她怎麼協助治理這個國家？然而，她性格裡的妒忌、狡詐、淫亂、狠毒成分，還是能從其原生家庭教育中找到蛛絲馬跡的。

賈公閭後妻郭氏酷妒。有男兒名黎民，生載周，充自外還，乳母抱兒在中庭，兒見充喜踴，充就乳母手中嗚之。郭遙望見，謂充愛乳母，即

殺之。兒悲思啼泣,不飲它乳,遂死。郭後終無子。(《世說新語‧惑溺篇》)

就妒忌而言,西晉一朝,賈家門第顯貴,賈充更是深得司馬氏兩代人信賴。誰能想到,這麼一個位高權重的風雲人物,竟是個「妻管嚴」。史書記載,賈充的老婆郭槐「性妒忌」,身為賈充的第二任妻子,將這位在朝中呼風喚雨的賈老爺管得服服貼貼,甚至因為她的妒忌任性,賈充竟沒留下男性子嗣,絕了後。

郭槐曾有一子名賈黎民。孩子滿一歲時(《晉書》中記載為賈黎民三歲時),奶媽抱著他在門口玩耍,賈充下朝後往家裡走,孩子遠遠看見父親回來,高興得眉開眼笑。賈充也被兒子的憨態逗樂,湊上前去逗孩子。誰知,善妒的郭槐看見這一幕,不但沒被這父子倆的天倫之樂融化感動,反而認為賈充在藉機勾搭、示愛奶媽。於是,怒氣沖沖的郭槐,當即找出鞭子,使出悍婦的威嚴,竟將奶媽活活鞭打而死。這邊可憐的奶媽冤魂未散,那邊可憐的一歲孩子賈黎民,因為是奶媽一手帶大的,奶媽一死,孩子就精神萎靡,不久也發病而死。這是郭槐第一次因為妒忌殺人,間接地也殺死了自己的親生兒子。

《晉書》記載,後來郭槐又生了一個兒子。還是被奶媽抱著,賈充又親近地去撫摸孩子的頭,碰巧這一幕又一次被悍婦郭槐看見,又一次被她懷疑奶媽與賈老爺有姦情,她故技重施,毫不猶豫地又一次殺死奶媽。無辜的奶媽成了又一個投訴無門的冤魂。不意外,這個可憐的孩子,跟他從未謀面的哥哥一樣,也因為依戀奶媽的溫暖,思慕而死。這是郭槐又一次因為莫名其妙的妒忌殺人,同樣又一次間接地殺死自己的親生兒子。

充遂無胤嗣。及薨,槐輒以外孫韓謐為黎民子,奉充後。郎中令韓咸、中尉曹軫諫槐曰:「禮,大宗無後,以小宗支子後之,無異姓為後之

文。無令先公懷腆后土，良史書過，豈不痛心。」槐不從。咸等上書求改立嗣，事寢不報。槐遂表陳是充遺意。帝乃詔曰：「太宰、魯公充，崇德立勳，勤勞佐命，背世殂隕，每用悼心。又胤子早終，世嗣未立。古者列國無嗣，取始封支庶，以紹其統，而近代更除其國。至於周之公旦，漢之蕭何，或豫建元子，或封爵元妃，蓋尊顯勳庸，不同常例。太宰素取外孫韓謐為世子黎民後。吾退而斷之，外孫骨肉至近，推恩計情，合於人心。其以謐為魯公世孫，以嗣其國。自非功如太宰，始封無後如太宰，所取必以己自出不如太宰，皆不得以為比。」（《晉書‧列傳第十》）

這麼多「又一次」，彷彿在屢次暗示，奶媽、賈充、孩子都是那麼的無辜，尤其是賈充，屢教不改，既然知道自家妻子的凶悍，就不能考慮一下瓜田李下之嫌嗎？郭槐知道自己得罪不起賈老爺，只好將莫名怒氣撒在可憐的奶媽和孩子身上。作孽何其深！

這麼多「又一次」，彷彿兒童扮家家酒一般，重複發生，理由只有一個：任何女人，不能靠近賈充。否則，來之，見之，殺之，哪怕是冒著連累自己骨肉的風險，也在所不惜。妒婦之心，何其毒也！

這麼多「又一次」之後，籠罩在悍婦郭槐淫威下的賈家，終於絕後。賈充死後，賈家沒有兒子來繼承爵位，郭槐無奈，只好把自己的外孫韓謐（賈南風的妹妹賈午的兒子）借過來，改名為賈謐，當作賈充的後嗣。早知今日，何必當初！

有其母必有其女。賈南風的妒忌本性，與母親郭槐的行事作風如出一轍。還在當太子妃時，賈南風就展露了其妒忌、「性酷虐」的本領。因為賈南風本性彪悍，頗得其母悍婦之風，一嫁入宮中就將太子制伏了。太子司馬衷智力不夠，性格又軟弱，一方面害怕賈南風，另一方面又被她迷惑，以致於不敢輕易寵幸其他小妾。但畢竟他是太子，小妾眾多，賈南風一時也管不過來。接連就有幾個小妾懷孕了。

按照封建等級觀念，小妾們地位低下，身為太子妃的賈南風對她們有管理和處置權力。因此，聽說有幾個小妾懷孕，賈南風都要氣炸了，本著殺雞儆猴的心理，她甚至親自動手殺死了幾個看護不周的宮女。

妃性酷虐，嘗手殺數人。或以戟擲孕妾，子隨刃墮地。帝聞之，大怒，已脩金墉城，將廢之。充華趙粲從容言曰：「賈妃年少，妒是婦人之情耳，長自當差。願陛下察之。」其後楊珧亦為之言曰：「陛下忘賈公閭耶？」荀勖深救之，故得不廢。惠帝即位，立為皇后。（《晉書‧列傳第一》）

洛陽城裡，太子宮中，氣氛凝重。幾個宮女屍骨未寒。小妾們被剛剛經歷的血淋淋的場面震住了，大氣都不敢喘一下，賈南風還不消氣，本就醜陋的面龐漲紅得如同豬頭，她一把奪過旁邊侍衛的戟[05]，一邊用狠毒的語言咒罵著，一邊用力扔向其中一位小妾高高隆起的肚子，嬌弱的孕婦哪裡忍受得了這麼猛烈的撞擊，疼痛難忍，一下就倒在地上。與此同時，肚子裡的孩子也一命嗚呼。光潔的地板上躺著嬌美柔弱的小妾，花容失色，奄奄一息。空氣中，瀰漫著一股血腥味，久久不散。沒有散去的，還有賈南風那殺紅了眼的妒忌和癲狂，她那勝利者的狂笑和復仇者的嘲笑，繞梁不絕，迴盪在森嚴的太子府上空，驚得幾隻看熱鬧的烏鴉，不忍卒看，亦落荒而逃。

晉武帝大怒。他還沒死，他還是當今帝國的皇帝，竟有人膽敢在他的眼前殺害他的皇孫、司馬氏的子嗣，簡直是膽大包天，罪大惡極。於是，他下令修建一座金墉城，想要廢掉賈南風的太子妃稱號，將她囚禁在金墉城。

賈南風，遭遇了人生第一次政治危機。起因是妒忌，殺人手段之殘忍絲毫不亞於其母郭槐。可是童年耳濡目染、有樣學樣之緣故？

---

[05] 古代兵器，在長柄的一端裝有青銅或鐵製成的槍尖，旁邊附有月牙形鋒刃。

當時賈充已去世，但他經營多年深厚的官場資源，此刻達到了決定性作用。後宮的趙粲（被封為充華）溫柔地勸解怒不可遏的晉武帝：「太子妃年少不懂事，妒忌是婦人之性情。長大了就不這樣了。」楊芷皇后的叔叔楊珧直接祭出賈充的旗幟：「皇上難道忘記賈公閭（賈充，字公閭）了嗎？」賈充生前好友荀勖也在晉武帝身邊為賈南風極力開脫罪名。在外朝、後宮的重重包圍下，強硬的晉武帝竟然又一次屈服了，如同泰始八年他聽從楊豔皇后和朝臣建議為司馬衷定下賈家婚事一樣。賈南風的婚姻和地位危機得以解除，繼續當她的太子妃。後來太子即位當皇帝，她被立為皇后，至於那些屈死的冤魂，早就被她丟到九霄雲外去了。

　　傳統社會家庭教育中，母親的言傳身教極為重要，尤其是對囿於狹小天地中的女兒而言，母親是她人生的第一任教師和榜樣。母親的教育不只是教會女兒學會女紅，懂得做妻子和母親的職責，更重要的是向孩子傳授社會準則和道德價值觀。母親的文化底蘊和行為準則，會深深印刻在孩子的幼小心靈中，待其長大成人，她會驚訝地發現，自己不知不覺中已成為母親的影子。如是，太子宮中的悍婦賈南風，豈不是賈充府上妒婦郭槐的另一翻版？人生何其神奇，種什麼因，結什麼果。

▌父親的餽贈：狡詐、狠毒

　　如果說賈南風的妒忌源自其母教導不周，上行下效，那麼，她見諸史書中的狡詐和狠毒，卻多數源自其父賈充的言傳身教。

　　賈充，字公閭，平陽襄陵人。父親賈逵曾做過魏國豫州刺史，被封為陽里亭侯。賈逵年紀很大時才生賈充，他認為這個晚出生的兒子當有充閭之慶，因此為他取名賈充，字公閭。賈逵是對曹氏魏國忠貞不貳的大臣，善於審時度勢的賈充卻在政治表態上倒向最終篡奪魏國天下的司馬氏一

邊。為了司馬氏，他甚至敢命人當眾殺死皇帝。

西元 260 年，已經即位 5 年卻未能擺脫司馬家族控制的魏國皇帝曹髦對司馬昭的專權非常不滿，他一邊狠狠地說著「司馬昭之心路人皆知」，一邊密謀奪回朝政控制權。這一年的五月，年輕氣盛的曹髦帶領一群侍衛攻打司馬昭的府邸，聲稱如有反抗者，就夷其三族。面對氣勢洶洶的皇帝，司馬昭府邸的士兵不敢上前迎戰，雙方僵持不下時，只見賈充匆匆趕來，他大喝一聲：「司馬公蓄養你們，讓你們養精蓄銳，正是為了今天，大家往前衝！」這時太子舍人[06]成濟站出來，抽出戈就向皇帝刺去，只聽「噗」的一聲，戈的尖頭已穿過皇帝後背而出。曹髦當即命喪血泊中。堂堂皇帝，竟在眾目睽睽之下被刺殺。慘案的始作俑者，當為賈充。曹髦是曹操的曾孫，曾被封為鄴縣高貴鄉公，他死後，司馬昭又立曹奐為皇帝，為司馬氏篡位進一步鋪平了道路，5 年後，司馬炎接受曹奐的禪讓，建立了晉朝。可以說，西晉創立，殺死 20 歲的血氣方剛的皇帝曹髦是最為關鍵的一步。這一步，功勞最大的是賈充。正如歷史學家陳寅恪所說：「高貴鄉公是由賈充出面指使成濟殺掉的。賈充是司馬氏及豪族的大功臣，他既為司馬氏奪取君權掃除了最後一個障礙，又為司馬氏保全了儒家名教信徒的美稱。」[07]

曹髦乃魏國正統的皇帝，賈充身為魏國大臣卻指使人殺死他，其弒君罪名是任何人都無法忽視的，故而朝中正直的大臣屢屢拿此事來質問賈充，前文提及的泰始八年的著名口舌之爭即為例證，大臣中甚至有要求殺死賈充來平息天下民憤的。但狡詐的司馬昭僅以處死成濟來敷衍了事，不僅保住了賈充的性命，還對他委以重任，更為信任。西晉建立後，賈充擔任車騎將軍、散騎常侍、尚書僕射，被封為魯郡公，其母親柳氏也被封為

---

[06] 中國古代官名，初設置於秦朝，是執掌東宮宿衛的，後來也兼管祕書、侍從之職。
[07] 《陳寅恪魏晉南北朝史講演錄》，陳寅恪著，萬繩楠整理，天津人民出版社，2018 年 12 月版，第 14 頁。

魯國太夫人。

心腸歹毒、手段凶狠的賈充，在歷史上背負著「弒君欺主」的罵名。明末清初著名思想家王夫之曾經評論賈充，即「寡廉鮮恥貪冒驕奢之鄙夫」。史書記載，「充有刀筆才，能觀察上旨」。意思是說，賈充有才華，善寫文章，很會察言觀色，常能體會上位者的意圖。此其狡獪之一。史書又載，「而充無公方之操，不能正身率下，專以諂媚取容」。意思是說，賈充不夠正直，不能以德服人，喜歡諂媚別人。此其狡獪之二。

賈充寡廉鮮恥至此，固然有社會風氣影響的因素，因為西晉的天下本就是司馬氏集團從曹魏政權的孤兒寡母手中取得的，談不上正義，更遑論光彩，作為開國功臣的賈充，在幫司馬氏篡奪皇位的過程中，自是做了不少違背倫理、弒君背主之事。朝代更替，人頭落地之時，誰的手上不曾腥氣沖天？然其以這種虛偽狡詐作風行事，必將潛移默化地影響到女兒。

在賈南風的人生詞典裡，耍小聰明、說謊，都不成為惡行，反倒是她的慣常伎倆。與她的狡詐形成鮮明對比，丈夫司馬衷的愚鈍也被載入史冊，成為千百年來人們譏諷調侃的對象。

帝又嘗在華林園，聞蝦蟆聲，謂左右曰：「此鳴者為官乎，私乎？」或對曰：「在官地為官，在私地為私。」及天下荒亂，百姓餓死，帝曰：「何不食肉糜？」其矇蔽皆此類也。（《晉書·惠帝紀》）

賈南風的丈夫司馬衷，是歷史上有名的白痴皇帝——晉惠帝，他為中國歷史留下兩個著名的愚蠢典故。一是「何不食肉糜」，一是「官私蛤蟆」。

就像賈南風的醜陋彪悍威名在外一樣，晉惠帝司馬衷的「不慧」形象，在他當皇帝之前，也早已不是什麼可以藏得住的祕密。他的父親——晉武帝司馬炎也曾懷疑過他的智商，擔心這個9歲就被立為太子

的兒子不能擔起一國之君的重任，於是決定出幾道題考驗一下，約定太子於限期交卷。

可以說，這次考驗也是太子妃賈南風人生面臨的一大關卡。若太子順利過關，賈南風的「太子妃升職記」可以順風順水地演下去；若太子因為智商不夠被廢，賈南風母儀天下的皇后夢就會煙消雲散。夫妻倆可謂在同一條船上，一榮俱榮，一損俱損。

關鍵時刻，賈南風的小聰明自然而然施展出來。她為太子準備了一份非常符合司馬衷平日形象的答案，這份答案，不能過於賣弄才學，因為大家都了解太子的智商，不具備學富五車的才能，作假更容易露餡；但答案又不能過於粗鄙簡陋，這樣會落人口實，坐實了太子的愚鈍。於是，賈南風命人模仿太子的口吻，寫了一份樸實直白又切中要點的答卷，然後交由太子謄寫一遍。晉武帝司馬炎審閱後，心中一塊石頭終於落地，史稱他「大悅」、「甚悅」。

司馬衷的太子之位能保得住，太子妃賈南風的小聰明，或者說狡詐功不可沒。

有子如司馬衷，有媳如賈南風，不知英明一世的司馬炎是怎麼安心躺在棺材裡的，大概也是死不瞑目。長江後浪推前浪，前浪死在沙灘上。不管怎樣，太子司馬衷還是順利即位，成為晉惠帝，立賈南風為皇后。

賈南風春風得意，大權在握，仗著自己是六宮之首想作威作福，沒想到身邊的宮女告訴她，作為兒媳婦，她有義務每天向太后請安問好，遇到大事還得向太后稟報商量，這可把這個野蠻皇后鬱悶壞了。做太子妃時，有皇帝等人壓著，現在好不容易成為皇后，能自由撒野，居然還有個太后壓著。

讓賈南風鬱鬱寡歡的太后，不是別人，正是晉武帝的第二個皇后楊芷。她是前任皇后楊艷的堂妹，也就是司馬衷的姨媽。這個楊太后平日裡

沒少教訓行為乖張的賈南風，因此賈南風對她又恨又怕，總想藉機除掉她。恰在此時，楊太后的父親楊駿因為被晉武帝任命為輔政大臣，全權負責朝廷大事，在朝中頗有地位。楊駿在外朝大肆封賞，藉機網羅黨羽，培植自己的勢力。他知道賈南風野心勃勃，時時提防著她，不願意讓她插手外政。

如此一來，賈南風在後宮受太后壓制，在外政上受楊駿猜忌，不能為所欲為，時間久了，就積怨成仇。她準備迅速除掉楊太后和楊駿這一對父女。為了迅速清除宿敵，頗有心機的賈南風發動了一場又一場軍事政變，害得西晉朝廷血流成河，人心惶惶。

一代醜后從此登上政治舞臺，磨刀霍霍對政敵。對歷史影響深遠的西晉內亂——「八王之亂」，由此拉開了序幕。

賈南風步入政壇的第一次戰鬥，矛頭直指楊駿和楊太后。因為楊駿勢力太強大，賈南風家族的力量不夠用，她想到了晉武帝分封在各地的藩王，這些藩王可都是掌握兵權、擁有自己獨立武裝部隊的。於是，她打出清君側的名義，唆使汝南王司馬亮[08]出頭。令她沒想到的是，汝南王膽小怕事，不敢答應。賈南風無可奈何，只好轉頭去找楚王司馬瑋[09]。司馬瑋年少輕狂，為人狠毒，是個無事也能掀起三尺浪的角色。他最喜歡瞎攪和湊熱鬧，一聽說能來京城鬧事，二話不說，一口答應，帶著軍隊就來到首都洛陽。因擔心自己勢單力薄，在路上，司馬瑋還拉上淮南王司馬允[10]，聯袂入朝，共同討伐楊駿。

楊駿平日裡驕橫跋扈，但是個優柔寡斷之人，敵人都打上門來了，他還在糾結要不要燒掉一座城門來保護自己。跟隨他的人看到領導者如此不

---

[08] 司馬懿第四子，皇帝司馬衷的叔祖父。
[09] 司馬炎第五子，皇帝司馬衷的異母弟弟。
[10] 司馬炎第十子，皇帝司馬衷的異母弟弟。

堪重任，紛紛四散逃命去了。這樣的人哪是亡命之徒司馬瑋的對手，很快，楊駿的府邸就被攻下。楊駿情急之下，躲在馬廄的草堆裡。奉命前來捉拿楊駿的士兵，在楊府裡找了一大圈都沒找到這個重量級人物，急得團團轉。正在這時，一個士兵隨意地走進馬廄，忽然發現牆角的一堆草料旁有些動靜，他一邊大喝「什麼人」，一邊向草料走去。叫喊聲吸引來更多的士兵走進馬廄，他們紛紛擁向草料堆，盼望能捉到大人物，立軍功，大發橫財。可草料堆那邊瞬間沒了動靜。立功心切的士兵們顧不了太多，紛紛拿起手中的戟向草料堆扎過去，只聽一聲慘叫，血染兵器。隨後，一個渾身被扎得像刺蝟一樣的血人被士兵們拖了出來，頃刻間就沒了聲息。可憐一代首輔大人，竟落得如此下場。而後，他的黨羽及其家族成員，均被斬首，血流成河，死了數千人。

楊駿死後，宮裡的楊太后沒有了靠山，只能任由賈南風處置。當初，在將士包圍楊府、誅殺楊駿之時，楊太后曾試圖救自己的父親，匆忙在一塊布料上寫下「救太傅者有賞」六個大字後，將布纏在箭上，射向城外，希冀有忠心者能去向楊駿通風報信。誰知，皇宮早就被賈南風的人包圍了，箭當然射不出去，早有人把它交給了賈南風。

楊太后飛箭示賞，非但沒有救成父親，反而因為這六個大字，成為賈南風下一個攻擊目標。楊駿既然是罪臣，楊太后想救他，自然構成謀逆之罪。賈南風利用這塊布料大做文章，誣陷太后造反，遂彈劾太后。剛開始，只是貶太后尊號，廢太后為庶人，將她幽禁在金墉城。後來，賈南風覺得還不解恨，礙於倫理，不能直接殺死自己的婆婆——太后，她就拿太后的母親撒氣，下令要將太后的母親龐氏斬首，罪名是家屬同坐。

眼看親生母親要奔赴黃泉，昔日的楊太后抱著母親嚎啕大哭，她甚至捨棄尊嚴，剪掉自己的頭髮，自稱「罪妾」，懇求賈南風高抬貴手，放她母親一條生路。誰知，心狠手辣的賈南風，一邊冷酷地欣賞婆婆的失魂落

魄，一邊指示行刑人盡快動手。幾個月後，被囚禁在金墉城的楊太后餓死了。據說是賈南風吩咐下人，不再替太后送飯。可憐的楊太后，多年前還在皇帝面前為賈南風求情、掩過，今日反要承受如此侮辱，甚至身家性命不保，真是好心沒好報。

龐臨刑，太后抱持號叫，截髮稽顙，上表詣賈后稱妾，請全母命，不見省。初，太后尚有侍御十餘人，賈后奪之，絕膳而崩，時年三十四，在位十五年。賈后又信妖巫，謂太后必訴冤先帝，乃覆而殯之，施諸厭劫符書藥物。（《晉書·列傳第一》）

「子係中山狼，得志便猖狂。」賈南風藉助宗室藩王的軍隊，清除了政壇對手──太傅楊駿的勢力；憑著自己的陰狠毒辣，在內宮中拔掉了楊芷太后這顆眼中釘。她初入政壇的這份狡詐、狠毒，與其父賈充當機立斷、殘暴的弒君行為，毫無二致。

女兒的權力遊戲

「賈充陰險狡詐，郭槐嫉妒霸道，賈南風則兼而有之。碰巧她的丈夫又忠厚得幾乎無能甚至弱智，因此這位賈皇后想不弄出些動靜來都難。」[11] 歷史學家所說的弄出些動靜，即指賈南風在西晉政壇掀起的一陣陣權力爭鬥。的確，自西元 291 年太傅楊駿被殺，外戚楊氏集團被整碗端走後，賈南風在政壇初試牛刀即告成功，她對權力遊戲的興趣更加濃厚。由此，她開始策劃第二次政治鬥爭，針對的是汝南王司馬亮和老臣衛瓘。

汝南王司馬亮是司馬懿的第四個兒子，也是宗室藩王中資歷最老的，是皇帝司馬衷和皇后賈南風的叔祖父。同時，司馬亮還是晉武帝臨終時的託孤大臣之一，只是因為外戚楊駿的阻撓，他未能入朝輔政。賈南風剪除

---

[11]　《魏晉風度》，易中天著，浙江文藝出版社，2016 年 3 月版，第 12 頁。

楊駿，自己勢力又弱，只好請出司馬亮來主持大局，入朝擔任太宰即宰相一職。

衛瓘就更不用說了。他是前朝老臣，不僅長得威風凜凜，還正直有謀略，頗有威望。晉武帝為太子娶妻時，當初最滿意的就是衛家，「衛家種賢而多子，美而長白」，後來賈充夫婦進行黑箱作業，才使得賈南風最終上位。因衛瓘曾經暗示晉武帝，太子司馬衷不適合坐上龍椅，故而賈南風素來怨恨衛瓘，同時還忌憚衛瓘的方正耿直，欲除之以絕後患。

楊駿被誅後，司馬亮和衛瓘共同輔政。論功行賞，楚王司馬瑋也被升為衛將軍。同時，賈南風也開始培養自己的勢力，提拔了自己的族兄賈模、外甥賈謐等外戚。朝中宗室和外戚，雙方對峙，免不得會產生利益糾葛，但終究還是宗室藩王的勢力強硬一點。對此，想獨斷朝綱的賈南風憂慮重重，雖然有自己的黨羽，但目前根基未穩，只怕打不過這些藩王，於是，狡詐的她處心積慮，導演了一齣借刀殺人的好戲。

朝中大事由司馬亮和衛瓘把持著，楚王司馬瑋對此頗為不滿，這便給了賈南風可乘之機。她汙衊司馬亮和衛瓘想要廢掉皇帝，說服晉惠帝下了一道詔書，要求楚王司馬瑋連夜除掉司馬亮和衛瓘。楚王司馬瑋為人輕率而奸險，出於自己的私人恩怨，就不管不顧地深夜去捉拿司馬亮、衛瓘二人。於是，毫無準備的司馬亮被亂兵殺死，投屍北門；衛瓘也束手就擒，滿門抄斬。

賈南風專政路上的第二塊絆腳石被清理了。第二次政變也圓滿成功。站在華麗宮殿裡帷幕後面的賈南風，或許有一種復仇的快感：衛家被滿門抄斬，雖然有幾隻漏網之魚，終究是「妒而少子，醜而短黑」的賈家戰勝了「賢而多子，美而長白」的衛家。

俗話說，打鐵要趁熱。殺紅了眼的賈南風擔心性格果敢的楚王司馬瑋

威權在手，對自己不利，索性一不做二不休，接著發動第三次軍事政變。這次的目標直指曾經的盟友、黨羽司馬瑋。她拿出倒打一耙的架勢，說楚王司馬瑋拿著假聖旨，擅自殺害司馬亮和衛瓘兩位輔政大臣，罪該萬死。

不可一世的楚王司馬瑋被捉拿，押往刑場。可笑的是，臨刑前，他還不斷為自己喊冤：「我沒有假傳聖旨啊，明明就是皇帝下詔讓我去查處汝南王和衛瓘的，怎麼可以說我是擅自行事呢？」連一旁的行刑人都知道他說的是事實，他確實是被冤枉的，可那又能怎樣呢？賈南風要他死，他就必須死。他本來是賈南風第一次政變和第二次政變的先鋒官，為她清除了專政道路上的所有敵人和對手，到頭來，他也成了她的刀下鬼，可謂冤哉。但司馬瑋未能在紛繁複雜、血雨腥風的政治鬥爭中全身而退，固然有賈南風的過河拆橋、恩將仇報之推動，也與他不辨忠奸、嗜殺如命、不留後路有關，亦謂不冤哉。

「會當凌絕頂，一覽眾山小。」經歷三次軍事政變的清洗，朝中已無人能與賈南風的勢力抗衡，她終於如願以償地把持了夢寐以求的朝政，登臨政治舞臺的正中央。西晉王朝由此開始了獨屬於賈南風的風雲時代。

青出於藍而勝於藍。西晉名臣賈充，僅是因為幫著司馬家族誅殺了曹魏政權的皇帝曹髦就加官晉爵，遺臭青史。他的女兒賈南風則更上一層樓，不僅血洗權貴忠臣，動不動就把別人夷三族，還讓宗室藩王為她賣命，乃至自相殘殺。她沾滿鮮血的雙手怎樣才能洗乾淨？

▎倉皇謝幕：螳螂捕蟬

客觀公正地說，賈南風雖然為人狡詐、行事狠毒，但在她當政的 9 年時間裡，即元康年間，任用一批能臣治理朝政，社會還算穩定。一個國家，只要內部不亂，不隨便替老百姓添亂，那天下就基本太平。

然而，天下終究還是不安分起來。究其原因，除了有少數民族武裝力量在邊境搗亂，還有西晉初年晉武帝分封在各地的藩王蠢蠢欲動。他們自私自利，不想著怎麼保衛朝廷，效忠中央，反而每個人都想來京城過一過大權在握之癮，甚至有篡位當皇帝的想法，認為皇帝輪流做，今年到我家，比如趙王司馬倫。

趙王司馬倫是司馬懿的第九個兒子，和前文提及的汝南王司馬亮是兄弟，不學無術的他見賈南風的勢力如日中天，就刻意攀附賈家，賄賂賈家人，殷勤諂媚地侍奉賈南風，因此得以成為賈南風的親信。

當時，經過近10年的刻意培養，賈南風的實力已不可同日而語，在朝中也遍布黨羽親信，她的舅舅郭彰、外甥賈謐等更加窮奢極欲，驕恣無比。朝中王公大臣，苟且偷安者多。與此同時，太子司馬遹也已長大成人，逐漸成為賈南風的心頭大患。賈南風生了四個公主，沒有兒子，她和她背後的集團擔心太子將來繼承皇位，對他們這一群人不利。於是，一個專門針對太子的陰謀就誕生了。和往常發動政變一樣，此陰謀的幕後指揮仍然是詭計多端的賈南風，方式是誣陷太子謀反，目的是廢黜太子。西元299年，一個風和日麗的下午，太子司馬遹在東宮閒著無事，正準備去他自己開設的宮中集市上算帳、練手（他親生母親謝玖出身屠戶之家，他便喜好估算貨物）。這時，一個小太監急忙走進來，說皇上身體不舒服，皇后娘娘請太子進宮服侍。懾於皇后平日裡的淫威，太子絲毫不敢怠慢，著急地問：「父皇到底是什麼病？」小太監回答「不清楚」。太子只好快步跟著小太監匆忙來到皇宮中。但等了好久都無人搭理他，倒是有幾個宮女不斷勸他飲酒，說是皇上所賜，太子不敢不喝，只喝到日頭偏西，酩酊大醉。這時，有太監拿來筆墨紙硯，請太子照著一張紙的內容抄寫。太子迷迷糊糊中便照做了。

第二天，賈南風一見到晉惠帝就對他說：「太子要謀反，你看，這麼

放肆的話他都寫得出來。」說著,將太子昨晚寫的紙遞上去。晉惠帝一言不發,隨後將太子所寫之物傳給朝臣看,打算將太子貶為庶人。朝臣們看過後不斷咋舌。原來,太子寫的是:「陛下宜自了,不自了,吾當入了之;中宮又宜速自了,不自了,吾當手了之。」意思是說,太子要當皇帝,要求晉惠帝和賈南風盡快下臺。謀反的意圖可以說非常明顯。此時有人質疑這不是太子的意思,隨後拿出太子平日裡的文字一對比,證明無誤,確為太子親筆所書。賈南風更加有理由認定證據確鑿、鐵證如山,慫恿著皇帝下了一道詔書,將太子貶為庶人,幽禁在金墉城。至此,賈南風達成廢黜太子的目的。

趙王司馬倫本是一無賴之徒,也不怎麼聰明,大事的決策都聽從其謀士孫秀。孫秀出身寒族,是個聰明人,看到賈后一黨氣焰如此囂張,只怕好事不長久,將來有人清算賈后一黨,自己和趙王也難脫關係。於是,孫秀替司馬倫出主意,定出反間計來加速賈后一黨的滅亡,這樣他們好渾水摸魚,藉機行事。趙、孫的反間計是這樣的:孫秀和趙王在外面散布謠言,說太子只是暫時被囚禁,將來還是會繼承皇位的。聽到風聲,賈南風必然憂懼,她會想盡辦法置太子於死地,以絕後患。如此一來,趙王就可以打著為太子報仇的旗幟順理成章地討伐賈南風。這樣,既可以藉賈南風的手殺死太子,又可以舉起義旗號召將士消滅賈南風,一舉兩得。

果然,太子將來必定繼位的流言一傳出來,賈南風就慌了。她狠下心來,決定殺死幽禁中的太子,以斷絕某些人的念想。她先是找情人——太醫令程據要些毒藥,派人讓太子吃。太子死命反抗,逃到廁所躲起來,賈南風派來的黃門追過去,用手中的藥杵將太子擊斃在廁所中。

事情的發展果真如孫秀所料。太子一死,趙王就藉口為太子報仇,夥同齊王司馬冏(司馬炎之姪,皇帝司馬衷的堂兄)起兵衝入宮中,準備擒拿罪魁禍首賈南風。在皇宮裡,他們先是碰見賈謐,將賈謐殺死在西鐘

下。臨死前，賈謐驚慌失措地高喊：「皇后救我！」賈南風聽見慘呼聲，急忙奔出來查看，沒想到迎面撞見齊王司馬冏。看見訓練有素的軍隊衝入皇宮，一貫鎮定的賈南風自知情況不妙，急忙跑到高處，遙望著晉惠帝，高呼：「皇上有我，才能存活到今天。如果今天我被廢，恐怕不久皇上也要被人廢黜了。」晉惠帝沒有回應。求救無望的賈南風不愧是見過大風大浪之人，瞬間就冷靜下來，知道自己難逃一死，便問誰是這次政變的主謀。齊王司馬冏高聲回答：「梁王司馬肜[12]、趙王司馬倫。」一聲長嘆，賈南風幽幽地說：「繫狗應當把狗的脖子繫住，我沒有這樣做，只是繫住狗的尾巴，怎能不被牠咬呢？」隨後，賈南風被送往金墉城囚禁起來。

趙王倫乃率兵入宮，使翊軍校尉齊王冏入殿廢后。后與冏母有隙，故倫使之。后驚曰：「卿何為來！」冏曰：「有詔收后。」后曰：「詔當從我出，何詔也？」后至上閣，遙呼帝曰：「陛下有婦，使人廢之，亦行自廢。」又問冏曰：「起事者誰？」冏曰：「梁、趙。」后曰：「繫狗當繫頸，今反繫其尾，何得不然！」至宮西，見謐屍，再舉聲而哭遽止。倫乃矯詔遣尚書劉弘等持節齎金屑酒賜后死。后在位十一年。趙粲、賈午、韓壽、董猛等皆伏誅。（《晉書‧列傳第一》）

永康元年（西元300年）三月，賈南風廢太子為庶人，很快就派殺手害死太子；僅一個月後，永康元年四月，趙王司馬倫廢賈后為庶人，很快賈南風在金墉城被趙王倫的一杯金屑酒毒死。

表面上看，殺死太子成為壓倒賈南風的最後一根稻草。太子死了，她也就倒臺了。實際上，賈南風的覆亡，早在她勾結汝南王司馬亮、楚王司馬瑋打倒楊駿之時就已經埋下禍根。所謂嗜權力者必致其身。天道昭昭，蒼天饒過誰？

一代風流人物賈南風，帶著她的醜陋、她的妒忌、她的狡詐、她的

---

[12] 司馬懿第八子，皇帝司馬衷的叔祖父。

狠毒、她的小聰明、她的陰謀詭計，以及她的「螳螂捕蟬黃雀在後」的遺憾，撒手人寰。

她走後，哪管身後已洪浪滔天；

她走後，她在後宮的得力助手、好姐妹趙粲被殺死，妹妹賈午被杖斃，后黨集團被一網打盡；

她走後，孫秀替晉惠帝做媒，白痴皇帝娶了個皇后羊氏，姿容秀美，傾國傾城；

她走後，趙王司馬倫逼晉惠帝禪位，自己當了皇帝，晉惠帝被迫遷居金墉城成為太上皇；

她走後，西晉皇族兄弟叔姪相鬥得更厲害，骨肉相殘，引爆「八王之亂」後半場，少數民族南下，中國大一統的局面被打破。

「煮豆燃豆萁，豆在釜中泣。本是同根生，相煎何太急？」西晉「八王之亂」的前半場，發生在賈南風活著時，參與者有汝南王司馬亮、楚王司馬瑋、趙王司馬倫；後半場，發生在賈南風死後，參與者有齊王司馬冏、成都王司馬穎、河間王司馬顒、長沙王司馬乂、東海王司馬越。司馬家族的八個藩王，你打我，我打你，只鬧得西晉朝廷一派烏煙瘴氣，最終給了少數民族入侵的機會。賈南風最先將宗室藩王拉入朝廷政權爭鬥中，說她是「八王之亂」的始作俑者、導火線，實非妄言。

「賈后甘為廢戮人，齊王還殺趙王倫。一從天下無真主，瓜割中原四百春。」唐末詩人周曇寫的這首詠史詩，清楚地表述了西晉的「八王之亂」少數民族南下等歷史事件與賈南風的關係。

漩渦：屬於上流階層的權力遊戲

一場考試眾生相

　　傳統封建社會中，皇權世襲罔替，或兄終弟及，或父子相傳，基於家天下理念和人類自私心理，絕大多數皇位傳遞屬於子承父業。因此，將要成為帝國下一任領袖的太子之位的確立在歷朝歷代都備受重視和矚目，動搖太子地位常被稱為「國本」不穩。帝國的現任皇帝，想到要將自己或辛苦創業或勤勉維持的江山事業交給兒子，多少都是有些不甘心、不放心的，尤其是這個太子看上去還是傻傻的，連普通人的資質都不如，作為帝國掌控者的父親就更擔心了。西晉開國皇帝司馬炎，就是這樣的父親。

　　泰始三年，9歲的司馬衷被立為皇太子。泰始八年，司馬衷成親，迎娶的是開國元勳賈充的女兒賈南風。賈南風性格強悍，善用權詐，本就不甚精明、智力不高的太子對她是又恨又怕，為人做事顯得更加愚笨。司馬炎看在眼裡，急在心裡。《世說新語‧方正篇》記載，中書令和嶠是正直之士，也是晉武帝親近和器重的人，他曾多次對晉武帝談及太子不堪繼承大統的顧慮。有一次晉武帝對和嶠說：「太子近來好像更加成熟，有長進了，你去試試看。」和嶠就去了，回來後晉武帝問他情況如何。和嶠回答道：「皇太子資質和從前一樣（皇太子聖質如初）。」言下之意是司馬衷還像從前那樣愚鈍。不以為然的司馬炎決定突擊測試太子，以此測試太子是否如外界所言那般「不聰明」。

　　這天，司馬炎召集太子東宮所有的大小官員，設宴招待他們。與此同時，他將一道提前準備好的疑難問題寫在紙上密封好，特地交代信使，讓他就待在太子那裡，等太子答完後就把試卷帶回來。沒想到，這一嚴格的

考試流程沒嚇到太子司馬衷，倒嚇壞了太子妃賈南風。賈南風知道太子愚昧，怎能完成如此高難度的試卷？完成不了測試，司馬衷還能保住太子之位嗎？司馬衷若不是太子，賈南風今後在皇家還有出頭之日嗎？想到此，她趕忙請外人幫忙作答。接到命題作文的作答者，洋洋灑灑，引經據典，很快就順利地完成任務。賈南風大喜過望，正要交給信使，這時一個名叫張泓的給使[13]卻說道：「太子不怎麼讀書，這份答卷卻引用了很多古義，皇上知道了，必定會責備做此答卷之人，如此更增加了太子的罪責，不如直接用本來意思作答。」賈南風聽後大喜，對張泓說：「你就為我好好作答這份試卷，將來富貴了與你共享之。」張泓本來就有小才，便做了一份答案，讓太子照抄一遍。司馬炎看到太子的答卷，大為高興。他先把這份答卷交給太子的老師衛瓘看，衛瓘看後顯出侷促不安的神情，這時大家才知道衛瓘先前曾對太子多有詆毀之言。宮殿上，眾人皆呼萬歲。賈充知道此事後，悄悄派人傳話給賈南風：「衛瓘這個老傢伙，差一點就毀掉你和太子（的前途）。」

一場考試，危機四伏，明槍暗箭，卻也是虛驚一場，皆大歡喜。考試的形式走完過場，考試的真相無從揭曉。

一場測驗，嚴肅活潑，鬧哄哄，沒測出太子司馬衷的實際水準，卻也真實地暴露出西晉朝堂的眾生相。

太子司馬衷確實愚笨。「帝常疑太子不慧」，給使張泓說「太子不學」。無論是賈南風找人作弊完成答卷，還是後來張泓的答卷完成後，「令太子自寫」，司馬衷都一一照辦了，一副順從呆傻任人擺布的白痴狀態。

帝常疑太子不慧，且朝臣和嶠等多以為言，故欲試之。盡召東宮大小官屬，為設宴會，而密封疑事，使太子決之，停信待反。妃大懼，倩外人作答。答者多引古義。給使張泓曰：「太子不學，而答詔引義，必責作草

---

[13] 服事；供人役使。供役使之人。

主,更益譴負。不如直以意對。」妃大喜,語泓:「便為我好答,富貴與汝共之。」泓素有小才,具草,令太子自寫。帝省之,甚悅。(《晉書·列傳第一》)

太子妃賈南風確實奸詐。考試一開始,「妃大懼,倩外人作答」,說明她知道丈夫的真實水準,很快便想到作弊這一解決方案。她也聽從了張泓「不如直以意對」的建議,說明她清楚張泓的考慮是正確的,很快便想出拉攏這個有才小官的辦法:把雙方的利益捆綁在一起,一榮俱榮,一損俱損。

給使張泓確實聰明。將太子的答卷從「多引古義」換成「直以意對」,既印證太子不是精明之人的傳聞,但也不至於讓太子下不了臺,一份平鋪直敘、中規中矩的答卷更符合司馬炎對太子的最低要求:可以不聰明,但不能呆傻,智商達到正常人水準就可以。作為一個混在東宮的頗有小才的小官員,張泓對宮廷之人、事、心理的掌握可謂精準。

太子少傅衛瓘確實忠誠,或者說老成。跟賈充一樣,衛瓘有「平蜀之功」,也是西晉的開國元勛。他個性嚴謹,以法禦下,為政清廉,甚得朝野讚譽。司馬衷被立為太子,朝中大臣都說他資質愚鈍,恐怕不能親自處理政事。正直而忠誠的衛瓘每次都想跟司馬炎談廢黜太子之事,但一直都沒有膽量和機會直抒胸臆。有一次司馬炎在凌雲臺舉辦宴會,衛瓘假裝喝醉,他跪在皇帝的寶座前說道:「臣有話想對陛下說。」司馬炎問道:「你想說什麼事?」衛瓘卻猶豫了,欲言又止,如是者三,不得已才用手撫摸著皇帝的龍椅說:「此座可惜!」精明的司馬炎瞬時便了解衛瓘的言外之意,故意說道:「你果真喝醉了啊!」衛瓘立刻領會司馬炎不願廢黜太子,從此不再對此多說一句話。賈南風卻因此跟衛瓘結怨。此次司馬炎考驗太子的智力,拿著一份作假的答卷給衛瓘看,似乎有藉機炫耀兼打擊前番「此座可惜」斷言之意。作為太子的老師,衛瓘能不清楚學生的資質如何?但晉武帝「甚悅」,他只能無言以對。正如他只有藉著喝醉酒才敢說

出「此座可惜」，晉武帝不接話，他也只能「不復有言」。忠誠正直的是衛瓘，老謀深算的是衛瓘，明哲保身的也是衛瓘。

先示太子少傅衛瓘，瓘大踧踖，眾人乃知瓘先有毀言，殿上皆稱萬歲。充密遣語妃云：「衛瓘老奴，幾破汝家。」（《晉書・列傳第一》）

司馬炎確實昏昧，或者說自欺欺人。太子不聰明，他本就存有疑慮；朝中大臣和嶠等人也屢屢說起，忠厚的老臣衛瓘甚至藉著醉酒明目張膽地犯顏進諫過，他都不理會。迫不得已，只得採用一次漏洞百出的小測試來走過場。結果如他所願，「帝省之，甚悅」。大概這就是他最想看到的答案，司馬衷畢竟是他唯一的嫡子，也是他的原配楊豔皇后誓死要保護的孩子，按照禮制，立嫡不立庶，若太子果真不聰明，他真就能廢黜之？果真廢黜太子，如朝中某些大臣所願，立自己的弟弟、齊王司馬攸為儲君，自己的子孫後代大權旁落，司馬炎又怎會甘心、瞑目？不如將錯就錯，太子資質平庸，但可堪大任。歷史小說家在《兩晉演義》中對此評論道：「武帝既知太子不聰，復恨賈妃之奇悍，廢之錮之，何必多疑，乃被欺於狡吏而不之知，牽情於皇孫而不之斷，受矇於宮帚而不之覺，卒至一誤再誤，身死而天下亂，名為開國，實為覆宗，王之不明，寧足福哉。」一語中的。

賈充確實老謀深算，或者說肚量小。聞聽衛瓘曾經對皇帝流露過撤換太子的意思，賈充立即反應過來：這個老傢伙跟自己一樣位高權重，但他對太子不滿，跟賈家不是同路人，得提醒宮裡政治經驗不豐富的年輕女兒多提防。

朝中其他人的態度是「眾人乃知瓘先有毀言，殿上皆稱萬歲」。一場小小的測試，關係的是太子司馬衷的命運，更重要的是，領袖的資質關係著帝國未來命運的走向。但眾人看不到真相，或者說不願意去探究真相，君不見，勇於進諫的忠臣衛瓘羞愧得滿臉通紅。現任皇帝「甚悅」即可，於

是眾人直呼萬歲。一朝哄得天子高興，哪管他日天下如何。

「天下熙熙，皆為利來；天下攘攘，皆為利往。」司馬遷在《史記》中這麼說。發生在西晉權力中樞的這一場考試，滿朝權貴熙熙攘攘的背後，寫著大大的「利益」二字。利益之所在，人心之所向，正是在這名為考試、實為鬧劇的考驗中，長袖善舞、初涉政事的賈南風見識了人性，測出了朝中各方實力。更為重要的是，她清楚地知道，自己處在一個怎樣的階層中，這個階層將教會她如何在權力遊戲中生存。這個階層的男女，都與她產生了剪不斷理還亂的關係與糾葛。

「皇家貴族」的男人們

西元 1931 年，河南省偃師縣（今中國偃師市）郊區出土了一塊西晉碑刻，這是中國現存最大、最完整的晉代碑刻，被稱為〈晉辟雍碑〉。此碑大約立於咸寧四年（西元 278 年），當時皇太子司馬衷 20 歲，碑文中提到他兩次親臨辟雍學禮一事，並盛讚「皇太子聖德光茂，敦悅墳素，斟酌道德之源，探跡仁義之藪，遊心遠覽，研精好古，務崇國典，以協時雍」。碑刻中用詞與史書中司馬衷「不聰明」的形象嚴重不符，對此，日本學者研究後解釋道：「〈晉辟雍碑〉盛讚皇太子的聰明好學，與文獻史料中所見晉惠帝為人暗愚的評論形成明顯的反差。皇太子被評論為人暗愚，同時太子的廢黜問題在當時形勢嚴峻，因此，或許正是為了消解或者說為了壓制、牽制此種動向，〈晉辟雍碑〉必須對皇太子大肆讚美，並以此進一步追捧太子，為他的形象鍍上一層金光。」[14]

史書中的形象由後世史官根據史料和史實來總結，碑刻中的形象為因應當時政治宣傳需求而產生，歷史上真實的司馬衷到底怎樣，或許只有與

---

[14] 《魏晉政治社會史研究》，[日] 福原啟郎著，陸帥、劉萃峰、張紫毫譯，江蘇人民出版社，2021 年 1 月版，第 154 頁。

之相處一二十年、身為妻子的賈南風才最有發言權。從歷史結局來看，身處太子及皇帝之位的司馬衷性格軟弱，沒有能力制約賈南風，大約不虛。皇家、貴族、特權，這個階層給予賈南風具有深厚影響力的社會教育的男性，不止一兩人。

晉武帝司馬炎。司馬炎的荒淫放縱在歷史上赫赫有名。他的後宮本來就藏有眾多美女，平定東吳後，又將東吳末代皇帝孫皓後宮的數千宮人納入自己皇宮，自此司馬炎的後宮美人一萬餘人，蔚為壯觀。更奇特的是，這些美女被司馬炎寵幸的有很多，仍掛一漏萬，有時甚至連皇帝本人都不知道該寵幸哪位美人，於是他別出心裁地想出乘坐羊車出行的主意。寬闊的皇宮大道上，司馬炎乘坐羊車慢悠悠地行進著，羊車走到哪位美人的住所前，司馬炎就選擇在哪裡就寢。時間長了，後宮美人為獲取皇帝寵幸，便想出奇招：羊喜歡吃竹葉，她們便把竹葉插在自家門上；羊喜歡吃鹽，她們便把鹽水灑在地上，以此吸引載著皇帝的羊車來自己的門前。清代詩人吳偉業有詩云：「羊車望幸阿誰知，青塚淒涼竟如此。」羊車望幸，即為晉武帝司馬炎的後宮香豔奇談。

石崇與王愷爭豪，並窮綺麗，以飾輿服。武帝，愷之甥也，每助愷。嘗以一珊瑚樹高二尺許賜愷，枝柯扶疏，世罕其比。愷以示崇。崇視訖，以鐵如意擊之，應手而碎。愷既惋惜，又以為疾己之寶，聲色甚厲。崇曰：「不足恨，今還卿。」乃命左右悉取珊瑚樹，有三尺四尺，條幹絕世，光彩溢目者六七枚，如愷許比甚眾。愷惘然自失。（《世說新語・汰侈篇》）

西晉自開國之初，朝廷便充斥著驕縱奢靡之風。富豪石崇與皇帝司馬炎的舅舅王愷財力競爭的故事家喻戶曉，王愷每次都被石崇比下去，很不甘心。晉武帝不僅不阻止這種奢靡之風，還加油添醋地支持舅舅。不意外，儘管有皇帝財力的撐腰，王愷還是大敗。《世說新語》還記載了晉武帝的妹夫王濟的鋪張浪費乃至暴殄天物的奢靡行徑。王濟移居到洛陽北邙山下，當時

洛陽人多地貴，王濟喜歡跑馬射箭，就買了一塊地做跑馬場，地價是用繩子穿著錢圍著跑馬場排一圈，可見地價之金貴，當時的人把這裡稱作金溝。這還是王濟被朝廷處分之後的生活，在這之前他生活的奢華更為誇張。有一次，晉武帝到王濟家裡，王濟設宴款待，用的全是玻璃器皿，一百多個服侍的婢女都穿著綾羅綢緞，用手托著食物。宴會上有一道菜是又肥又鮮的蒸小豬，和一般菜的味道很不一樣。晉武帝感到很奇怪，就問王濟是怎麼烹製的。王濟答道：「這是用人乳餵養的小豬。」武帝聽後非常不滿意，這道菜還沒吃完就走了。這可是連王愷、石崇都不知道的做法。

從被石崇一擊而碎的稀世珍寶珊瑚，到洛陽的金溝，乃至以人乳餵養的小豬，可見西晉貴族官僚和皇親國戚的驕縱奢侈已到何種程度。而作為最高統治者的晉武帝，對此種風氣的瀰漫是心知肚明的，他雖然不參與比賽富有的遊戲，卻經常資助舅舅王愷與石崇競爭；他雖然對妹夫王濟的人乳豬表示不滿，卻也沒對此採取任何懲罰措施，甚至對瀰漫於上流貴族圈的這種奢華之風持默許態度，乃至縱容、助長，加之晉武帝本人將參與賣官鬻爵的錢財落入私人腰包，可知當時腐敗之風氣已在上流社會形成汪洋恣肆、肆意橫流之態。正如近代中國著名歷史學家呂思勉一針見血地指出的：「司馬氏是武人，武人是不知義理，亦不知有法度的，一奢侈就可以毫無規範。」[15]

帝自太康以後，天下無事，不復留心萬機，唯耽酒色，始寵后黨，請謁公行。而駿及珧、濟勢傾天下，時人有「三楊」之號。

及帝疾篤，未有顧命，佐命功臣，皆已沒矣，朝臣惶惑，計無所從。而駿盡斥群公，親侍左右，因輒改易公卿，樹其心腹。會帝小間，見所用者非，乃正色謂駿曰：「何得便爾！」乃詔中書，以汝南王亮與駿夾輔王室。（《晉書·列傳第十》）

---

[15] 《中國政治史：呂著中國通史（下部）》，呂思勉著，鷺江出版社，2014年8月版，第97頁。

太傅楊駿。楊駿出身弘農楊氏，因為是皇后楊豔的父親，得以被晉武帝重用，封為臨晉侯。楊駿本無大才，且氣度褊狹，尚書褚䂮、郭奕都曾表示楊駿不能承擔管理社稷的重任，但晉武帝不從。武帝末年，寵信后黨，耽於酒色，遂將政事交付楊氏一族。

楊駿治國理政能力不出色，在皇帝面前欺上瞞下、坑矇拐騙卻很在行。晉武帝病重之際，尚未確立顧命大臣，楊駿就排擠異己，大肆樹立親信，武帝偶然清醒時，發現身邊的人都變了，對楊駿極為不滿，便下詔要求汝南王司馬亮和楊駿一起輔政。楊駿擔心自己不能獨攬大權，就把詔書借出來藏在自己手中不放，中書監華廙恐懼至極，屢次找楊駿索要詔書而不得。這一拖延之下武帝的病情加重，在身邊伺候的楊豔皇后趁機提出由楊駿來輔政，武帝口不能言，點頭同意。召來中書監華廙、中書令何邵，楊皇后口宣武帝的旨意使作遺詔。遺詔完成，拿給武帝看，武帝看著詔書卻沒有說話。兩天後，晉武帝駕崩。依著無理取鬧、瞞天過海、內外勾結的手段，楊駿遂成為帝國大權在握的唯一顧命大臣。

楊駿階緣寵幸，遂荷棟梁之任，敬之猶恐弗逮，驕奢淫泆，庸可免乎？（《晉書‧列傳第十》）

成功晉級為太傅的楊駿，清楚地曉得自己沒有多少威望，不能服眾，便一邊大力培植自己的勢力，將親信安插在重要的部門和職位；一邊又大開封賞，試圖拉攏左右，然終究因為其剛愎自用的品性而逐漸失卻人心。等到賈南風和楚王司馬瑋發動政變，以楊駿謀反的罪名圍剿太傅府邸時，楊駿又一次暴露出其性格和見識的不足。某一夜，楊駿在府中聽到宮中傳來討伐自己的消息，立即召集太傅府官員商議。這時，太傅主簿朱振出主意：「如今皇宮有變，必定是太監和賈皇后設計的陰謀，對太傅您不利。應該馬上燒掉雲龍門以警示眾人，然後搜查參與者，開萬壽門，率領東

宮和外營的兵，太傅您護衛皇太子進宮捉拿奸人。到時候，皇宮內大為恐慌，必定會將肇事者拱手送出，如此您可免於一場災難。」楊駿一向膽小怕事、性格懦弱，他考慮了很久，才說：「雲龍門是魏明帝花很大的力氣才建造起來，燒掉太可惜了。」眾人聽到此話，深感楊駿不是做大事之人，紛紛逃走。果然，楊駿很快就被前來緝捕的士兵戳死在馬廄中。太傅及其親黨，皆被夷三族，死者有數千人。

皇帝司馬衷。晉惠帝司馬衷是歷史上有名的白痴皇帝，在皇家園林中聽到蛤蟆叫，他會問這蛤蟆是為公家叫還是為私家叫；聽到大臣說老百姓因為大饑荒而餓死者眾多，他會問他們怎麼不吃肉粥。當太子時，因為「不慧」、「不學」，面對父親司馬炎的測試，只能照抄別人寫好的答案；當皇帝時，對於朝政大事他沒有決策權，先是受制於外祖父、太傅楊駿，賈后和司馬瑋等人要求討伐楊駿，楊駿的親信段廣跪在司馬衷面前辯解道：「楊駿受恩於先帝，竭心輔政。且孤公無子，豈有反理？願陛下審之。」司馬衷不回答。皇帝不吭聲，他的外祖父便身死族滅。於是，賈皇后開始在西晉政壇長袖善舞。風水輪流轉，9年後，賈南風被趙王司馬倫、齊王司馬冏聯手趕下皇后寶座。當齊王司馬冏押送著賈南風走過宮殿的側門時，賈南風遠遠地看見司馬衷，便大聲呼喊道：「我是陛下的妻子，你今天可以命人廢了我，他日你自己也可能被廢。」言下之意是讓司馬衷救她，哪知司馬衷還是未應答。

史臣曰：不才之子，則天稱大，權非帝出，政邁宵人。褒姒共叔帶並興，裏後與犬戎俱運。昔者，丹朱不肖，赧王逃責，相彼凶德，事關休咎，方乎土梗，以墜其情。溽暑之氣將闌，淫蛙之音罕記，乃彰嗤笑，用符顛隕。豈通才俊彥猶形於前代，增淫助虐獨擅於當今者歟？物號忠良，於茲拔本；人稱禕孽，自此疏源。長樂不祥，承華非命；生靈版蕩，社稷丘墟。古者敗國亡身，分鑣共軫，不有亂常，則多庸闍。豈明神喪其精

魄，武皇不知其子也！（《晉書・帝紀第四》）

司馬衷儘管是個白痴皇帝，但他名義上還是手握生殺大權的皇帝，對太傅楊駿和皇后賈南風危難之際的兩次不應答，除了再次證明他處於毫無良心的混沌狀態外，也間接地說明他對西晉朝廷中的權勢人物來講，一直是個傻乎乎的傀儡。賈南風死後，司馬衷的皇位甚至都被趙王司馬倫奪走了；幾年後，東海王司馬越用一張毒餅了結司馬衷的性命。

太子司馬遹。武皇（晉武帝）或許不知其兒子司馬衷真實的智力水準，但對皇孫司馬遹的聰明，是頗為讚賞的。司馬遹是司馬衷與後宮才人謝玖生的兒子，也是司馬衷的長子。他自小就顯出聰慧本性，晉武帝非常疼愛這個孫子，經常把他帶在身邊。有一天夜裡宮中失火，武帝登樓望之，這時年僅5歲的司馬遹走上前牽著爺爺的衣角把他引入昏暗的地方，武帝問他為什麼要這麼做，司馬遹回答說：「夜色蒼茫，起火倉促，這時應該防備不測之事發生，您是皇帝，不宜站在火光照耀的顯眼處。」武帝由此對這個孫子的聰明大加讚嘆。又有一次，司馬遹跟隨武帝看見一處豬圈，對武帝說：「這些豬很肥，何不殺了牠們讓士兵們享用，留著牠們反而浪費五穀。」武帝對這個建議頗為滿意，馬上命人宰殺這些肥豬。他一邊撫摸著孫子的背，一邊對廷尉傅祗說：「此兒當興我家。」有史家認為，晉武帝之所以敢將江山託付給傻兒子司馬衷，並非沒有深謀遠慮，他更為看中的是皇孫司馬遹的潛力，故而不廢司馬衷的繼承權。

（晉武帝）爰至末年，知惠帝弗克負荷，然恃皇孫聰睿，故無廢立之心。（《晉書帝紀・帝紀第三》）

舍人杜錫以太子非賈后所生，而后性凶暴，深以為憂，每盡忠規勸太子修德進善，遠於讒謗。太子怒，使人以針著錫常所坐氈中而刺之。（《晉書・列傳第二十三》）

晉武帝絲毫不掩飾對司馬遹的喜愛和讚賞，他甚至認為這個孫子像極了宣帝（司馬懿）。然而他沒料到的是，司馬遹「小時了了，大未必佳」，長大後的所作所為連一個正常的皇子都不及，更遑論與人中龍鳳司馬懿相提並論。司馬遹長大後，不好學，只想著與左右相伴的太監一起遊戲玩耍。皇后賈南風本就忌憚太子的地位和名聲，擔心太子即位後自己不能為所欲為，便藉機引導太子走上紈褲子弟之路：不尊敬老師，沉溺於嬉戲遊玩；不修德進善，不做正事，沉浸於小恩小惠，乃至開闢東宮中的一塊地為市場，在那裡賣菜賣酒，所得皆收入太子囊中。身邊正直的人勸諫太子，反遭他的戲弄。如此頑劣，於是親小人、遠賢臣的太子在沉淪的深淵越陷越深，直至掉入賈南風精心設計的圈套，被司馬衷廢為庶人，遷居許昌。賈南風至此還不放過司馬遹，不久她就派黃門孫慮遠赴許昌加害太子。孫慮逼著太子飲用毒藥，太子拚命反抗，一路逃到廁所，孫慮跟蹤過去，舉起手中的藥杵就朝太子的頭上敲下去，太子大聲呼救，連連慘叫聲甚至傳到大門外。然而，太子終究還是死了，終年23歲。

自泰始八年15歲的賈南風被一道詔書賜婚給太子司馬衷，她就踏入了皇家、貴族、特權階層的世界。在這個世界裡，她見識到了晉武帝司馬炎的淫蕩放縱和貪得無厭，太傅楊駿的無能奸詐和外強中乾，晉惠帝司馬衷的弱智呆傻和碌碌無為，太子司馬遹的好玩本性和頑劣墮落，除此之外，還有司馬氏諸位藩王的驕橫自大和欲壑難填，以及石崇、王愷、羊琇等高官顯貴的驕奢淫逸追求，這些尊貴的男性可都身處國家權力中樞和重要職位，本應具備非常高的素養、卓越的才能、過人的膽識、忠貞的品行，成為天下士人的表率，但他們每一個人都直接或間接地充當西晉王朝的恥辱代言人，乃至掘墓人。

在有限的與男性接觸的貴族團體裡，賈南風逐漸學會品嘗特權階層恃強凌弱、不講道義、胡作非為的甜頭，也收穫了刻薄寡恩、見死不救、虛

偽自私的薄情。這，便是她從貴族團體裡的男人們身上接受到的社會教育，難怪史學家如此評論：「賈充的長女賈南風是晉惠帝司馬衷的皇后，她的『荒淫放恣』，已不是非儒家的寒族不講禮法的問題，而是西晉豪族世家生活腐朽在最高統治階層的反映。」[16]

上流社會的女人們

《禮記》曰：「禮，始於謹夫婦，為宮室，辨外內。男子居外，女子居內，深宮固門，閽寺守之。」賈南風不是普通女子，她試圖在男性主宰的外域世界打出一片天地，但傳統社會中男主外、女主內的禮制對她還是有一定的約束力。無論是婚前還是婚後，她生活的上流社會中，女人們的人生經歷和行為處事都對她產生了一定的教化和浸染作用。她們，是她的婆婆、嫡母等女性長輩，也是她的情敵、妹妹等身邊的同齡女子。

武元皇后楊豔。楊豔皇后出身於弘農楊氏，母親很早就去世了，幼小的她只好寄養在舅舅家，舅母待她仁愛，親自哺育她，還將自己的孩子交給別人來餵養。楊豔年少時就聰慧，善於書法，而且容貌美麗，女紅熟練，是個標準的大家閨秀。有善於相面的術士曾預言這個女子未來貴不可言。司馬昭聽說後就為自己的兒子司馬炎聘娶了楊豔。婚後，司馬炎極為寵愛楊豔，楊豔先後生下三個兒子、三個女兒。司馬炎即位後，楊豔順理成章地被立為皇后，為了報答舅家的養育之恩，她將舅舅趙俊的姪女趙粲接到皇宮。趙粲遂成為司馬炎的夫人，也是後來的賈南風集團的禍亂分子之一。

養尊處優的楊豔皇后卻逐漸變得自私、貪婪且善妒。她的兒子司馬衷作為嫡子被立為太子，司馬炎認為這個傻兒子或許不能繼承大統，悄悄地跟皇后商量對策。暗藏私心的楊豔皇后卻說：「立嫡以長不以賢，太子之

---

[16] 《陳寅恪魏晉南北朝史講演錄》，陳寅恪著，萬繩楠整理，天津人民出版社，2018 年 12 月版，第 17 頁。

位怎麼能隨意變動呢？」於是，司馬炎便打消廢黜太子的念頭。楊豔病重之時，見到司馬炎一直寵幸胡夫人，擔心將來胡夫人成為皇后會動搖太子司馬衷的地位，臨終前楊豔將頭枕在司馬炎的膝蓋上，諄諄囑託道：「我叔叔楊駿的女兒楊芷有德有色，願陛下把她接進後宮。」一邊說，一邊悲噎著，念舊的司馬炎只得含著眼淚答應了她。於是，司馬衷的太子之位保住了，楊氏家族的另一個女兒也成為晉武帝的皇后。

在對待兒子的婚事上，貴為皇后的楊豔也顯露出貪婪短視的本色。賈充的妻子郭槐曾向楊豔皇后行賄，想讓自己的女兒成為太子妃。在談論太子的婚事時，司馬炎本想為兒子聘娶衛瓘家的女兒，因為「衛家種賢而多子，美而長白」，賢慧、能生育、美麗、高挑、皮膚白皙，可謂人間優秀女子之極品。但是，楊豔皇后堅決不同意，她極力稱讚賈南風有賢淑的品德，又祕密派人指使太子太傅荀顗向皇上推薦賈家女，於是司馬炎妥協，賈南風順利嫁入東宮。楊豔性妒，收了郭槐的賄賂，為兒子娶了個醜女。

武悼皇后楊芷，是楊豔皇后的堂妹。堂姐死後，她被立為皇后。其父親楊駿也因此飛黃騰達直至宰輔之位。如前文所述，楊芷仗著司馬炎的寵愛，在司馬炎彌留之際，和父親楊駿合謀上演了一齣瞞天過海的竄改遺詔把戲，司馬炎無奈，糊里糊塗地同意由楊駿一人擔任顧命大臣。鑑於司馬衷處理朝政的痴呆本性，以及楊芷身兼姨母和皇太后的雙重長輩身分，當時，西晉朝堂和後宮大權都被楊氏父女收入囊中，因此也引起司馬家族諸王和賈南風的極度不滿。賈南風隨後誣陷楊駿造反，派楚王司馬瑋和東安王司馬繇拿著詔書去誅滅楊駿。如前所述，楊駿被以謀反的罪名誅殺，楊太后的飛箭傳書也成為參與謀反的一個罪證，這給了賈南風一個非常好的扳倒楊太后的機會。她慫恿其黨羽上書說：「（楊太后）飛箭繫書，要募將士，同惡相濟，自絕於天。」司馬衷不忍心處罰自己的姨母，下詔說：「這是大事，再認真考慮一下。」然而司馬衷終究拗不過朝中大臣要求，下詔

廢黜楊太后的尊號，將她囚禁到金墉城。就此，賈南風一群人還不放過楊太后一家人，他們上書要求懲處楊太后的母親龐氏，理由是楊太后被廢為庶人，楊駿謀反被誅一案中，作為家屬的龐氏理應交給廷尉行刑。司馬衷不忍心看著姨母的母親被行刑，他下詔要求龐氏和楊太后一起居住金墉城即可，然而賈南風不同意，在她的一再堅持下，龐氏被執行死刑。

　　武悼楊皇后諱芷，字季蘭，小字男胤，元后從妹。父駿，別有傳。以咸寧二年立為皇后。婉嬺有婦德，美映椒房，甚有寵。生渤海殤王，早薨，遂無子。太康九年，后率內外夫人命婦躬桑於西郊，賜帛各有差。（《晉書·列傳第一》）

　　父親楊駿被士兵用戟戳死於馬廄中，母親龐氏被廷尉處死，楊芷皇太后的生命也走向了盡頭。被拘禁在金墉城的她，最後被活活餓死，時年34歲，在位15年。賈南風頗為迷信，楊太后被折磨死後，她擔心太后在地府向先帝訴說冤情，便命人將楊太后臉朝下入殮，還在棺材中放置一些消災闢邪的符書藥物。

　　才女左芬。左芬是西晉著名文學家左思的妹妹，左思因其〈三都賦〉橫空出世而讓文學史留下「洛陽紙貴」的成語。妹妹左芬在哥哥的影響和家世的薰陶下，從小就好學，善於寫文章，她的才名雖然比不上哥哥，但還是傳到晉武帝司馬炎耳中，將她納入後宮。泰始八年，就在醜女賈南風成為太子妃的那年，醜女左芬被晉武帝冊封為修儀。賈南風憑著家世讓烏鴉飛上梧桐樹，左芬則因為才華出眾而成為晉武帝的御用女祕書，或曰文學工具。

　　在後宮升職後的左芬，奉晉武帝之命，作過〈離思賦〉；泰始十年（西元274年），楊豔皇后去世，左芬獻上誄文「赫赫元后，出自有楊。奕世朱輪，耀彼華陽⋯⋯」咸寧二年（西元276年），晉武帝納楊芷為皇后，左芬

又受詔作頌，其辭曰：「……惟瀆之神，惟嶽之靈。鍾於楊族，載育盛明。穆穆我后，應期挺生……」晉武帝的女兒萬年公主去世，武帝悲痛不已，又令左芬寫誄文。左芬的文章文辭尤為華麗，武帝正是看重她辭藻繁麗，每次遇到奇珍異寶，一定要下詔令左芬為之作賦頌。左芬因此屢獲皇帝的恩賜。

才女左芬也許是受寵的，修儀左芬後來又升為貴嬪左芬，卻是孤獨而失寵的，因為她的貌醜，也因為她的羸弱。西元 1930 年，河南省偃師縣（今中國偃師市）城以西十五里的蔡莊村，出土了一塊〈左芬墓誌〉。墓誌正面刻著：「左棻，字蘭芝，齊國臨淄人，晉武帝貴人也。永康元年三月十八日薨。四月二十五日葬峻陽陵西徹道內。」平鋪直敘的短短幾句話就將一代才女的一生總結完畢，與她活著時文辭的華麗優美有著天壤之別。冰冷的石刻墓誌清楚地顯示，左芬死於永康元年（西元 300 年）三月十八日。巧合的是，就在這一年，一代醜后賈南風也死了，死於政敵送來的一杯金屑毒酒。

後為貴嬪，姿陋無寵，以才德見禮。體羸多患，常居薄室，帝每遊華林，輒回輦過之。言及文義，辭對清華，左右侍聽，莫不稱美。（《晉書・列傳第一》）

淑媛謝玖。謝玖出身貧賤，父親以屠羊為業，她溫柔賢淑，被司馬炎選入宮中封為才人。司馬衷還在東宮時，到了要納妃的年紀，武帝擔心傻兒子還不知道帷房之事，便把自己的才人謝玖派到東宮侍寢，此後謝玖懷上兒子司馬遹（也有人據此認為司馬遹是晉武帝的兒子）。賈南風聽說此事後，又妒又恨，謝玖看出苗頭不對，主動申請回到西宮，遠離太子和賈南風。在西宮，謝玖生下司馬遹，兒子三四歲了，司馬衷還不知道。有一次司馬衷去拜見父親，見司馬遹與其他皇子在一起嬉戲，他拉著司馬遹的

手，這時，武帝說：「這是你的兒子啊。」司馬衷這才知曉自己有兒子。司馬遹即位後，司馬遹被立為太子，謝玖被封為淑媛。賈南風不准太子和謝玖相見，讓謝玖獨居一室。十年後，司馬遹掉進賈南風精心設計的圈套，被廢黜太子之位。司馬遹成為庶人，隨後謝玖也被賈南風害死。

賢媛李氏。賢媛指有德行、有才智、有美貌的女子。賈充的第一任夫人李氏就是這樣的女子。李氏是魏國中書令李豐的女兒，李豐因牽連到曹魏和司馬氏的政治鬥爭中被大將軍司馬師殺害，當時，李氏已與賈充成婚多年，是賈府的媳婦，但她受父親的牽連還是被流放。直到西元265年晉武帝即位，天下大赦，李氏才遇赦回來。《世說新語・賢媛篇》中記載了李氏的賢媛風采。李氏居住在外，不肯回到賈充的府邸。賈南風做了太子妃後，郭槐對賈充說她想去看看這個落魄的前妻，賈充回答道：「她性格剛強正直，還很有才氣，你還不如不去。」但郭槐不聽，她的女兒已是太子妃了，她怕什麼。於是她帶著規模宏大的儀仗隊伍和許多侍婢來到李氏的住所，進門後，李氏起身迎接，郭槐卻不自覺地雙膝自然彎曲，跪下行再拜禮。回到賈府後，郭槐對賈充說起此事，賈充說：「我告訴你什麼來著？」李氏的風采令郭槐甘拜下風，但由此也讓她的妒性大發，把丈夫看得更緊了。「自是充每出行，槐輒使人尋之，恐其過李也。」（《晉書・列傳第十》）

風流妹妹賈午。賈午是賈充的小女兒，也是賈南風同胞的妹妹，丈夫是美男子韓壽。韓壽，字德真，美姿貌，善容止，賈充讓他擔任司空掾（祕書或助理。巧合的是，美男子潘安也擔任過司空掾一職）。賈充每次在家宴請賓客和同僚，小女兒賈午經常躲在青帳後面偷看，看到美男子韓壽，一下子就愛上了他。她問旁邊的婢女是否認識此人，有個婢女說她認識，韓壽是她原本的主人。賈午春心萌動，浮想聯翩，婢女就去韓壽家詳細說明了賈午的想法，並說這個女孩光麗豔逸、美豔絕倫。韓壽聽後心

有所動，便讓婢女代為聯絡。婢女告訴了賈午，賈午便暗暗準備了非常貴重的禮物，請韓壽晚上來見面。韓壽年輕有活力，敏捷過人，他每晚翻牆來往，賈家的人都不知曉，唯有賈充感覺到小女兒近來神情愉悅、精神煥發，不同於往日。

當時西域進貢來一種奇香，這種香一旦沾到人的身上，整整一個月香味都不會散去，晉武帝對此非常珍惜，只賞賜給賈充和大司馬陳騫。賈午悄悄地從父親那裡偷來一些奇香，轉手送給情郎韓壽。有一次賈充的同僚與韓壽宴飲，聞到他身上芬芳濃郁，便把此事告訴了賈充。至此賈充才知道小女兒與韓壽私通，但當時賈府門窗緊閉，看管嚴謹，他不清楚韓壽從哪裡進來的。於是當天夜裡，賈充假裝受驚，說是看到進了賊，命人繞著院牆看是否有異樣。左右的人回覆道：「其他的都沒發現異常，只有東北角的牆好像被狐狸爬過一樣。」賈充於是拷問賈午的左右隨從，他們均如實回答。賈充將此事隱瞞下來，隨後便將賈午嫁給韓壽為妻。這便是歷史上有名的風流韻事「韓壽偷香」。

圍繞在醜女賈南風身邊的上流社會的女人不止這三人，也上演了不止一場精彩絕倫的人生好戲。她們角色和身分特殊，是賈南風的女性長輩，本該賢淑明禮、以身作則，成為賈南風效仿的女性榜樣，然而，婆婆楊豔皇后收受賄賂，暗藏私心；婆婆楊芷皇后勾結外戚，大權獨攬；賢媛李氏倒是具備大家閨秀風範，但失去家族勢力和權力支撐，照樣落魄難堪。長輩們沒好榜樣，賈南風環顧四周，情敵謝玖儘管有被立為太子的兒子傍身，仍舊難逃被害的悲慘命運；妹妹風流主動，打破常規，為自己贏得了美男和幸福。

人生苦短，賈南風想活出怎樣的人生，做個怎樣的女人，或許在她參照上流社會的女人異彩紛呈的人生經歷時就已有答案。她們用故事和生命教會她：不用修身養德，亦可身居高位；不用貌美如花，亦可在後宮有一

席之地；不用生兒子，亦可擁有榮華富貴。追逐權力，善用權謀，主動出擊，贏得機會。拜她的女子教育團所賜，歷史上的賈南風，就是這樣做的，直至墜入深淵。

深淵：叛逆者的終極宿命

▎橫空出世的離經叛道者

女子無才便是德，娶妻當娶賢，大概是中國封建社會對女子道德的基本要求。家有賢妻是家族興旺發達、流芳百世的基礎，然而這個美好願望在晉惠帝司馬衷這裡落空，他的皇后賈南風不只不是一個賢妻，反而因行事乖張成為歷史上惡名昭彰的女人。這個女人出身高貴，嫁入皇室，成為一國之母，本應是天下女子的表率和模範，卻偏偏走上離經叛道之路。

婦道。三從四德是封建社會女子的行為準則，三從指在家從父，出嫁從夫，夫死從子。四德指德、言、容、功。毫無疑問，這些規則對賈南風這個異數並未有很強的約束力，她時時在尋找突破的機會。俗語云：醜人多作怪。賈南風雖然是個醜得出名的已婚女人，但婚後的她絲毫不會遵循傳統社會要求的謹言慎行、忠貞不渝的婦德，加之丈夫痴傻，不解風情，她又手握生殺予奪的權柄，更是將傳統婦道的規則拋諸腦後。她置皇帝丈夫的尊嚴於不顧，在宮內宮外都有情人，更令人髮指的是，宮外的美貌少年被她玩弄後，還要慘遭殺戮，其荒淫放蕩、心狠手辣的形象載於史冊。

後遂荒淫放恣，與太醫令程據等亂彰內外。洛南有盜尉部小吏，端麗美容止，既給廝役，忽有非常衣服，眾咸疑其竊盜，尉嫌而辯之。賈后疏

親欲求盜物，往聽對辭。小吏云：「先行逢一老嫗，說家有疾病，師卜雲宜得城南少年厭之，欲暫相煩，必有重報。於是隨去，上車下帷，內簏箱中，行可十餘里，過六七門限，開簏箱，忽見樓闕好屋。問此是何處，云是天上，即以香湯見浴，好衣美食將入。見一婦人，年可三十五六，短形青黑色，眉後有疵。見留數夕，共寢歡宴。臨出贈此眾物。」聽者聞其形狀，知是賈后，慚笑而去，尉亦解意。時他人入者多死，唯此小吏，以後愛之，得全而出。（《晉書・列傳第一》）

孝道。孔子說：「夫孝，天之經也，地之義也，民之行也。」遵守孝道可謂天經地義之事，孝順、尊敬長輩是刻在骨子裡的美德基因，然而，在賈南風看來，若長輩一味寵溺自己尚可，一旦長輩成為自己成功路上的絆腳石，棄之如敝屣是理所應當的，極端情況下，將長輩折磨致死也在所不惜。《晉書》中多處記載她殺害皇太后楊芷的忤逆之舉。賈南風先是矯詔廢皇太后為庶人，誅太后母龐氏，後弒皇太后於金墉城。皇太后楊芷曾維護過賈南風的利益，賈南風如此對待一個有恩於自己的長輩，顧不得顏面和身分，也就顧不得禮儀和手段了。孝道於她，早就是九霄雲外之物。

初，太后（楊芷）尚有侍御十餘人，賈后奪之，絕膳而崩，時年三十四，在位十五年。賈后又信妖巫，謂太后必訴冤先帝，乃覆而殯之，施諸厭劾符書藥物。（《晉書・列傳第一》）

人道。孔孟之道，兩千多年來一直是中國傳統社會倡導和遵行的正道，仁、義、禮、智、信這五常是對孔孟之道理論的細化，也是中國人約定俗成的為人處世的規則。然而，這正道、人道在賈南風這裡，同樣遭遇了扭曲和破壞。皇太子司馬遹不是自己的親生骨肉，賈南風信不過他，便設計誣陷太子謀反，隨後借皇帝之手將太子廢為庶人。司馬遹被囚禁在金墉城，與他一起受罪的還有他的三個兒子。然而，司馬遹不死，終究在賈南風心裡有一塊疙瘩，很快，她就命心腹用一根藥杵將司馬遹活活打死。

隨後，司馬遹的母親謝玖也被賈南風殺害。身為嫡母，對太子及皇孫下如此狠手，可謂不仁不義。

> 十二月壬戌，(惠帝)廢皇太子遹為庶人，及其三子幽於金墉城，殺太子母謝氏。(《晉書‧帝紀第四》)

晉惠帝即位初期，太傅楊駿輔政，為與楊駿爭奪權柄，賈南風與楚王司馬瑋聯手發動政變。政變成功，楊駿遇害。賈南風為報宿怨，又借司馬瑋之手處死了太宰司馬亮、太子太保衛瓘，於是朝中勇於與賈南風抗衡的勢力消失殆盡。隨後賈南風調轉矛頭，藉口司馬瑋是殺害司馬亮、衛瓘的凶手，將其處死。賈南風殺太傅、太宰、太子太保、藩王，每殺一個政敵都要滅其族，血流成河，其熟練利用權力遊戲中的手段，置傳統正道、人道於不顧，可謂出爾反爾、背信棄義。

> 瑋臨死，出其懷中青紙詔，流涕以示監刑尚書劉頌曰：「受詔而行，謂為社稷，今更為罪。託體先帝，受枉如此，幸見申列。」(《晉書‧列傳第二十九》)

天道。「天網恢恢，疏而不漏。」智者老子這麼說。賈南風不守婦道、不尊孝道、不行人道，觸犯了儒家傳統社會中一個女性所應遵循的所有道德底線，然而，她並沒有就此住手。在陷入深淵的道路上，她繼續突破價值觀和行為的各種藩籬，直至滅亡。讓賈南風帶來滅頂之災的，是她違背了天道。這個天道是全社會都在遵從的血統論、世襲制。

> 初，后詐有身，內稿物為產具，遂取妹夫韓壽子慰祖養之，託諒闇所生，故弗顯。遂謀廢太子，以所養代立。(《晉書‧列傳第一》)

眾所周知，賈南風一直未能幫晉惠帝生個兒子，沒有嫡子，晉惠帝只好立淑媛謝玖所生的司馬遹為太子。不甘人後的賈南風為此耿耿於懷，她又一次打起作弊的主意。賈南風試圖用妹夫的孩子韓慰祖來取代司馬遹的

太子之位。民間若抱養別人家的孩子立嗣，僅涉及一個家庭或家族的財產繼承和祖宗祭祀，麻煩還不是很大；但皇家抱養別人家的孩子，還立為太子，就涉及統治權的轉移，將引起千千萬萬人的死亡，統治者本宗族的人首先就不答應。可想而知，若作弊成功，晉惠帝去世後，晉朝的天下將由一個與司馬家族毫無血緣關係的外姓人（韓姓）來繼承。如此偷天換日，試圖顛覆晉朝宗法根基之舉，兵強馬壯、實力雄厚、血統純正的司馬家族的諸多藩王怎會答應？認可世襲制並歸附於正統的晉朝天下的眾多官僚又怎會允許？他們可以允許賈南風荒淫殘忍，在爭權奪利中花招頻出，但不能看著這個瘋狂執拗的女人無法無天（顛覆司馬家族的統治根基）。於是，司馬家族出手了，趙王司馬倫聯合其他司馬氏以賈南風殺害太子之名處死了她。

　　一生都在盡情折騰、離經叛道的賈南風，最終敗在突破天道、背叛社會正統體制上，政治生命和肉體同時戛然而止。正如一位作家所說：「賈南風是個極端聰明的女人。她開始滅楊氏，削弱宗室勢力，那種機智果決、膽大手辣，一般的男性政治家也很難相比。就連後來廢太子，如能及早立惠帝的其他兒子為太子，只要處理得當，也未必維持不下去。她的錯誤，根本在於企圖立賈家的後代，這就觸犯了統治階層的利益，最終導致失敗。」[17]

自我救贖的窗戶，至少有三扇

　　人們常說，上帝在關上一扇門的同時，又為人打開了一扇窗。賈南風先天條件不美好，命運待她卻也不完全苛刻，提供她多次扭轉糟糕命運的機會，這樣的窗戶，至少有三扇。

---

[17]《聞道長安似弈棋》，駱玉明著，鷺江出版社，2017年版，第114頁。

第一扇窗戶，來自她的公公晉武帝。當時年少輕狂的太子妃賈南風肆意屠殺太子和別的女人生的孩子，甚至血濺東宮，惹得晉武帝勃然大怒，準備廢掉太子妃，還專門建造一座金墉城來幽禁她。此事雖未成行，但如果賈南風能以此為鑑，反省自己，收斂自己，做事張弛有度，命運也許會改寫，不至於落得被一杯毒酒解決了性命。晉武帝一死，宮中無人能制衡她，也就由她胡作非為了。這扇抑制狂妄的窗，她視而不見錯過了。

第二扇窗戶，來自她的得力助手、朝廷棟梁、司空張華。張華是西漢初年「三傑」之一的張良的後代，也是西晉著名的政治家、文學家、藏書家。他博聞強記，聲望甚高，在政治上有遠見卓識，晉武帝在世時就非常看重他。賈南風當權後，對他同樣尊重，將他當作朝廷的梁柱，委以重任。張華出身庶族，「少孤貧」，「進無逼上之嫌，退為眾望所依」，對晉室也是盡忠匡輔、彌縫補闕，當時的人就認為他有濟世之功。69歲的他被趙王司馬倫殺害後，被夷三族，朝野莫不悲痛之。

華名重一世，眾所推服，晉史及儀禮憲章並屬於華，多所損益，當時詔誥皆所草定，聲譽益盛，有臺輔之望焉⋯⋯華遂盡忠匡輔，彌縫補闕，雖當暗主虐后之朝，而海內晏然，華之功也。華懼后族之盛，作〈女史箴〉以為諷。賈后雖凶妒，而知敬重華。（《晉書·列傳第六》）

張華被譽為「西晉政壇第一人」，不僅在政治上頗有建樹，在文學史上也赫赫有名。他工於辭賦，辭藻華麗，著有《博物誌》十卷及其他文章。同時，擁有政治家之謀略和文學家之才華的張華，還有公正不阿之忠心和誨人不倦之美德。眼看著賈南風及其黨羽的氣勢日漸隆盛，長久以往，必將對晉室不利，張華決定用委婉的方式來勸諫賈后。他發揮文學家的特長，寫就一部〈女史箴〉送到宮中。女史是宮廷中侍奉皇后左右、專門記載言行和制定嬪妃應守制度的女官，箴是規勸、告誡，〈女史箴〉就是教導後宮生活規範的教科書。這本〈女史箴〉，後來被東晉著名畫家顧

愷之配以十二幅插圖流傳於世。顧愷之的〈女史箴圖〉成為中國古代十大名畫之一。

然而，良藥苦口，忠言逆耳。張華的一片忠心未能見效，賈南風根本就不把這些勸誡放在眼裡，不與張華計較，或許是她覺得張華不過一個酸腐文人，說些嘉言懿行之事，純屬無聊；或許是她作為政客，只倚重張華的治世才能，並不看重他的雅量和文采；或許是她根本就未將儒家的道德倫理認真對待，不然怎能做出餓死婆婆、打死太子、淫亂後宮之事呢？張華的〈女史箴〉於她而言，如同對牛彈琴，「后雖不肯改，卻也未嘗恨華」。

幸虧不曾恨張華，否則，張華人頭落地，西晉朝廷會更亂。不幸的是，「后不肯改」。賈南風依然故我，拉幫結派，網羅黨羽，一派烏煙瘴氣中，賈南風錯過了改正自己、更好地管理後宮、改正風氣的機會。見賢思齊的窗戶，被她親手關閉。

第三扇窗戶，來自賈南風的母親郭槐。這位聞名朝堂上下的著名妒婦、悍婦，終於悔悟了。她雖然有過兩個親生兒子，但都被她間接害死。賈南風不幸，和她母親一樣，雖然生有四個公主，卻也沒有兒子。因此，老年的郭槐非常珍惜，也非常看重太子司馬遹。她不但自己愛護太子，還經常教導女兒賈南風對待太子慈愛一些，遇到外孫賈謐和太子爭吵，她也不唯親、不護短，毫不留情地斥責賈謐，要求他對太子放尊重些。凡此種種，都表現出一個悔過自新的老太太的仁愛與慈祥。太子對她也投桃報李，關心深切。

高門闊府裡，油燈灰暗。走到人生盡頭的郭槐，不再河東獅吼，而是語氣平緩、臉色安詳，她一手拉著滿面戚容的太子，一手拉著神色倨傲的賈南風，語重心長地說：「皇后，太子以後就交給你了。你沒有子嗣，好好待太子，終會有福報的。」賈南風猶豫著，不知該不該違心地答應母親

這臨終要求,正在此時,母親又想起了什麼似的,喘著、急促地說:「你的好姐妹趙粲、你的妹妹賈午,整天在宮中和你聚會,雖然她們是自己人,但終究品行不端、才能不夠,將來必定會壞了你的大事。我死後,你千萬不要和她們再來往了。要時刻記著我的話啊。」真可謂人之將死,其言也善。相信見慣了母親驕橫作風的賈南風,對此也會深有感觸。感觸或許有,實際行動卻沒有。母親的臨終遺言未能打動賈南風,亦未能勸阻她撤回作惡多端的手。

賈謐恃貴驕縱,不能推崇太子,廣城君恆切責之。及廣城君病篤,占術謂不宜封廣城,乃改封宜城。後出侍疾十餘日,太子常往宜城第,將醫出入,恂恂盡禮。宜城臨終執後手,令盡意於太子,言甚切至。又曰:「趙粲及午必亂汝事,我死後,勿復聽入,深憶吾言。」后不能遵之,遂專制天下,威服內外。(《晉書‧列傳第一》)

一意孤行的賈南風,隨後將母親的臨終託付當作耳邊風,親自設計陷害司馬遹,最終派親信將太子擊斃在廁所;最終她也頂著殺害太子的罪名,被送上黃泉路。

滑向深淵的賈南風,隨後未把母親的警告放在心上,她聯合好姐妹趙粲、妹妹賈午在宮中興風作浪,史稱「眾惡彰著」;最終賈家的這些好姐妹們,通通被殺,慘兮兮地一起走上斷頭臺。

終於,來自至親諄諄教誨的醒世之窗,也被賈南風緩緩關閉。

至此,上帝再也不留餘地給她。天作孽,猶可恕;自作孽,不可活。留給賈南風的,只有自取滅亡。

孔子說:人非聖賢,孰能無過,過而能改,善莫大焉。離經叛道的賈南風大概是不相信這些聖賢語的,故而,她錯過了改過自新的機會,也就放任自己沿著罪惡之路越走越遠,直至生命終結。

縱觀賈南風的一生，可以說，她是不幸的。女孩子最看重的花容月貌，跟她是絕緣的，她先天醜陋；高門大族，大家閨秀的修養和禮儀，跟她是絕緣的，父母親的為人處世之墨，已黑入她的骨髓裡，先天教育不足；結婚後另一半能教化她、指導她的可能，也隨著父母之命、媒妁之言而化為泡影。身處特權階層，男人們爾虞我詐、骨肉相殘，屢屢為一己私利掀起血雨腥風，讓萬千生命化作冤魂；女人們拜高踩低，容貌、修養、才華、出身不重要，重要的是掌握權力即可碾壓別人，上流社會的女人們亦在圍繞權力而奮鬥。如此的家庭教育、婚姻教育、階層教育相結合，共同塑造出賈南風這朵奇葩。

賈南風又是幸運的。幸運的是，父母親給不了她好的天賦和教育，卻可以運用人脈將她嫁入皇宮，烏鴉變鳳凰，一飛飛上天，這是當時多少女孩夢寐以求的際遇啊，賈南風卻糊里糊塗地一步登天；幸運的是，她的丈夫雖然愚鈍，卻也對她言聽計從，宮裡宮外，她相當自由；幸運的是，因為丈夫如同傀儡，西晉朝廷給了她充分施展政治抱負的舞臺，多少後宮女人一輩子都淹沒在沉悶枯燥的小小天地，獨有她可以內宮外朝一把抓；幸運的是，在她專權期間，仍有諸多賢臣良將忠心耿耿地輔佐她，替朝廷效力；幸運的是，她身邊不乏清醒者和教誨者，比如她晚年的母親和忠臣張華。

然後，她沒有抓住「停下來，等一等靈魂」的機會，在陷入深淵的道上一路狂奔，命運仍以悲劇結束，客死幽所，家族覆滅，遺臭萬年。賈南風的自我教育，亦是失敗的。

結語

「有一對什麼樣的父母，是我們最大的命運。父母，不僅是我們物質生命的給予者和保護者，也是我們心靈生命最重要的影響者之一。」一位著名心理學家這麼說。

每個人一出生，面對的就是父母。父母的人生是什麼樣，從他們開始養育孩子的第一天起就幫孩子塗上了相應的底色。這樣的命運，孩子無法選擇，只能被動接受。父母是孩子最大的命運。

孩子的人生第一步，或許跟父母有關。然而，靠爸既是一時的，也是一世的。孩子的教育，靠的是父母的人生功底：一時的靠爸，靠的是暫時的機遇；一世的靠爸，靠的是父母半生乃至一生的修養、學識和眼界。

靠爸是輕鬆的，自我成就之路卻是艱難的。若說成功是命運給予的最好的禮物，那麼，付出與磨難則必與之如影隨形。一個人真正的成功，必定是經歷磨難和挫折後的自我超越與自我昇華。所謂事在人為，不努力用知識和修養來武裝自己，父母幫你搭建再好的跳板，也無濟於事，反而會禍及自身。

父母是孩子最大的命運，卻不是孩子永遠的命運。一個人命運的最終走向，是家庭教育、婚姻教育、階層教育和自我教育共同影響和發酵的結果。

第一章 教育篇 賈南風：父母是孩子命運的起點

東晉　顧愷之〈女史箴圖〉絹本

尾聲

　　說出千古名言「何不食肉糜」的白痴皇帝司馬衷，一生擁有兩個另類皇后：貌醜凶殘的賈南風，漂亮溫柔的羊獻容。也有兩個命運多舛的女兒。

　　賈南風一生無兒子，生河東、臨海、始平公主和哀獻皇女。其中，哀獻皇女，八歲夭折；河東公主，曾經患病，巫師要賈南風施行寬鬆的法令，賈南風心疼愛女，就命司馬衷下詔大赦。然，河東公主卻也為母親的寵愛付出婚姻不幸的代價。

　　趙王司馬倫毒死賈南風，實賴謀士孫秀獻計才成。然，孫秀一邊充當殺害賈南風的幕後黑手，一邊又謀劃著讓 20 歲的兒子孫會娶賈南風所寵愛的女兒河東公主為妻。孫會身材短小，相貌醜陋，曾為富家子弟在城西販馬，地位還不如奴僕。一個曾經販馬的卑賤醜男要娶金枝玉葉的公主為妻，乃天下奇聞。但強勢的母親已命喪黃泉，痴傻軟弱的父親貴為皇帝卻是個傀儡，孫家「炙手可熱勢絕倫」，甚至「公主母喪未期，便納聘禮」，河東公主只能嫁入殺母仇人孫秀家，紆尊降貴，忍辱負重。未及一年，孫秀被殺，兩個兒子亦一同伏誅。成為寡婦的河東公主結局如何，史料未載。

　　司馬衷的另一位皇后羊獻容一生在皇后位置上起伏。她還是晉惠帝的皇后時，就曾被把持朝政的軍閥們四廢五立，沉浮若風中搖擺的美人草。洛陽陷落後，美貌柔順的她先是劉曜俘虜，後成為劉曜的皇后，甚得劉曜寵愛，還為劉曜生了三個兒子，死後諡號為「獻文皇后」。

　　初，司馬衷與羊皇后生有一女，是為清河公主。西晉末年，父親司馬衷死於東海王司馬越的一張毒餅；四年後，都城洛陽陷落，母親羊皇后在劉曜的後宮養尊處優，清河公主只好跟著逃難的人群倉皇奔走。流離失所

中，貴為金枝玉葉的她不僅被俘虜，還像牲口一樣被賣給吳興人錢溫，並且被錢溫女兒嚴重虐待，「溫以送女，女遇主甚酷」。西晉滅亡第二年（西元 317 年），琅琊王司馬睿在南方的建康稱帝，晉室偏安一隅，史稱東晉。東晉建立後，清河公主到縣衙亮明身分並求救，司馬睿殺死錢溫及其女兒，清河公主改封為臨海公主，她嫁給了宗正曹統。

河東公主、清河公主，同父異母，同命不同運。一個忍辱含垢委身仇人之子，放棄為母親服喪，尚且不能善終；一個國破家亡淪落成普通人，仰仗父輩的血統，身分和榮華失而復得。命運的翻雲覆雨之手，何曾掌控在她們自己手中？

—— 本篇完 ——

第二章　愛情

綠珠：剎那芳華，終生追憶

引子

西元1704年，一位內務府包衣（皇帝的奴才）出身的漢族官員在南京的府邸舉辦了一場盛大的宴會，邀請江南江北的名士觀看一齣名噪一時的大戲，為顯示隆重和禮遇，他還特意將這部戲文的作者邀請至南京，待之如上賓。一時間，嘉賓雲集，高朋滿座，歡聲笑語，歌舞昇平，宴會舉行了三天三夜，大戲也演了三天三夜。

戲文的作者在傳杯換盞中賺足了面子，宴會結束後，他準備從南京返回家鄉錢塘（今中國浙江杭州），在途經烏鎮時，他一高興又多喝了幾杯，醉醺醺地登上船，誰知一個趔趄，沒踩穩竟掉入水中。清貧的他身邊並無家童陪伴，因此酒醉失足落水的他竟這樣靜靜躺在水中，很久後他的屍體才被人發現。當時，他60歲。在他年邁淒涼的身後，他留下的那部大戲傳唱不衰，300年來感動無數對愛情懷有美好憧憬的癡男怨女。

他，就是清朝初期戲曲家、詩人洪昇。他雖出生於官宦之家，但在長達20年的時間裡每次參加科舉考試都名落孫山，以致白衣終身。可就是這個名副其實的考試落榜生，卻寫就了蜚聲文壇的傳奇戲曲《長生殿》。

那位將洪昇奉為座上賓，專門為他排演三天三夜《長生殿》的漢族官員，雖然出身低微，是內務府包衣，卻也是康熙皇帝頗為信任的紅人。他就是曹寅，中國小說的集大成之作——《紅樓夢》的作者曹雪芹的祖父，時任江寧織造。

清代名臣曹寅一生風流儒雅，文人朋友遍及天下，除了洪昇這個才華橫溢的落榜生戲曲家成為他府上的座上賓，同時代的另一位滿腹經綸的戲曲家，也可能是他的文友。他就是孔尚任。

孔尚任，山東曲阜人，是孔子的第六十四代孫。他和同時期的戲曲家洪昇有諸多相似之處，譬如，他們都是科舉考試不如意者，洪昇是科舉不

順，終身白衣；孔尚任則是參加歲考沒被錄取。譬如，他們作為清朝初期最有名的戲曲家，都有自己傳唱不衰的代表作，洪昇有《長生殿》，孔尚任有《桃花扇》。因此，世人將他倆並稱為「南洪北孔」。

十年寒窗無人問，一朝成名天下知。「南洪北孔」雖在科舉功名上一無所獲，但他們傑出的戲曲才華卻是一般士子無法比擬的。西元1688年，洪昇的《長生殿》甫問世，就被搬上舞臺，成為當時最著名的戲曲劇目，觀者如蟻，成為一時之盛事；11年後的西元1699年，孔尚任的《桃花扇》寫成，一時洛陽紙貴。其戲劇不僅在北京多次演出，即便是偏遠的山區，也都在排演這部劇作。這部轟動京城的劇作甚至引得當朝天子好奇心大起，康熙皇帝專門派人向孔尚任索取《桃花扇》稿本去看。

《長生殿》和《桃花扇》這兩部清初戲劇力作，均藉著兒女私情，抒發國家興亡之感。其中，這裡兒女私情，自有打動人心之處，也足見經典愛情故事傳唱不衰的獨特魅力。

《長生殿》講述了唐朝天寶年間皇帝李隆基和貴妃楊玉環之間纏綿悱惻的愛情故事。李隆基和楊玉環，一個是高高在上的九五之尊，一個是豔冠後宮的絕色貴妃，他們的相愛相知相守，本應成為世間圓滿愛情的佳話，誰知和普天下的痴男怨女一樣，也避不開愛情路上的猜疑和嫉妒，也躲不了被國家、時代變化裹挾和扭轉的命運。李隆基先是偷瞄上楊玉環的姐姐虢國夫人，後又移情別戀於體態纖瘦、楚楚動人的梅妃，這些背叛行為惹得楊玉環醋意大發。後經太監高力士牽線，兩人冰釋前嫌，和好如初，雙雙跪在長生殿立下山盟海誓。安史之亂中，為保李唐江山，李隆基只好下令賜死楊貴妃。名花傾國兩相歡，唐朝最美豔的名花楊貴妃，遂以三尺白綾在佛堂結束了自己年僅37歲的生命，同時斷送的，還有她和李隆基傳誦千年的愛情悲歌。

不知，在對這個世界拋下最後一個媚眼之時，雍容華貴的楊貴妃，耳邊可曾迴響起某年七夕節，長生殿上的盟誓「雙星在上，我李隆基與楊玉

環，情重恩深，願世世生生，共為夫婦，永不相離」？

《桃花扇》講述的是明朝末年秦淮名伎李香君和才子侯方域的愛情悲劇。李香君和侯方域，一個才貌雙全，一個文雅風流，兩人經友人楊龍友牽線相識，便一見鍾情，私訂終身。訂婚之日，侯方域將一柄上等的鏤花象牙骨白絹面宮扇送給李香君做定情之物。李香君對此倍加珍惜。

才子與佳人、歌伎與官宦子弟的結合使得這段衝破階級禁錮的感情本應成為人人稱羨的愛情佳話，但造化弄人，兩人生活在風雲突變、改朝換代時——明末清初，恰逢一個亂世——新王朝秩序尚未建立，舊王朝死而不僵，有人為它守節盡忠，有人利用它醉生夢死、驕奢淫逸。前者的代表人物是復社領袖侯方域，他反對漢奸，為南明小朝廷奔波勞累，具有挽救民族於危亡的愛國情懷；後者的代表人物是南明小朝廷的權臣馬士英、阮大鋮，他們忌憚復社文人，擅權亂政，將偏居一隅的朝廷當作人生溫柔富貴鄉。

位卑未敢忘憂國。李香君雖然是一名身處社會底層的歌伎，但她正直勇敢，不貪慕虛榮。「奴是薄福人，不願入朱門」，在愛情上，她忠於和自己情投意合的夫君侯方域。在侯方域被逼遠走他鄉投奔揚州的史可法期間，阮大鋮趁機逼迫李香君改嫁給朝中大紅人田仰，李香君奮力反抗，以死相逼。面對強行娶親的衣冠禽獸，她一頭撞在桌子上，滴滴鮮血瞬間染紅了侯方域贈予她的定情扇面，娶親的人害怕鬧出人命，遂一哄而散。後，友人楊龍友將扇中的血點繪成桃花，此扇便稱桃花扇。「濺血點作桃花扇，比著枝頭分外鮮」，血染的桃花，便成為李香君對愛情忠貞的見證。她終究還是被奸臣們強行帶入南明小朝廷的宮中排演戲曲粉飾太平。清軍渡江進攻南京，南明小朝廷樹倒猢猻散，李香君得以出宮，她棲居在南京棲霞山白雲庵，期待遠方的愛人侯方域的歸來。

沒多久，侯方域果然尋到棲霞山與李香君團聚。歷盡磨難的有情人終於重逢，等待他們的卻是國破家亡、物是人非。更讓李香君吃驚和心寒的是，她心目中的英雄夫君侯方域經歷千難萬險之後，竟然很識時務地想投

降當權的清朝。傷心絕望的李香君毅然決然斬斷情絲,選擇出家,以守衛自己對國家與民族的忠貞信念。悔悟的侯方域也隨之出家。

「三尺白綾若賜我,可願葬我於君側?」《長生殿》裡,愛情美輪美奐,卻也哀婉悽切,昇華愛情的女人終究淪為男人權力和私心的犧牲品。

「美人公子飄零盡,一樹桃花似往年。」《桃花扇》裡,愛情驚心動魄,卻也零落衰敗,捍衛愛情的女人依然逃不脫命運的捉弄和男人對名利的追求。

唐明皇和楊玉環,侯方域和李香君,都是歷史上真實存在的人物。唯其真實,方顯其愛情傳說的動人魅力。1,700多年前的西晉,也有一曲傳誦千年的愛之輓歌讓人為之牽腸掛肚、慨嘆不已;在這出同樣真實的歷史大戲中,女人同樣成為維護愛情的犧牲品和祭祀物……

人間如夢,芳華難再

明珠十斛買娉婷

那一年,花開月正圓;那一年,美女綠珠正長成;那一年,石家金谷園裡起高樓。

這是偏遠地區的歌伎綠珠第一次來到京城洛陽。一踏進洛陽,她就被眼前的繁華景象吸引住,「風起洛陽東,香過洛陽西」,果然是天子腳下,雍容華貴自不待言。但更讓她眼花撩亂的是金谷園的恢宏壯麗和奢華裝飾,亭臺樓閣,小橋流水,笙歌曼舞,才子佳人,無一處不風流,無一處不透出園林主人的品味與財力。金谷園的主人,正是當時西晉的第一富豪石崇;而綠珠,則是石崇在南方當官時看中的歌女。石崇當時一見這個美

貌歌女，就驚為天人，遂毫不猶豫地用十斛明珠將歌女買下來，將她改名為「綠珠」。這次，石崇專門在他的新建別墅區——金谷園裡修建了一座高樓，送給綠珠，此樓即為「綠珠樓」。

史書對綠珠的家世並無介紹，這並不奇怪，對一個出身卑微、地位低下、影響力不大的女子，纂修正史的史官的筆從不浪費一個字，中國歷史源遠流長，事件浩如煙海，需要他們費心費力著墨的人物又太多。史書記載的只是她的容貌和才藝，「美而豔，善吹笛」；她說過的一句話「當效死於官前」，以及她決絕的驚世一跳，「因自投於樓下而死」。

寥寥幾筆，可以推測出：

一、綠珠乃姿色出眾之少女。她正值青春年華，光彩照人，故「美而豔」，人老珠黃、韶華盡逝的女人可「豔」不起來。從藝女子大多長得漂亮，即使在眾多美女中，美豔的綠珠仍是出類拔萃者，為此，石崇情願付出十斛珍珠的價錢將其帶回家，起新樓，命新名，金屋藏嬌。

二、綠珠「善吹笛」，說明她做歌女已被訓練很久，長期以來一直生活在底層，尚未被別的富家子弟或權臣看中。因此，綠珠對愛情始終抱有美好希望，直到她遇見了石崇。

三、「當效死於官前」，是綠珠在史書中唯一的發言，也是她的遺言。擲地有聲的決絕話語中，有她的愛情表白，有她剛烈性格的流露，更深藏著她「無可奈何花落去」的身分處境。綠珠出身貧寒。豪門望族的大家閨秀過著錦衣玉食的生活，當然不會降低身分去賣藝；窮苦的人家實在沒辦法，才會送女兒去做歌女。當時，女子做聲伎者多，乃至成為魏晉南北朝時婦女生活的一大特點。一名教育家曾專門論述此特點：「魏晉南北朝三百幾十年間，戰亂相尋，幾無寧歲，婦女生活，多被蹂躪。但因為紛亂的緣故，遂不暇作儒術的提倡，壓迫既小，反動易張。所以一方面妓妾聲

伎最盛，一方面婦人妒忌特別發達。」[18] 當時，底層女子多為時勢和生活所迫去做聲伎。同時，西晉社會特權階層對聲伎有旺盛的需求也是美貌女子從藝的一個重要原因。教育家接著剖析道：「天下已亂，特殊的權貴，此倒彼繼。很多一旦富貴的人，這些人因為從前艱苦的緣故，尤其縱情聲伎，窮極淫侈，社會上亦無人敢問；聲伎之盛，乃為古代與兩漢所未見。家裡養許多美女，也不是妾，也不是婢，後人稱之為『家伎』。如王愷、石崇豪侈相尚，愷置酒時，女伎吹笛小失聲韻，便驅殺之。」[19] 如是，綠珠既為聲伎，亦為石崇花費十斛珍珠買來的家伎。正是做家伎期間，綠珠與石崇產生了若有似無、似幻還真的愛情故事。

　　四、「因自投於樓下而死」。哭著表明心跡後，跳樓是綠珠在史書中的唯一行動，卻是奔向死亡而去，殊為可嘆。魯迅有言：「悲劇將人生的有價值的東西毀滅給人看。」或許正因為身為卑賤家伎的綠珠能為多情富豪石崇跳樓而死，她與石崇的故事化為一場淒美絕倫的愛情悲歌，才能在後世引起綿延不斷的爭論和話題。愛情，正是人生有價值的東西。

　　「石家金谷重新聲，明珠十斛買娉婷。」綠珠和石崇，一個是不折不扣、身分低微的清貧女子；另一個，則是如假包換、聞名遐邇的富家子弟。在這場愛情角逐中，如果說女主角綠珠有「三美」——青春美貌、多才多藝、有情有義的話，那麼，男主角石崇的分量也貴重得多。

此時可喜得人情

　　「金谷園中柳，春來似舞腰。」春風拂面的清晨，綠珠倚靠在高樓欄杆上，望著樓下緩緩走來的石崇，莞爾一笑。那是她的主人，也是她的意中人，是她想要終身託付的對象。

---

[18]　《中國婦女生活史》，陳東原著，商務印書館，2017 年 12 月版，第 49 頁。
[19]　同上，第 53 頁。

石崇，作為西晉開國元勳石苞的兒子，是名副其實的「官宦世家」、「貴族世家」、「富貴世家」。年輕時，他是眾多豪門貴族的大家閨秀爭相獻媚的翩翩公子；年長後，仍為眾多少女少婦夢寐以求的儒雅中年大叔。在少女綠珠眼裡，他至少有五美：容顏、權力、金錢、才華和情義。

　　容顏。說石崇是個大帥哥，估計很多人不會有意見。他生活的魏晉南北朝時期，本就是追求美、以美為榮的時代，也是中國美男輩出、男子如玉的時代。譬如，在歷史上留下成語「貌比潘安」的西晉的潘岳；譬如，誇張至極的「看殺衛玠」的西晉的衛玠；譬如，「面如傅粉」的曹魏的何晏；譬如，響噹噹的「白美類婦人」的北齊的蘭陵王。他們超絕的風姿已成為那個時期一道獨特的唯美風景線。在此時代與社會風氣影響下，石崇把自己修飾得風度翩翩，姿儀出色，自不難想像。

　　石苞，字仲容，渤海南皮人也。雅曠有智局，容儀偉麗，不修小節。故時人為之語曰：「石仲容，姣無雙。」（《晉書·列傳第三》）

　　正史裡雖未直接描述石崇的長相，但在石崇的父親石苞的傳記中，史官不惜筆墨，當時的人流傳著一句話，叫「石仲容，姣無雙」，意思是，石苞的漂亮在當時是獨一無二的。父親這麼漂亮偉麗，而且僅僅因為外貌就如此知名，作為兒子的石崇，想必容貌也不會差到哪裡去，否則，閱人無數的美女綠珠也不會對他另眼相待、以身相許，甚至付出自己寶貴的性命。

　　權力。「的確，魏晉是唯美的時代；而在魏晉人看來，人物之美不僅是『長得漂亮』，更是『活得漂亮』。這當然並不容易。」[20] 歷史學家這麼說。石崇不僅長得漂亮，在事業上也是成功人士。他二十幾歲就做了修武令，因能力強而出名。在西晉討伐東吳的戰爭中，他因為功勞大而被封為

---

[20]《魏晉風度》，易中天著，浙江文藝出版社，2016年3月版，第124頁。

安陽鄉侯，後來又做了黃門郎。晉武帝司馬炎在世時，就因為石崇做事幹練而器重他。晉惠帝時，石崇曾被任命為大司農，主管全國的賦稅。凡國家財政開支，軍國的用度，諸如田租、口賦、鹽鐵專賣、均輸漕運、貨幣管理等都由大司農管理。由於任命書還沒下來，石崇就擅離職守，朝廷遂罷免了他大司農一職。後來石崇憑著自己的才能，居然又一次被任用，最後做到了衛尉一職。衛尉是九卿之一，職掌宮保全屯兵，是一個武職，是皇帝的禁衛司令。因為他是功臣之子，忠心耿耿，兼之個人能力強，會經營關係，所以朝廷才放心地把財政大權、行政大權，以及保衛皇帝安全的權力交給他。可見，石崇在事業上的成功不是偶然的。

　　武帝以崇功臣子，有幹局，深器重之。元康初，楊駿輔政，大開封賞，多樹黨援。崇與散騎郎蜀郡何攀共立議……出為南中郎將、荊州刺史，領南蠻校尉，加鷹揚將軍。（《晉書・列傳第三》）。

　　財富。有官職，有權力，並不意味著一定有錢，官員僅靠朝廷發放的俸祿討生活，很難成為富甲一方的富豪，更何況有的官員位高權重，但本性清廉，堅持操守，不願收受賄賂，家境也就不富裕，甚至相當貧寒。譬如 100 年後南北朝時北魏名臣高允，歷仕北魏的五任皇帝，都得到重用和尊重，官做到中書令後以 98 歲高齡去世，其家中竟然貧困到需要兒子上山砍柴來維持生活，其清廉之氣節惹得前來看望他的皇帝和百官感慨萬千。古時，士農工商的階層觀念已深入人心，大多數擁有一定職位的官員，以經商為恥，不會涉足商業，不以有錢為榮，反以清貧為樂。石崇卻是一位特殊的官員，或者說他更識時務。他不僅靠能力和關係做到衛尉，而且不斷增值自己的家庭資產，以致時人、今人一提及石崇這個名字，首先想到的是他富可敵國的財富。

　　石崇作為歷史上有名的富豪，其西晉第一富豪的名號和雄厚的資產是透過與王愷財力競爭展現出來的。王愷是西晉文明王皇太后的弟弟，文明

王皇太后是晉武帝的親生母親，從血緣上說，王愷就是晉武帝的舅舅，可謂正宗的皇親國戚。史書說他「既世族國戚，性復豪侈，用赤石脂泥壁」。西晉是歷史上有名的富豪財力競爭及炫耀最激烈的時代，社會風氣如此，作為當朝皇帝舅舅的王愷，可以想像其生活奢侈的程度。但令人意想不到的是，出身、地位比不上王愷的石崇，竟然斗膽包天，不僅勇於和王愷財力競爭，最後他還贏了。王愷擁有富甲天下的皇帝作為後盾，和石崇競爭財力，竟然敗下陣來，石崇的財富之豐、豪氣之盛，可見一斑。

需要指出的是，石崇的奢靡和財力競爭在歷史上一直是作為統治階級腐化墮落的反面教材案例存在的，如歷史學家總結：「石苞也是一個出身寒族，而政治上站在司馬氏一方的人物……他（石崇）的父親也是西晉最高統治階層的人物之一，他已不再屬於寒族而屬於豪族。他的奢靡，是西晉豪族世家風俗淫僻的極端的表現。」[21] 但從另一個角度講，奢侈的競爭，實際上也是豪氣的競爭，日本學者對此評論道：「（石崇與王愷）比富行為被稱作爭豪。『豪』既是物質上的豪奢，同時也有精神上的豪氣、豪膽之意。」[22] 奢靡和豪氣，對居住在金谷園中陷入愛河的女子綠珠來說，或許都是她的男主角身上獨特的閃光點。

才氣。風流瀟灑、一擲千金的西晉富豪石崇，在歷史上還曾以才子的面目出現過。「金谷二十四友」是魏晉時期繼「竹林七賢」之後又一個文學政治團體，依附於魯國公賈謐（賈南風的外甥），其中比較出名的成員有「古今第一美男」之稱的潘安，「枕戈待旦」的劉琨，「洛陽紙貴」、「左思風力」的左思，三國名將陸遜的孫子陸機、陸雲兩兄弟，以及大司馬石苞之子石崇，等等。他們經常在石崇的金谷園舉辦雅集，在文化上成就非凡，

---

[21]《陳寅恪魏晉南北朝史講演錄》，陳寅恪著，萬繩楠整理，天津人民出版社，2018年12月版，第18頁。

[22]《魏晉政治社會史研究》，[日]福原啟郎著，陸帥、劉萃峰、張紫毫譯，江蘇人民出版社，2021年1月版，第267頁。

以石崇別墅命名的《金谷集》中，收錄了「金谷二十四友」的作品，還收集其他人的詩文。

當時，中國古典園林，向來有「南蘭亭，北金谷」之說。隨之而來的文學經典，便是〈蘭亭集序〉與〈金谷詩序〉。〈金谷詩序〉的作者就是富豪石崇，這是石崇為一次宴會上賓客所作詩詞的合集寫的一篇序文。其文筆華美，意境深遠，惹得東晉才子王羲之都對石崇的才華崇拜不已。據《世說新語・企羨篇》載，「王右軍得人以〈蘭亭集序〉方〈金谷詩序〉，又以己敵石崇，甚有欣色。」意即，王羲之得知有人拿〈蘭亭集序〉與〈金谷詩序〉比，又把他與石崇相提並論，倍感榮幸，臉上便有喜悅之神色。可知，能讓「書聖」王羲之都欣羨的石崇，其才名如財名一樣，均大名鼎鼎、遠近聞名。

情義。石崇有著顯赫的身世、不俗的容貌、富可敵國的資產、華美的文筆，這些都是吸引美女綠珠的外在條件，更讓綠珠芳心暗許並以死相隨的，或許還有石崇的軟實力——有情有義的人格魅力。石崇對歌女綠珠有愛憐和寵溺之情，為了她甚至強硬拒絕權臣孫秀的使者三次無理的要求。此為後話。這尚可理解為男女柔情，石崇對朋友的冒死相救則更顯出其義薄雲天的俠義。

《世說新語・仇隙篇》記載，劉璵和劉琨兄弟在年輕的時候得罪過皇帝的舅舅王愷，為此王愷懷恨在心，總想著設計除掉他們。有一次，王愷特地把劉氏兄弟叫到府中做客，並留他們過夜，準備在晚上不聲不響地將他們祕密殺害。當時，時局動盪，一兩個人突然失蹤，或許不會引起多大風浪，何況也沒人敢追究皇帝舅舅王愷的犯罪行為。王愷叫人去挖埋人的土坑，坑都挖好了，只差動手殺人了。富豪石崇向來和劉璵、劉琨兄弟很要好，聽說兩人在王愷家過夜後，心急如焚，不顧個人安危，坐車連夜趕到王愷府中。他大聲質問王愷：劉氏兄弟在哪裡？王愷根本就沒想到，石崇

會這樣不管不顧地闖進來向他要人。面對氣勢洶洶的問罪者，倉皇中他不好隱瞞，只得告訴石崇實話。原來，劉氏兄弟被王愷灌得醉醺醺的，帶到後宅睡著了。石崇二話不說，直接進入後宅，拉起劉氏兄弟就一起坐車離開了。這種霸蠻的作風，唬得王愷目瞪口呆，卻也無可奈何。誰叫對方是石崇呢。等劉氏兄弟酒醒了，石崇語重心長地對他們說：「年輕人，交朋友要擦亮眼睛。怎麼能這樣輕易地相信別人，還在人家家裡過夜呢？」劉氏兄弟也被嚇得冒出一身冷汗，連連稱是，由此，對石崇更是感激涕零，佩服得五體投地。

「善歌樊素口，能舞小蠻腰。意氣由來重，香魂金谷銷。」石崇重情重義的意氣風發，感動了朋友，也擄獲了善良女子的心。哪個女子不仰慕行俠仗義的英雄？也許，綠珠就是被石崇這種有情有義的品行打動了少女心，才死心塌地地跟隨他，直到天荒地老，永不悔改。值得一提的是，直到人生的最後時刻，綠珠也是被石崇的重情重義感動，甘願用生命來回報這份情義，畢竟石崇為了留住她，三番五次地得罪當權人物孫秀，故而，「意氣由來重，香魂金谷銷」。

常將歌舞借人看

有錢男人是女人擇偶的最愛，青春美女也是男人永恆的最愛。古往今來的世間情事，大多免不了如此。郎才女貌，才子佳人，1,700多年前的歌女綠珠和富豪石崇，注定要在金谷園中演繹一段風流韻事。

宋人的一首〈臨江仙・茂叔兄生日〉當是對石崇愜意美滿生活的真實寫照。石崇身兼富豪和文人的特性，經常在自家別墅金谷園中宴請親朋好友。每次宴請賓客，他總是掩飾不住自己的得意之情，將寵愛的女人綠珠叫出來表演。綠珠本就是歌女，歌唱得真是婉轉清脆，餘音繞梁三日不

絕；除了唱歌，綠珠還有才藝表演，她善吹笛，笛聲悠揚，經常將客人們的思緒帶回那悠遠的天堂境地，讓人如痴如醉、如夢如幻；況且，綠珠還是一絕世美女，美而豔的名聲早就不脛而走。如此美人、美曲、美藝，再置身於恍如仙境的古典園林，賓客們經常樂不思蜀、流連忘返。作為園林主人的石崇，既拉攏了官場和朋友關係，又賺足了男人的面子，便更加寵愛綠珠。登涼臺，臨清流，宴高樓，美人侍側，當時的石崇大概是西晉最春風得意的男子。

〈臨江仙‧茂叔兄生日〉

南宋　魏了翁

占斷人間閒富貴，長秋應是長春。前山推月上簾旌。緩觴尋舊友，勾拍按新聲。

時倚晴空看過雁，幾州明月關情。知君早已倦青冥。時來那得免，事業一窗螢。

君寵益嬌態，君憐無是非，於綠珠而言，這是他們的蜜月期，也是他們最幸福的時刻，有詩、有酒、有景、有錢、有勢、有秀色，最主要的，是有彼此珍惜的愛情。人生如此，夫復何求。想必每一個經歷過美好愛情的人都有如此體會，「但願人長久，千里共嬋娟」。

可惜，花無百日紅，人無百日好。

石崇人生的轉折，從一代醜后賈南風的倒臺開始。之前，因為和賈南風的親信賈謐過從甚密，在賈南風當權之時，他曾一時意氣風發。西元300年，賈南風被趙王司馬倫廢為庶人，關押在金墉城。石崇的後臺賈謐也被誅殺在宮廷西鐘下。石崇作為賈謐的黨羽，自然而然就被趙王一群人免職。石崇的外甥歐陽建，也是「金谷二十四友」之一，曾跟趙王司馬倫不和，也一起被邊緣化。

第二章 愛情 綠珠：剎那芳華，終生追憶

華嵒〈金谷園圖〉

「官宦世家」的石崇丟了官職，成為一介布衣，但這並不影響他過著閒雲野鶴的生活，官帽子沒了，他不是「官宦世家」，仍然是「富貴世家」，還有堆金疊玉的財富、花紅柳綠的金谷園，以及千嬌百媚的綠珠。因此，綠珠和石崇的生活並沒有受多大的影響，仍舊每日裡聲色犬馬、鶯歌燕舞。兩人情投意合，沒有了公務煩心和官場爭鬥，過著比之前更逍遙的生活。

殊不知，一場更大的禍事，關乎身家性命的禍事，正在不遠處等著他們。

驕矜勢力橫行

《晉書》記載，無論是石崇之父石苞，還是石崇本人，都有一個共同特性，那就是行為放蕩，不知收斂，譬如石苞「好色薄行」，石崇「任俠無行檢」，所謂有其父必有其子。殊不知，正是這份家傳的意氣用事，最終導致石崇身首異處，綠珠香消玉殞。

豪氣且財力雄厚的石崇、占盡人間春色的石崇，被免職之後，儘管過著不問世事的賦閒生活，仍被最強硬的政治對手惦記著。這個政治對手，就是趙王司馬倫的謀士孫秀。趙王是個不諳政事的傀儡，一切計畫都聽孫秀的安排，孫秀於是要風得風、要雨得雨，偏偏孫秀還是個心術極為不正之人，孫秀惦記著的，除了石崇的官位（他已如願奪去），還有石崇那驚人的財富。

孫秀為小史給岳，而狡黠自喜。岳惡其為人，數撻辱之，秀常銜忿。及趙王倫輔政，秀為中書令。岳於省內謂秀曰：「孫令猶憶疇昔周旋不？」答曰：「中心藏之，何日忘之！」岳於是自知不免。（《晉書‧列傳第二十五》）

要奪取天下人盡皆知的富豪的家產，得找個巧妙的藉口，這個藉口，就是美豔絕倫的綠珠。

孫秀出身貧寒，曾替「金谷二十四友」之首的潘岳做過小吏，還曾被潘岳訓斥鞭打過，他為此耿耿於懷。等到趙王倫輔政，孫秀做了中書令，有一次潘岳在中書省的官府裡遇見他，就招呼他說：「孫令，還記得我們之前的交往嗎？」孫秀回了一句：「中心藏之，何日忘之！」潘岳於是知道孫秀不會放過他，果然，後來就在孫秀抓捕了石崇和歐陽建的同一天，他也逮捕了潘岳。此為後話。

潘岳是西晉著名文學家，還是歷史上有名的美男子，「姿儀出色」、「多才誇李白，美貌說潘安」，說的就是這位美男子。恰巧，石崇也是一位美男子，多金，多才，還擁有絕色美女綠珠。這些都難保孫秀這位出身不高、資質普通的政壇新貴不妒忌、不羨慕、不憎恨潘岳和石崇兩人。

足智多謀的孫秀，曾經幫趙王司馬倫乾淨俐落地解決了狡詐陰險的皇后賈南風。對付失去後臺、丟了官職的石崇，更是易如反掌。為此，他籌劃很久。孫秀使出的第一個殺手鐧，不是石崇的財富，也不是他的性命，而是石崇的愛妾綠珠。

綠珠，美豔絕倫，眾所周知，權勢如日中天的孫秀，當然有理由也有實力覬覦綠珠；況且，綠珠是石崇的愛妾，每次宴會他都帶在身邊向別人炫耀，「常將歌舞借人看」，這些風流韻事經文人雅士的宣傳，已是婦孺皆知。孫秀要的就是奪取石崇的心中所愛，藉此進一步打擊這位西晉第一富豪的豪氣和自信。以孫秀的聰明和對石崇的了解，他猜測石崇必定不肯捨棄綠珠，就像不肯將心頭肉割掉一樣，因為石崇是個意氣雄豪。若石崇同意把綠珠送給孫秀，孫秀可再謀劃下一步的計策對付石崇；石崇不同意，則正中孫秀之計，他正好藉機徹底剷除石崇。此乃孫秀之陰謀。

於是，他大張旗鼓地派出使者，去向石崇索求綠珠。當時，金谷園裡，清風徐徐，流水潺潺，涼臺邊熱鬧非凡。使者進門，石崇得知他是來

選歌女的，就豪爽地說：「我這裡有很多漂亮的歌女，每個都是天姿國色。你從中隨便挑吧。」誰知，使者搖搖頭，緩緩地說：「我是奉命來索求綠珠的，不知哪一個是綠珠小姐？」石崇一聽，勃然大怒，他脫口而出：「綠珠是我最喜愛的人，我是不會把她送給你的。」他以為這樣就會嚇退使者，沒想到，那使者卻勸解石崇：「您博古通今，是個明事理的人，請您三思啊。」石崇更加生氣，堅持不叫綠珠出來。

雙方僵持不下之際，使者突然起身離開，走向大門外。石崇以為他妥協了，要回去覆命，心想：明天大不了再多送孫秀幾個歌女，他也許就不要綠珠了。於是石崇也就不在意地繼續逍遙。沒多久，使者卻又回來了，他語重心長地勸導石崇：「識時務者為俊傑。」石崇氣急，堅決不答應。使者只好垂頭喪氣地離開金谷園。

如此反覆三次，就算是久經風浪的石崇，也有些害怕，畢竟孫秀是現在的政壇紅人，他的主子正是輔政的趙王司馬倫。得罪了孫秀，可是個麻煩事，說不定哪天孫秀就要查辦他。但，讓他就此放棄綠珠，將心愛的女人送到孫秀的狼窩，那是萬萬不可的。作為男人，連自己的愛人都不能保護，那還能在這世上頂天立地嗎？想到這裡，石崇不禁輕輕摟住綠珠，長嘆一聲：「綠珠，綠珠，奈若何。」

及賈謐誅，崇以黨與免官。時趙王倫專權，崇甥歐陽建與倫有隙。崇有妓曰綠珠，美而豔，善吹笛。孫秀使人求之。崇時在金谷別館，方登涼臺，臨清流，婦人侍側。使者以告。崇盡出其婢妾數十人以示之，皆蘊蘭麝，被羅縠，曰：「在所擇。」使者曰：「君侯服御麗則麗矣，然本受命指索綠珠，不識孰是？」崇勃然曰：「綠珠吾所愛，不可得也。」使者曰：「君侯博古通今，察遠照邇，願加三思。」崇曰：「不然。」使者出而又反，崇竟不許。秀怒，乃勸倫誅崇、建。崇、建亦潛知其計，乃與黃門郎潘岳陰勸淮南王允、齊王冏以圖倫、秀。秀覺之，遂矯詔收崇及潘岳、歐陽建

等。崇正宴於樓上,介士到門。崇謂綠珠曰:「我今為爾得罪。」綠珠泣曰:「當效死於官前。」因自投於樓下而死。(《晉書‧列傳第三》)

聰慧的綠珠,從身邊丫頭的口中得知石崇為了她而得罪了孫秀,心中不免又驚又喜。驚的是,好險啊,自己差點就要淪為孫秀的玩物,這個使者竟如此固執地來索取自己這個卑微的家伎,似乎不達目的不罷休,不知接下來孫秀還會使出什麼花招;喜的是,石崇確實沒有辜負自己的一片真心,大義凜然地拒絕了使者的無理要求。「素來能想到的是,他與我情意綿綿,不想他竟能有這般保護我的魄力和勇氣。願得一心人,白首不相離,這是我的福分啊。」綠珠想到這裡,情不自禁地朝石崇看去。

小橋流水的金谷園,石崇和綠珠經此磨難,更加明白彼此心意,執手相看淚眼,竟無語凝噎。

山雨欲來風滿樓,黑雲壓城城欲摧。相愛相依的人怎會知道,訣別的日子即將來臨。

百年離別在高樓

孫秀的使者,在石崇這裡接二連三地碰了釘子,回去之後便添油加醋地稟告孫秀,說石崇傲慢無禮,看不起孫秀,拒絕交出綠珠。孫秀一聽,果然怒不可遏,他出身卑微,飛黃騰達之後,最忌諱別人議論他。

綠珠作為絕世美女,惹得天下男子皆有霸美之心。向石崇索求綠珠,本是孫秀的私慾之一,現在,這個慾望念頭被石崇徹底掐斷。孫秀便藉著這個理由,祭出他的第二個殺手鐗,那就是慫恿趙王司馬倫除掉石崇。這樣,既可以得到綠珠,又可以報仇雪恨,置石崇以死地,更重要的是,可趁機繳獲石崇的鉅額財富,可謂一石三鳥。

當時,剷滅皇后賈南風集團後,皇帝司馬衷皇位是保住了,但仍是個

傀儡皇帝，趙王司馬倫主持朝政。誰知這司馬倫因其自我能力不高，也和司馬衷一樣，是個傀儡人物，一切大事均聽從於孫。

好一個「天下皆事秀」。那孫秀想讓誰三更死，誰就不能捱過五更去。於是，為了綠珠，為了財富，得罪了孫秀的石崇，離死期不遠了。孫秀假借皇帝的詔書，宣布捉拿西晉第一富豪石崇。當奉命前來抓捕的士兵推開金谷園的大門時，裡面一片繁華景象。高高的綠珠樓上，園主石崇正和賓客觥籌交錯、把酒言歡，綠珠照例在旁吹笛助興，明眸善睞，歌喉婉轉。若天可憐見，這歌照唱、舞照跳、酒照喝、人照美、情照濃的極樂之宴，會永遠存在於人們美好的回憶中。

倫素庸下，無智策，復受制於秀，秀之威權振於朝廷，天下皆事秀而無求於倫。秀起自琅琊小吏，累官於趙國，以諂媚自達。既執機衡，遂恣其奸謀，多殺忠良，以逞私欲。（《晉書‧列傳第二十九》）

可惜，天下沒有不散的筵席。

可惜，郎情妾意，終有一別。

當咣噹的撞門之聲傳來，手執兵器、全副武裝的士兵一擁而上之時，坐在高樓上的石崇只看了一眼就明白了。他放下酒杯，緩緩起身，慢慢地向綠珠──他的心上人走去。是啊，事到如今，大難臨頭，他只想跟她說話，說說真心話。他說：「綠珠，我是愛你的，因為愛你，才遭遇今日這大禍。」（「我今為爾得罪」）語氣真誠而平靜。也許他只是想表明自己愛得深沉的心跡，也許他是想訴說自己無法言說的委屈，也許他只是單純地想說明今日之事的緣由，但說出去的話，如同潑出去的水，覆水難收。

綠珠接收到了石崇傳達出來的訊息，不管是哪一種，在她這裡，都理解成一句：我石崇為你而大難臨頭，你將如何報答我？

是的，是報答。綠珠想到的只有報答，於是她邊哭泣邊幽幽地說道：

「那我今天就死，死在你的前面，算是對你的報答。」（「當效死於官前」）隨後擦乾眼淚，將衣服和髮髻一一整理好，乘人不備，一個縱身，就從高高的以她的名字命名的綠珠樓上跳了下去。瞬間，血跡染紅了樓下的碧草。

　　清朝詩人梅庚在〈落梅〉一詩中寫道：「背城花塢得春遲，凍雀銜殘尚未知。聞說綠珠殊絕世，我來偏見墜樓時。」

　　這一跳，勢如閃電，那一瞬間，石崇想要拉住她，卻只來得及扯下她的一角衣袖，未能抱住她溫暖如玉的嬌軀。

　　這一跳，驚心動魄，一眨眼，嬌笑女子頓成血肉汙跡一片，天人永隔，永不相見。

　　這一跳，驚世駭俗，一縱身，久經戰鬥的士兵們為之一震，想不到世間還有如此剛烈的家伎；石崇更是呆若木雞，七分魂魄嚇丟了五分，他喃喃自語：「我沒讓你死啊，他們抓住我，最多不過是判處我流放蠻荒之地罷了，你又何必這樣？」（「吾不過流徙交、廣耳」）說完，潸然淚下。

　　這一跳，流芳千古，回首間，她愛過的人，她待過的樓，她留戀的塵世，她擁有的愛情，都如過眼浮雲，倏忽而來，倏忽而去。風流總被雨打風吹去。

　　「辭君去君終不忍，徒勞掩袂傷鉛粉。百年離別在高樓，一旦紅顏為君盡。」綠珠死了，於是，世間流傳著她和石崇纏綿悱惻、哀婉淒美的愛情故事。

▎剎那驚豔，終身遺憾

　　相逢一醉是前緣。醉人的是三千弱水中的一瓢飲，更是相遇相識的注定緣分。然而，中國古代十大愛情故事中，無論是卓文君、劉蘭芝、祝英

台、樂昌公主、崔鶯鶯和唐婉這些人間真情中的美貌痴心女子，還是嫦娥、織女、七仙女和白娘子這些仙界、妖界中身懷異術的聰慧奇異女子，每一個人都心甘情願陷入愛情的汪洋恣肆中，足見愛之深、情之惑。反觀那些愛情傳奇中的男主角，則或多或少地屈從於種種習俗和壓力，甚至本身就是愛情的質疑者和背叛者，足見愛之淺、情之憒。然而，為何自古以來總有那麼多痴男怨女身不由己地投身其中並身體力行地踐行著愛恨情仇的悲喜劇？毫無疑問，愛情是人類所有情感中最美好的一種，它讓人喜悅和陶醉，帶給人溫暖和慰藉，讓人們在青春美好的時光裡享受世間無比的甜蜜和美妙。所謂愛情比麵包更重要，美好的愛情值得人們大膽地、永久地追求。

　　只是，為愛奮不顧身的女子，記得好好保護自己。跟男子一樣，你的生命亦獨特、亦美麗，不要為了剎那的驚豔，留下終身的遺憾，就如中國古代十大愛情悲劇中的女主角們，就如金谷園裡的「西晉第一美女」綠珠。

　　想當初，前來索愛獵豔的王公貴族多如過江之鯽，綠珠心儀的卻是儒雅風流的石崇，儘管他已到大叔的年紀；看今日，金谷園裡花團錦簇的鶯鶯燕燕如狂蜂浪蝶，爭寵不休，石崇另眼相看的卻是多情忠貞的綠珠，儘管她出身低微。若說他們之間有情愫，只取一瓢飲，便是愛情。遺憾的是，這愛情，同樣逃不過幻滅的悲劇，結束愛情的，正是綠珠淒涼而決絕的跳樓自盡。

　　絕世美女綠珠縱身一跳，留下她的主人兼情郎石崇孤零零地面對孫秀的張牙舞爪。沒多久，石崇就被押赴洛陽東市的刑場，臨刑前，石崇似乎看清楚了整件禍事的本質，他感嘆地說：「你們這些人，看重的不過是我家的財產啊。」（「奴輩利吾家財」）行刑人冷笑一聲，回答他：「你知道自己是因為財產被害的，為什麼不早些把財產散去呢？」（「知財致害，何不早散之」）石崇不語。他回答不上來，也不願面對這個問題，畢竟，他很

快就要到另一個世界和先行一步的綠珠重逢。巧合的是，石崇並不知道好友潘岳的情況，他被押赴刑場，後來潘岳也被押送過來。石崇對潘岳說：「安仁，你也這樣了嗎？」潘岳回答道：「可以說是『白首同所歸』。」原來，當初潘岳在〈金谷集〉的詩中寫道：「投分寄石友，白首同所歸。」沒想到他和石崇果然「同所歸」，一起被害，可謂一語成讖。

這一年，石崇52歲，還是風度翩翩的成熟大叔模樣。他的母親、兄長、妻子、兒女，無論長幼，總共15人，都被殺害。可謂滿門抄斬。正應驗了那句顛撲不破的讖語般的名言：眼看他起朱樓，眼看他宴賓客，眼看他樓塌了。

名噪一時的一代西晉富豪，就此淹沒於歷史的塵埃中。他臨死前才明白，孫秀真正圖謀的是他的財富王國，綠珠只是一個漂亮的藉口和小小的導火線，無論是否把綠珠送給孫秀，孫秀都不會放過他。綠珠死後，他才明白，之前只是將這個歌女當作珍惜的寶貝，當作炫耀的珍寶，而她，卻將他當作天，當作地，當作愛人，當作恩人，當作終身的依靠。

可惜，這依靠不牢靠，因為這本是一份不對等的愛情。愛情，確實是存在的。當時，郎有才，溫文爾雅；妾有貌，美豔動人；郎有財，一擲千金，基本的生活保障和奢侈的人間享受都可以維持；妾有藝，能歌善舞，高雅的生活情趣和裝點門面的本事也不缺。如此一對璧人，一見鍾情是難免的，石崇動用重金──十斛珍珠為綠珠贖身，想必也是對這個歌女用了真情。

愛情，是真切美好的。石崇並非處處留情、拈花惹草之人。身為西晉有名的「官宦世家」和「富貴世家」，每天縈繞在他身邊的美女眾多，他看不上這些鶯鶯燕燕，唯獨對綠珠一人一往情深，甚至為了綠珠，不惜得罪當朝權貴孫秀，這可是冒著非常大的風險。即便鎮定如石崇，也害怕孫秀

惱羞成怒來報復，事後也是緊急尋找靠山（淮南王司馬允等）來幫忙，可惜靠山也倒了。

相信愛情，相信美好的愛情就是這樣：一見鍾情，兩情相悅，忠貞不貳，互相映照。他們保持著生命中美好的樣子，金谷園花開花謝，燕子做證，繁花亦可見證。

然則，美貌抵不過金錢，金錢抵不過權力，權力抵不過人性。相信愛情，抵不過相信愛情是有不平等之處的；相信愛情的不平等之處，抵不過相信愛情是會幻滅的。

那些與愛無關的故事

以愛之名，撕開人性真相

愛情的本質是什麼，是個見仁見智的話題。美國哲學家、文學家愛默生（Emerson）從自我價值的角度闡釋愛情，他說：「說到底，愛情就是一個人反映在別人身上的自我價值。」毫無疑問，西晉富豪石崇和美貌歌女綠珠之間產生的美好愛情是令人欽羨、值得讚頌的，他們各自的價值在對方眼中散發著獨特的魅力，所謂我需要的，你正好有。

在洛陽時，石崇曾與王敦一起到西晉的最高學府太學遊覽，看到顏回、原憲的畫像，石崇感嘆說：「如果能和他們一起登上孔子的廳堂做弟子，那麼和這些人又怎麼會有差別呢？」王敦說：「不知道孔子的其他弟子怎麼樣，我看子貢和你比較相像。」石崇神色嚴肅地說：「大丈夫當生活舒適，名位安穩，為什麼一定要甘願貧寒呢？」王敦本意是譏諷石崇像子貢

一樣追逐錢財，石崇則表示大丈夫既要錢財，也要社會地位和聲譽。《世說新語》和《晉書・列傳第三》均記載了此事，「士當令身名俱泰」、「其立意類此」，石崇的終身追求和理想大致如此。

父親石苞臨終時將家產分給兒子們，唯獨沒有留下財產給小兒子石崇，石崇母親不解其意，石苞說：「這個孩子雖然小，但他以後肯定能自己賺到這些。」果不其然，日後的石崇從一個淨身出戶的窮光蛋成長為西晉著名的富豪，其豪奢程度與皇親國戚相比亦毫不遜色，《晉書》中曾提到「財產豐積，室宇宏麗。後房百數，皆曳紈繡，珥金翠。絲竹盡當時之選，庖膳窮水陸之珍。與貴戚王愷、羊琇之徒以奢靡相尚。」石崇曾擔任南中郎將、荊州刺史，領南蠻校尉，加鷹揚將軍，後復拜衛尉。在皇后賈南風把持朝政時，他「與潘岳諂事賈謐。謐與之親善，號曰『二十四友』」。其仕途一片光明。大丈夫當身名俱泰，石崇確實做到了。

崇字季倫，生於青州，故小名齊奴。少敏惠，勇而有謀。苞臨終，分財物與諸子，獨不及崇。其母以為言，苞曰：「此兒雖小，後自能得。」（《晉書・列傳第三》）

情人眼裡出西施。在涉世未深的歌女綠珠眼裡，石崇滿足了她對男人高大美好形象的一切幻想，她愛上石崇是必然的，這是少女對大叔的愛情，溢滿崇拜欣賞的愛意；也是家伎對主人的愛情，他豐厚的家產能帶給她生活的安全感；還是知音相惜的愛情，石崇雖是暴發戶，但他雅致的生活情趣和較高的文學素養，與綠珠的音樂才能相得益彰。甜蜜的愛情中，有共同語言的「懂你」元素不可或缺。

佳人難再得。在石崇眼中，綠珠是個極其難得的談情說愛對象。她的美豔愉悅了他的身體，她的才藝安撫了他的靈魂，她的愛慕增強了他的自信，她的盛名更滿足了他作為一個男性勝利者的虛榮心和面子。得此佳

人，愛上她、回應她、寵溺她，也是必然的。郎有情妾有意，兩情相悅、才子佳人的愛情大戲便在洛陽的金谷園中轟轟烈烈地上演了。

金風玉露一相逢，便勝卻人間無數，是愛情；問世間情為何物，直教人生死相許，也是愛情。前者是所有愛情的開始，後者是大多數愛情的結局。金谷園中，綠珠樓上，綠珠用她毅然決然的縱身一跳，為一場短暫愛情的悲劇結局做了註解，也撕開了愛情和人性的真相。

石崇和綠珠從一開始就是一場地位不對等愛情遊戲中的男女主角，兩人精神上情投意合的愛情表象掩蓋不住現實生活中主僕關係的本質。僕人是主人卑微的依附品和追慕者；主人掌握生殺予奪的遊戲主動權，他可繼續遊戲，亦可終止，只要他願意。這便是不對等愛情遊戲的真相。

石崇和綠珠，一個是和皇帝的舅舅王愷競爭財力都毫不畏懼的西晉第一富豪，一個是靠賣藝為生的底層歌伎，他們之間，可以有愛情，卻不能有勢均力敵的保護。事實上，自從石崇花費重金買下綠珠之後，他們的一見鍾情，就變為一種保護與被保護的關係，也可以說是主僕關係。僕人無條件服從主人，主人為僕人提供一切吃穿用度和生命安全。要說保護，只能是強勢的一方石崇充當綠珠守護神的角色。故而，在孫秀派人來索要綠珠時，石崇可以大手一揮：綠珠，你什麼都不用管，我來處理就好了。故而，在手執武器的兵士將金谷園圍成鐵桶時，石崇可以理直氣壯地責問綠珠：看看，都是因為你，我才得罪孫秀，落得今天這個下場。

試問，在這場愛情遊戲中，綠珠有保護石崇的能力嗎？說沒有，是因為她一個弱女子確實不能左右時局發展，她無錢無權，更無顯赫的家世可以依靠；說有，是因為她雖低賤，無法拯救石崇於水火之中，卻還有賤命一條。這條賤命，可以給孫秀，假如如此危急時刻還管用的話。但剛烈的她不會去委身孫秀，這樣的話，她和石崇的愛情，還存在嗎？於是，她選

擇將這條賤命還給恩主兼情人石崇。為他賣藝、賣色、賣身還不夠，還需要為他賣命，以報答他的保護的恩情。何其悲涼！香消玉殞，是不平等愛情的悲情註腳。

「百年離別在高樓，一旦紅顏為君盡。」表面琴瑟和鳴、如膠似漆的愛情，實則是不能白首、不能同甘共苦、不能提對等要求的愛情。於石崇而言，對這愛情的態度和處理再正常不過，綠珠給過他無數次的驚豔，初次見面的天生麗質，金谷園裡的明眸善睞，甚至為他而死的縱身一躍，都是專屬於綠珠獨有的驚豔；於綠珠而言，這剎那驚豔，卻也是她終身的遺憾。因為，她的愛情幻滅了。

少女綠珠是聰慧的，從戀上儒雅富商石崇那一刻起，她未必不清楚自己的出身和地位無法和另一半相提並論。只是少女的心是純淨的，覺得只要兩人相悅，他有才有錢，她有貌有情，兩人至少在感情上是真摯的、對等的；然而，來到金谷園，見慣秋月春風，常將歌舞借人看，她便慢慢懂得自己的處境，自己不過是他園中佳麗裡最豔的、最有價值的，其他的，別無所長。將愛情的不平等之處看清楚，她也就降低期望值，雖然兩人是主僕關係，但只要兩人真心相愛，就此白頭偕老也是可以實現的，至少比其他歌女人老珠黃被人遺棄好多了。

愛情是美好的，也是現實的。綠珠的愛情之路，從「情不知所起，一往而深」走到賣藝、賣身的依附關係，實屬無奈。殘酷的現實使得她的委曲求全變得如此艱難，直到她聽見情郎的那句話：「我今為爾得罪。」美好的愛情、現實的愛情、委屈的愛情、艱難的愛情，至此，通通消失。因為，她要為之付出寶貴的、每個人只有一次的生命。幻滅的愛情成為壓倒這個可憐女子的最後一根稻草，輕輕的一句話，擊倒了她所有的人生夢想。

未能與愛人共度餘生,是人生的遺憾;小心翼翼維護的感情,抵不過一句輕輕的埋怨,是愛情的遺憾。

哀莫大於心死。心死的綠珠將眼淚還給石崇,將嬌軀還給天地,將愛的甜蜜珍藏心間。

所謂的愛情,只適合生長在風和日麗之時,稍遇風暴,便首先把痴迷愛情的女人推上前臺。本質上,這是紅顏禍水的另類闡釋。

若說情緒管理能力被稱為情商,智力商數稱作智商,那麼管理愛情的能力,則應稱作愛商。愛商欠缺的女人,容易做傻事。自認為做得感天動地,沒想到成為別人的馬前卒和替死鬼。無論是綠珠,還是楊貴妃,在縱身一躍前,在把頭伸向三尺白綾前,可曾回頭看過,看一看曾經相愛的情郎。或許他會流淚、會痛惜,但絕對不會停止前進的腳步,女人於他們,只是一個擋箭牌、代罪羔羊,或者僅僅是件衣服。可憐的綠珠和楊貴妃們,卻為此付出生命的代價。

以愛情的名義犧牲女人的男人們,同樣沒有好下場。石崇在綠珠跳樓後不久就被押赴刑場處死,連累全家十五口人一起遇難。唐玄宗在賜死楊貴妃後,感情上被思念和內疚折磨,勉力維護的皇位也沒保住。隨著太子李亨在甘肅靈武宣布登基,李隆基,一代聖主,被架空權力,淪為太上皇,也成為事實上的孤家寡人,直到6年後,在孤獨寂寥的神龍殿中病死。

石崇一生都是努力尋找各種發展機會的投機分子,經濟上依靠劫掠過路商客而大發橫財,惹得各路人馬眼紅,包括出身貧寒的孫秀;政治上仰仗賈氏集團的庇護,賈謐被殺後,他和潘岳、歐陽建等人準備聯合淮南王司馬允扳倒司馬倫和孫秀,可惜事敗被殺。可以說,石崇之死是財富和政治惹的禍。但當孫秀派來的士兵破門而入時,石崇對綠珠說:「我今為爾得罪。」李隆基統治後期,沉溺享樂,懶政昏聵,致使安史之亂爆發。馬

馬嵬坡前陳玄禮的士兵譁變，要親眼看到楊貴妃死去才肯離去，李隆基卻「君王掩面救不得」，他知道自己九五之尊的龍體更重要。

崇穎悟有才氣，而任俠無行檢。在荊州，劫遠使商客，致富不貲。（《晉書‧列傳第三》）

絢麗浪漫的愛情、纏綿悱惻的情愫終究抵不過現實困境中的利益盤算，不對等的愛情中，犧牲的永遠是地位卑微的一方，多數為女人。柔弱的女子剛烈、決絕，懷著愛的憧憬或絕望毅然決然去赴死；強大的男人自私、懦弱，一句「愛莫能助」後繼續心安理得地活著。

果然，人性經不住考驗，愛情或為美好傳說。

困在身分裡：看得見的浪漫，看不見的傲慢

魏晉是個自我意識逐漸覺醒的時代，以竹林七賢為代表的一些知識分子提出，越名教而任自然，鼓勵人們擺脫禮教束縛率性而為。在這一較為寬鬆的觀念影響下，當時的社會風氣較為開放，儒家倫理的禮教約束相對來說不那麼嚴格，反映在傳統夫妻之間相處、表達愛意敬意上，其大膽親暱的言行舉止，與現代社會講究浪漫情調的情侶相比，絲毫不遜色。史料詳細記載了魏晉士人在夫妻相處時不經意間流露出的浪漫作風，其中王戎、韓壽、何曾、潘岳、王渾等五人表現得最為突出，可謂魏晉士人炫耀恩愛的典範。

竹林七賢之一的王戎，其妻子常常稱呼王戎為卿。王戎說：「妻子稱丈夫為卿，在禮節上算不敬重，以後不要再這樣稱呼了。」妻子說：「親卿愛卿，因此稱卿為卿；我不稱卿為卿，誰該稱卿為卿！」王戎見她講得頭頭是道，索性任憑她這樣稱呼。後來表示情侶間親熱無間時常用的成語「卿卿我我」即出自此處。按照禮法，夫妻之間應相敬如賓，女子對男子

畢恭畢敬，王戎的妻子卻認為夫妻之間應相親相愛，不用講客套話。有愛意，就大膽說出來，稱卿為卿，王妻這種不拘禮法的稱呼可謂浪漫的宣言。

西晉文學家潘岳從小便受到很好的文學薰陶，聰明有才情，人稱奇童。清秀的他長大後更是長得風度翩翩，被人稱為古代第一美男，據《晉書》記載，姿儀出色的潘岳每次出門，都被慕名前來目睹他俊朗風采的婦人們團團圍住，不僅如此，她們還一邊對他發出嘖嘖稱奇之聲，一邊向潘岳所坐的車上扔水果，以期得到美男子的青睞，沒多久，車子就被婦女們的水果裝滿了。由此，潘岳替中國文學史貢獻了一個叫做「擲果盈車」的典故。

按說美男子潘岳身邊美人環繞，情感上應不寂寞，他偏偏是個對妻子用情最深之人。潘岳在〈懷舊賦〉中寫道：「余十二而獲見父友東武戴侯楊君。始見知名，遂申之為婚姻。」潘岳和妻子楊氏12歲時就相識，楊氏因病去世時，潘岳將近50歲，30多年的相濡以沫，留給潘岳太多充滿溫暖與痴情的回憶。他哀從心來，揮筆寫下著名的〈悼亡詩〉系列，其被認為開了中國文學史悼亡詩的先河。「如彼翰林鳥，雙棲一朝只。如彼遊川魚，比目中路析。」寥寥數語，將一個至性至情的痴心男子的情感表達得淋漓盡致，情深意切思念的背後，是對浪漫愛情的肯定，乃另類的炫耀恩愛。

太傅何曾是西晉有名的至孝之人，亦閨門整肅，自小到大並沒有什麼不良嗜好，年老之後，與妻子相見，他必須穿戴整齊，與妻子相敬如賓。他面向南，妻子面向北，兩人相互敬酒，吃完飯他便出來，一年中這樣隆重的相見有三四次。相敬如賓本是傳統禮教要求的夫妻相處之道，但何曾將它做得如此鄭重其事，滿滿的儀式感亦可謂炫耀恩愛的行為藝術。

司徒王渾穩重而有雅量，他的妻子鍾琰是魏國太傅鍾繇的曾孫女。鍾夫人「美容止，善嘯詠，禮儀法度為中表所則」，嫁給王渾後，她生下兒

子王濟。有一次王渾和妻子閒坐,兒子王濟正好從院子中走過,王渾看著一表人才的兒子,高興地說:「有如此出色的兒子,足以撫慰我的心了。」鍾琰笑著回敬道:「若我嫁給王參軍,生的兒子也不會比這個差。」王參軍,是王渾的弟弟王淪。鍾夫人雖然行為禮儀皆按法度做得中規中矩,但夫妻二人私下相處中,她也不忘委婉地打擊一下丈夫的自負,夫妻之間的拌嘴調侃並無惡意,不傷感情的調皮兼具活潑的浪漫氣息撲面而來。

名士清雅如王戎,可以接受妻子不合禮法的稱呼,對妻子寬容和親暱,因為這是與他組建家庭、生兒育女的女子;才華橫溢如潘岳,對同樣出身官宦家庭的妻子情深義重,他大概是歷史上第一個為亡妻寫詩的文學家,妻子是與他患難與共、相濡以沫的知音女子;窮奢極欲如太傅何曾,對妻子敬重有加,不厭其煩的儀式表演是他尊重婚姻伴侶的見證;官至司徒的王渾,對妻子委婉的調侃不以為意,鍾琰勇於大膽揶揄丈夫的信心來自她卓越的見識和高貴的門第。他們每一對炫耀的恩愛,炫耀的是明媒正娶的夫妻之間的浪漫情趣,情趣的背後是他們對婚姻伴侶的珍愛尊重;這份愛和尊重源自他們是同一階層的人:年齡、地位、財力、教育、價值觀相差無幾,他們是同一類人。

這一類人裡,還有石崇。石崇乃開國元勛之後,有名士清雅,英俊外表,文采斐然,富甲天下,仕途遠大,他和王戎(琅琊王氏出身)、韓壽(賈充的女婿)、潘岳(文學家)、何曾(西晉開國元勛)、王渾(太原王氏出身)一樣,屬於身名俱泰的中上官僚階層,他的妻子當然不脫離這個團體。石崇的妻子蘇氏是扶風武功人,祖父蘇則三國時被賜爵關內侯,徵拜侍中,以正直聞名,著名的「蘇則之膝,非佞人之枕也」就是他說的。《三國志》記有〈蘇則傳〉。蘇則的兒子蘇愉在西晉曾任尚書、太常光祿大夫。蘇愉的兒子蘇紹文采出眾,《世說新語‧品藻篇》記載,謝安說金谷園遊宴眾賢中蘇紹是最優秀的,蘇紹的妹妹蘇氏便是石崇的妻子,金谷園正牌的

女主人。毫無疑問，石崇與蘇氏同屬有身分、有地位、有名望的同一階層的人。這個階層的人，對待身分不如自己的女人，眼裡全是傲慢與偏見。

如前文所述，出身太原王氏的司徒王渾，面對妻子鍾琰（魏國太傅鍾繇的曾孫女）踰越禮法的調侃，沒有絲毫不滿和怨言。但在妻子鍾琰去世後，他娶後妻時，階層的傲慢與偏見便展露無遺。王渾的後妻是琅琊國顏家的女兒。王渾當時擔任徐州刺史，顏氏行完交拜禮，王渾剛要答拜，旁邊觀看的人都說：「王侯（王渾襲父爵為京陵侯）是州將，新娘是本州百姓，（身分不對等）恐怕沒有理由答拜。」王渾聽後，便不答拜。王渾的兒子王武子認為自己的父親不答拜，就是沒有與顏氏成婚，恐怕不能算作為夫妻，因此也就不拜後母，只稱呼顏氏為顏妾。顏氏深以為恥，但因為王渾家門第高貴，她終究不敢離婚。事見《世說新語‧尤悔篇》。

身為平民的顏氏，在婚姻中尚且要承受官僚階級的傲慢和羞辱，綠珠屬於最低賤的底層歌女，身分連平民都不如，她和石崇的愛情尚且千瘡百孔，更遑論婚姻和未來。

石崇和綠珠，一個是來自鼎鼎有名的官宦世家，出身名門，一個是寄人籬下的小歌女，出身貧寒，他們之間，可以有愛情，不可以有婚姻。不被父母之命、媒妁之言所制約，單單是身分的局限、世俗的偏見，即可將綠珠的豪門婚姻之夢敲碎。她只能作為石崇的家伎和情人出現，而不是光明正大的正妻。而石崇，為了繁衍子嗣，家裡養的小妾必定眾多，不獨有綠珠這一個，儘管她是他的最愛。門第，將愛情撕裂一個傷口。階層，始終是難以踰越的藩籬。金谷園中綠珠的縱身一躍，未嘗不是一個底層女子對身分和未來的絕望與吶喊。

與愛無關：當女人成為戰利品

「向來金谷友，至此散如雲。卻是娉婷者，樓前不負君。」宋末文壇領袖、詩人劉克莊在〈雜詠·綠珠〉詩中寫道。當孫秀的使者一再索要歌女綠珠時，石崇勃然大怒道：「綠珠吾所愛，不可得也。」這是《晉書》記載的石崇唯一一次愛的表達，想必綠珠也聽到了。故而，當石崇所依附的賈謐被誅之後，昔日繁華喧囂的金谷園中的紅男綠女，皆星流雲散各尋前程，唯有綠珠用血淋淋的生命回報石崇的情意。在傳統文人士大夫看來，綠珠之死是一介女流重情意、有氣節的表現，值得大書特書，以便後世天下女性以她為榜樣為愛犧牲。倘若綠珠不死，落入孫秀手中，命運將會如何呢？

《晉書·列女傳》中幾位女子的遭遇或可暗示不跳樓的綠珠的結局。

賈渾，籍貫未知，西晉太安年中擔任介休令，匈奴人劉淵作亂，派其部將喬晞攻陷介休，賈渾堅持抵抗不投降，說：「我是晉朝的官員，不能保全一方國土，豈能苟且求生侍奉外族賊人？將來還有什麼臉活在人世間！」喬晞暴怒，賈渾遇害。賈渾的妻子宗氏，也不知是什麼地方的人，頗有姿色，喬晞看到後想霸占她，宗氏大罵道：「屠各奴！豈有害死人家丈夫還想對妻子行無禮之事的？你安心嗎？何不快快殺了我！」說完就仰天大哭。喬晞於是殺了她，宗氏時年20多歲。

梁緯的妻子辛氏，是隴西狄道人。梁緯在西晉朝廷擔任散騎常侍一職，西都長安陷落後，被劉淵的養子劉曜殺死。辛氏容貌美麗，劉曜想娶她為妻，辛氏坐在地上放聲大哭，隨後她仰起頭對劉曜說：「我聽說男人因為大義壯烈犧牲，妻子不可以再嫁。我的丈夫已死，我沒有理由獨自存活。況且看著婦人再嫁受辱，明公您怎能安心呢？乞求賜我一死，我到地底下侍奉公婆去。」說完號哭不已。劉曜說：「真乃貞婦，聽她的吧。」辛

氏自縊而死，劉曜以禮葬之。

許延的妻子杜氏，不知何地人也。許延為益州別駕，被成漢國的宗室大臣李驤所害。李驤想納杜氏為妻，杜氏守著丈夫的屍首放聲大哭，她大罵李驤道：「你們這些逆賊不走正道，死有先後，我乃杜家的女兒，怎能做逆賊的妻子！」李驤大怒，害死杜氏。

晉朝時有個叫尹虞的人，有兩個女兒，是今湖南長沙人。尹虞之前擔任過始興的太守，後來起兵征討杜弢，沒想到卻戰敗。尹虞的兩個女兒被杜弢俘虜，因為她們長得天姿國色，杜弢想逼迫她們為妻，兩個女兒卻說：「我們的父親是有著兩千石俸祿的大臣，我們終究是不會做賊人的妻子的。唯有求死而已。」於是，她們兩個一起被杜弢殺害了。

十六國時期，漢趙的外戚大臣靳準發動政變，屠殺了在平陽的漢趙劉氏皇族，後來劉曜領兵攻入平陽，滅了靳氏家族。靳準的堂弟靳康有一個女兒，長得非常漂亮，而且很有志氣節操。劉曜誅殺靳氏時，想納靳康的女兒為妾，靳氏女說：「陛下您殺了我的父母兄弟，又讓我做妾。我聽說誅殺忤逆之人，連房屋樹木都要毀掉，何況是其子女呢？」因此她哭泣著求死。劉曜可憐她，就赦免了靳康的一個兒子的性命。

《晉書‧列女傳》中記載的她們和綠珠境遇相似，共同點在於：一是生活遭遇大劫難，或國破，或家亡，女子成為俘虜；二是美貌的女俘被敵方看中；三是女子激烈反抗，遇害；四是女子赴死的理由大同小異，貞節和身分是關鍵。國破家亡、異族入侵之際，一群手無寸鐵的女子成為敵對方的戰利品。她們本有生存下去的資本，美貌是她們換取自由的籌碼，但她們寧願勇敢地死，而不願苟且偷生。她們誓死捍衛的，除了自己忠貞的氣節，還有夫家、父家的臉面和榮譽。綠珠之後還有綠珠，她們是散落在晉朝不同時空中的綠珠。

然則，她們與綠珠又不同，綠珠只是卑賤如草芥的歌女，為自己心中神聖的愛情信念（如果有的話）而死，當然，她是沒有資格躋身《列女傳》的，只能委屈地將名與事擠壓在主人石崇的生平裡。而列女們的犧牲，是為傳統禮教賦予的女性價值觀和自己的階級身分而死，與愛或許無關。

在男性主導的爭奪資源的戰爭中，綠珠之流的女性不幸成為戰利品，美貌的、有生育能力的可以有機會生存下來，姿色一般的、無生育能力的有可能被屠戮殆盡。女性被當作物品來評估，依照動物屬性的品相和交配功能來優勝劣汰，這是弱勢群體的悲劇，更是全社會的悲哀。

活成豐碑：被侮辱與被損害的

無可奈何花落去，似曾相識燕歸來。傳統社會中，遭遇時代洪流碾壓和男性威逼利誘時，類似綠珠之流的底層婦女的抗爭從未停止。當全社會都戴著有色眼鏡準備看這些被侮辱與被損害的女人笑話時，她們看準機會，將自己活成一座座豐碑。

二十五史的《列女傳》中，與學識才氣高的士大夫女性形成鮮明對比的，是那些所謂的賤民女性——娼家女。史書中這類婦女雖然不多，其事蹟卻充滿殺身成仁的悲壯色彩，同樣令人敬佩。她們是封建社會中被汙辱和被損害的婦女的氣節代表。

《金史》記載了一位妓女的事蹟。天興元年（西元 1232 年），元軍攻打金國的一座城池，雙方激戰正酣，城門樓上的金兵突然看見一位女子站在下面，她大聲疾呼道：「我是妓女張鳳奴，許州城被攻破，我成為俘虜，被押送至此。這些元兵過不了幾天就會退去，諸君一定要為國堅守城池，不要被他們的氣勢欺騙了。」說完，她縱身一躍，跳入護城河淹死了。張鳳奴的事蹟上報後，金國朝廷特意派遣使者，在城池的西門祭奠她。兩年

後，金國被元軍滅亡。張鳳奴成為《金史·列女傳》中最後一位被記載的女子。

《宋史》中關於娼家女的記載有兩例。第一例是郝節娥。她本是嘉州一個娼家的女兒，5歲時，她的母親苦於貧困，將她賣給洪雅一戶平民人家做養女。等她長到15歲左右，母親看到她長得亭亭玉立，便把她要了回來，想逼她從娼賺錢，無奈郝節娥堅決不從。母親每天都逼她，她回應道：「我從小在良家長大，學會了紡線針織等女紅，不只如此，我的手藝還很精巧，很受歡迎。有了這手藝，我供養母親朝夕的吃穿應該沒什麼問題。從此我們母女就過良家女子的生活，可以嗎？」母親聽後更加憤怒，拿出鞭子，對她又打又罵。然而，郝節娥並未屈服。

一計不成，她的母親又生一計。洪雅的春天有祭祀蠶神的活動，母親便與鄰居的一個少年商量好，藉口參加祭祀，邀請郝節娥和母親一起前來吃飯。母女兩人到達後，郝節娥看見少年頓覺不妙，倉皇間轉身就要走，誰知母親緊緊拉住她不放。不得已，郝節娥只好留下來，沒有絲毫食慾，一副昏昏欲睡的樣子。即使被強迫飲酒，也立刻嘔吐不止，弄得滿身都是汙穢。鄰居的那個少年始終得不到侵凌她的機會，憤恨不已。晚上回家，路過雞鳴渡，郝節娥尋思著，今天這事躲過去了，他日則未必能解脫。她假裝自己口渴要喝水，找機會跳江而死。有感於她的節義，鄉里人稱呼她為「節娥」。

第二例是毛惜惜，她是高郵的一名妓女。宋端平二年（西元1235年），別將榮全率眾叛變，朝廷的制置使派人以武翼郎招安他。榮全假裝投降，心裡卻想殺掉使者，他與同黨王安等人宴飲，毛惜惜被安排在宴席上伺候，但她不願意為他們服務，深以為恥。王安斥責她，她回敬道：「當初聽說太尉（榮全）投降，我還準備祝賀他，如今他閉門不納使者，在宴會上縱酒不法，這是故意挑釁的叛逆行為。我雖然是一名卑賤的妓女，但也

不願侍候叛臣。」榮全聽後大怒，將毛惜惜殺害。過了三天，榮全被擒獲並斬殺，其妻子、王安以及手下一百多人悉數伏法。

張鳳奴、郝節娥、毛惜惜，可謂《列女傳》中的異數，她們或出身娼家，或者本身就是妓女，與傳統儒家倫理中所表彰的女性角色嚴重不符，但鑑於她們不畏強權，為捍衛尊嚴而死的節操，史家還是將她們的事蹟秉筆直書在汗青上。

值得注意的是，這三人的傳記出現在《金史》和《宋史》上，這兩部史書的主導者、撰寫者剛好都是蒙古族宰相、元代的脫脫。在脫脫之前，《列女傳》中可以有結婚多次的女性，如蔡文姬等，但絕對沒有妓女；在脫脫之後，《列女傳》重視貞潔的傾向更加嚴重，妓女的形象更不可能出現。故而，這三人可謂正史《列女傳》中碩果僅存的另類人物，而脫脫此舉，顯得尤為空前絕後。大概因為他是少數民族，相較於傳統漢族儒家，他觀念中的禮制觀念包袱不是那麼正統和古板。

於綠珠而言，其出身、職業與遭遇，與上述三人大致相同，同屬被侮辱與被損害的女子代表，若有幸由脫脫寫傳，她的故事，會是什麼版本呢？

結語

美好的愛情是什麼樣子？是一個人想到另一個人，嘴角不自覺地上揚；是一個人看到另一個人，眼中有光，內心雀躍；是一個人擁抱另一個人，歡喜在人間，靈魂在天堂。

英國作家王爾德（Wilde）在小說《道林・格雷的畫像》中有言：「漂亮

的臉蛋太多，有趣的靈魂太少。」真正的愛情乃情人眼裡出西施，漂亮的不僅是臉蛋，還有琴瑟和鳴的有趣靈魂。愛情遊戲追求懂你的含蓄與朦朧，也要求對等交流的話語權。不對等的遊戲，落敗的總是地位卑微的一方；不對等的遊戲，表面再光鮮與堂皇，也掩飾不住骨子裡的傲慢與偏見。

「最可怪的，女子的心理，總偏重於白頭偕老；男子的心理，則多是棄舊迎新。由此演出的痛苦，真正是罄竹難書了。」[23] 教育家這麼說。從遠古神話、民間傳說到歷史真實故事，一路走來的美麗痴情女子用鮮血和眼淚告訴我們，想要擁有一份完美的愛情是多麼不容易，因其不易，當你遇到真正的有緣人，一定要好好珍惜、呵護。

然而，現實的殘酷總多於如意，兩人世界的愛情嬌嫩得如同溫室的花朵，任何風吹草動都可能使它夭折。它必要經歷來自世俗的壓力，譬如蠻橫長輩的阻撓、腹黑情敵的陷害；來自命運的折磨，譬如生活的變故、時代的捉弄；更重要的是，它必要經歷來自人性的考驗，譬如男人的猶疑和背叛。數不清的愛情悲劇裡，負心的男人比比皆是。所以，必須擦亮眼睛，看清周圍，看清人性，即便要殉情，也要看是否值得。

愛情的甜蜜與美好，怎麼讚美都不為過，值得女人傾情付出；但愛情不是人生的全部，卑微的愛，不對等的愛，太過昂貴的愛，變質的愛，不要也好，不值得以生命的代價去換取。

愛情可以盲目，但女人不可盲目。真要為愛獻祭，也得問自己一聲：此生為何而來，又為何而去？生命只為一人而活嗎？

---

[23] 《中國婦女生活史》，陳東原著，商務印書館，2017 年 12 月版，第 8 頁。

尾聲

最是人間留不住，朱顏辭鏡花辭樹。

在綠珠跳樓530多年後的一天，唐朝的一位詩人遊歷到了洛陽。路過金谷園時，已是日暮時分。但見昔日的名園已是雜草荒蕪，沒有人煙，野生動物間或從綠草叢中驚奔而逃，西晉富豪石崇以大手筆打造的恢宏壯麗全然不見，觥籌唱和的雅士麗人也早已杳無蹤跡。淒涼的景象喚起詩人對繁華往事的無限追憶和情思。頓時，思如泉湧，兩句詩詞跳躍在他腦海中：「繁華事散逐香塵，流水無情草自春。」

忽然，樹上傳來小鳥的鳴叫聲，在空寂遼闊的廢園裡顯得更加悲切。一陣東風吹來，樹上枝頭的花瓣一片片飄下，晃徘徊悠，零落到地上，悄無聲息。日暮、鳥鳴、東風、落花，讓詩人產生錯覺，恍惚間，似乎看見一麗人正款款而來，眉目清秀，嘴角含笑，楚楚動人。「日暮東風怨啼鳥，落花猶似墜樓人。」詩人不禁脫口而出，將這首命名為〈金谷園〉的詩句補充完整。這位詩人，就是人稱「小杜甫」的杜牧。

可憐金谷墜樓人。這，大概就是男人眼中的愛情。

1,300多年後的一天，清朝小說家曹雪芹寫就一部傳奇之作──《紅樓夢》。在書中，他藉女主角林黛玉之口，吟出一首〈詠綠珠〉：「瓦礫明珠一例拋，何曾石尉重嬌嬈？都緣頑福前生造，更有同歸慰寂寥。」

千百年來無數文人墨客都在讚頌綠珠的剛烈和知恩圖報，讚頌她沒有辜負石崇的珍愛，譬如唐代詩人汪遵說：「大抵花顏最怕秋，南家歌歇北家愁。從來幾許如君貌，不肯如君墜玉樓。」譬如南宋詞人劉克莊曰：「向來金谷友，至此散如雲。卻是娉婷者，樓前不負君。」

不曾有人想到，孤苦寂寞、寄人籬下、仰人鼻息的林黛玉，羨慕的竟是綠珠和石崇可以一起赴死，不求同年同月同日生，但求同年同月同日死。和心愛的人死在一起，不再孤獨寂寥，大概是有福氣的事！林黛玉幽幽嘆道。

　　更有同歸慰寂寥。這，大概就是女人眼中的愛情。

―― 本章完 ――

第二章 愛情

綠珠：剎那芳華，終生追憶

第三章　才華篇

謝道韞：馥郁才情，蘭質慧心

引子

　　中國古典小說的巔峰之作《紅樓夢》第五回「賈寶玉神遊太虛境，警幻仙曲演紅樓夢」具有揭示全書人物命運的主旨意義，其「金陵十二釵正冊判詞」曰：「可嘆停機德，堪憐詠絮才。玉帶林中掛，金簪雪裡埋。」這裡，「玉帶林中掛」指的是纖瘦柔弱的林黛玉，「金簪雪裡埋」指的是豐滿華貴的薛寶釵。停機德、詠絮才，同樣指的是薛寶釵和林黛玉二人，卻用不同含義的歷史和文學典故彰顯出兩位女主角的別樣風采。

　　「停機德」的典故出自南北朝時劉宋著名史學家范曄所寫的《後漢書》，據《後漢書·列女傳》記載，東漢時期的河南郡（現今中國的河南省）有一位書生名樂羊子，他的妻子是一位賢慧且具有高尚品行的女人。雖然史書未能清楚記載樂羊子的妻子姓名，是什麼出身，但她的一言一行無不符合封建時代對女子道德的完美要求。

　　譬如她不貪小利的品行。有一天，樂羊子在路上行走，突然看見路邊有一塊亮光閃閃的金子，他撿起來，回家後就把金子交給妻子。妻子奇怪地問道：「這塊金子從何而來？」樂羊子也不隱瞞，老實回答，妻子聽完，緩緩說道：「我聽說有志氣的人從不喝盜泉（泉水的名稱，在今中國山東省泗水縣）裡的水，只是因為怕泉水名字玷汙他們的清白；有節操的人也從不接受侮辱性的施捨，只是因為這施捨是對自己節操的諷刺，更何況以這種撿拾別人的東西的行為，來玷汙自己的德行呢？」樂羊子聽後，十分慚愧，他急忙拿起金子，將它遠遠地扔在荒野中，然後就離開家鄉拜師求學去了。

　　樂羊子妻這種嚴格自律的廉潔品行，不僅開悟了知書明理的書生丈夫，還感化了貪財好利的權威婆婆。自樂羊子出門求學後，他的妻子就在家裡一邊資助遠方的丈夫各種物品，一邊辛勤侍奉家裡的婆婆，生活過得平靜而清貧。有一次，別人家的雞誤入她家的菜園中，正好被她婆婆看

見，婆婆就偷偷地將這隻雞逮住，殺了做菜吃。吃飯的時候，樂羊子妻看著已成為盤中餐的雞，她不動筷子，卻默默流淚，這可把婆婆嚇壞了。婆婆奇怪地看了她一眼，問她為什麼哭。她回答說：「我很難過自己這麼窮，以致於要吃別人家的肉。」婆婆聞言，羞得滿臉通紅，也不便繼續吃飯，便將這隻雞扔了。

無論是樂羊子妻的「廉者不受嗟來之食」的名言警句，還是她的「對雞不餐而泣」的哀傷舉動，都充分說明平凡生活中這位貧賤女子嚴於律己、不貪小利的美德。而使她的名氣蜚聲文壇和歷史的，卻是她著名的停機勸夫之婦德。

樂羊子路邊拾遺後就外出求學，一年後，不期然地，樂羊子回來了。他的妻子跪在地上迎接，問他為何這麼早就回家。樂羊子隨口答道：「出門太久，我想念家人，就回來了，沒有其他原因。」妻子沉默半晌，忽然拿起剪刀快步走到房中的織布機前，她回頭對丈夫說：「這些紡織品是從一個個蠶繭裡抽出絲來，用機杼織成，然後把一根根絲累積起來，才能織成一寸布；一寸寸布累積起來，才能織成一匹布。如果我拿刀將這些織好的布剪斷，就會前功盡棄，大量美好的時光也浪費掉了。您正在每天累積學識期間，只有每天都學習一點原本不懂的知識，才能成就自己的美德。如果隨意地中斷學習，那跟剪掉這些織好的布有什麼區別呢？」樂羊子沒想到自己身居鄉間的妻子竟然這麼睿智而又明理，深為自己的草率而羞愧，他急忙返回去研修自己的學業，隨後的七年裡都沒有回家。這，就是著名的「停機勸夫」典故的由來。

丈夫在家時，規勸他廉潔，支持他的學業；丈夫不在家時，孝順婆婆，辛勤持家，平凡女子樂羊子妻可謂古代家庭中妻子道德的典範，然而這些還不夠，她大義凜然的犧牲精神，更為她的婦德形象鍍上金光。史書記載，在樂羊子出門之際，有強盜來到樂羊子妻居住的村莊，見她貌美，想玷汙她，就先劫持了她的婆婆。樂羊子妻聽到外面亂哄哄的，拿著一把

刀就衝了出來。強盜蠻橫地說：「你放下刀乖乖地順從我，我可以保全你們兩人的性命。若你不順從，我就殺了你婆婆。」悲憤的樂羊子妻仰天長嘆，自知難以從命，隨即舉起刀自刎而死，一輩子勤懇賢慧的女人就這樣悲慘離世。本以為可得逞的強盜被她這種剛烈氣節嚇壞了，也就不殺她的婆婆了。當地的太守聽說了這件事，當即逮捕並殺死那個強盜，同時賜給樂羊子妻很多縑帛，按照禮法安葬了她，而且還賜給她名號，曰「貞義」。又忠貞，又節義，可謂名副其實。

嘉德懿行、母儀婦操的樂羊子妻死了，死得轟轟烈烈、浩氣沖天。她品行端正、賢慧睿智，不僅挽救了丈夫的名譽和學業，成全了婆婆的品德和性命，還為自己在歷史上賺得「停機德」的美名。所謂「停機德」，不僅指規勸丈夫完成學業的恆心，更多的是知廉恥、有道德、有志氣、有節操、認可仕途經濟、孝敬長輩、順從丈夫的這一類女子的所有符合傳統禮制的品德的總稱。

《紅樓夢》裡，薛寶釵就是這樣的女子，她嚴格按照封建禮教中的婦德要求和約束自己，可謂容、德、才三者俱全的完美貴族女子，可惜，她遇到的是離經叛道、視仕途經濟為祿蠹的賈寶玉，價值觀不合，怎能成就「金玉良緣」？故而薛寶釵只能空守閨房、虛度殘生，因而曹雪芹有「可嘆停機德」之預警、之感嘆。

無獨有偶。同樣是南北朝時期，同樣是劉宋政權下，史學家范曄撰寫了《後漢書‧列女傳》，記載了樂羊子妻之事，樹立了古代婦女的「停機德」之婦德典範；文學家劉義慶則組織文人編撰了《世說新語》一書，這部筆記小說記載了自漢魏到東晉及劉宋時的一些名士的言行和逸事，其中《世說新語‧言語篇》就記載了才女謝道韞詠雪的故事。因將天空飄灑的白雪詠為「未若柳絮因風起」，謝道韞得以有「詠絮才女」的美稱。「詠絮才」遂成為才女的代稱，是對女子才華橫溢的最佳讚美。

《紅樓夢》裡的「詠絮才」指的是才女林黛玉。林黛玉出身書香門第，

自幼獲得家庭和私塾的良好教育，在大觀園裡，她吟詠出的詩句皆透露出其卓越的文學才華和修養，如〈詠白海棠〉的「偷來梨蕊三分白，借得梅花一縷魂」，〈問菊〉的「孤標傲世偕誰隱，一樣花開為底遲」，〈葬花吟〉的「明媚鮮妍能幾時，一朝漂泊難尋覓」。可惜，孤標傲世的才女在紛繁複雜、世態炎涼的現實中必會遭遇挫折，乃至夭折。風刀霜劍嚴相逼，林黛玉最後憂鬱而終，著實堪憐。

中國傳統文化裡，將詠絮才作為才女的代稱，自東晉始；準確點說，是自謝道韞出現以後；更精準地說，是自謝道韞悠然吟出「未若柳絮因風起」後。一句詩，成就了東晉才女謝道韞的鼎鼎大名。殊不知，謝道韞在婚姻中亦遭遇不成器、目光短淺的丈夫，只是樂羊子妻勸諫丈夫成功，謝道韞卻勞而無功，甚至遭受丈夫連累。可嘆停機德，堪憐詠絮才，是曹雪芹對薛寶釵、林黛玉的惋惜，卻也是謝道韞一生命運的寫照。

山陰道上的晉代風流

芝蘭玉樹之謝家

謝道韞，東晉著名才女。史書上未曾記載其生卒年，據後來的學者考證，她大概生活在西元335年到西元405年，70歲左右卒。

唐代詩人劉禹錫有一首非常著名的詩，曰〈烏衣巷〉。烏衣巷就在現今的中國南京市東南。南京古稱建康，是東晉時期的首都。烏衣巷是建康最尊貴的人才能居住的地方，東晉時的王家、謝家兩大家族的人即居住於此。王家、謝家在當時都是高門大戶，能左右東晉王朝的命運。而連繫王、謝兩大家族的，就有才女謝道韞。

〈烏衣巷〉

唐　劉禹錫

朱雀橋邊野草花，
烏衣巷口夕陽斜。
舊時王謝堂前燕，
飛入尋常百姓家。

謝道韞是東晉王朝一位身分特殊的才女。說她身分特殊，是指她擁有當時王、謝兩大家族的人脈，兩大家族炙手可熱的權勢人物，均與她有剪不斷、理還亂的關係；說她是才女，是指她不僅創造了「詠絮才」的典故，還成為女中名士，可謂才華橫溢。

先說謝家。

西晉王朝在經過晉武帝群臣的奢靡浪費、賈南風的驕縱專制之後，迎來了「八王之亂」，繼而引起少數民族南下，強悍的少數民族政權在西晉朝廷內亂之際，趁機侵入中原，最終在西元316年滅掉了西晉王朝。西晉滅亡後，避難的晉朝王室和北方士族就來到南方，史稱衣冠南渡。在建康（現今中國南京）琅琊王司馬睿建立了新的政權，史稱東晉。

陳郡謝氏，號稱「詩酒風流」，是東晉時高級門閥之一。陳郡指現在中國的河南太康，陳郡謝氏在東晉時享有非常高的社會地位，與以謝安為首的謝氏集團全體子弟的努力奮鬥息息相關。謝道韞就出生在這樣顯赫的家族中。

父親謝奕。謝奕最大的特點，一是嗜酒如命，二是性格粗暴，行為放誕。他一喝酒就待人無禮，無論對方是什麼身分和官職。《世說新語‧簡傲篇》曾記載桓溫擔任徐州刺史時，謝奕擔任揚州晉陵郡太守，起初兩人交往時他還略微謙虛退讓，沒有特殊的交情。等到桓溫調任荊州刺史將要

赴任之時，他對謝奕的情誼就十分深厚，不久就讓謝奕做了他的司馬[24]。謝奕到荊州之後，很看重和桓溫的交情，但每次去桓溫家做客，頭巾都戴得很隨便，長嘯吟唱，和平常並沒有什麼區別，以致於桓溫常無奈地說：「這是我的世外司馬。」謝奕因為嗜酒，更加踰越晉見上級的禮儀。桓溫沒辦法，經常丟下他躲進內室，謝奕卻總是跟著走進去。有一次謝奕喝醉了，桓溫又躲進內室，他的妻子南康公主調侃道：「如果你沒有一個放蕩的司馬，我怎麼會見到你呢！」這位「世外司馬」之嗜酒和放誕，可見一斑。謝奕曾做過豫州刺史，死後被封為鎮西將軍。故而，謝道韞乃將軍之女、名門之後。成年後的謝道韞，豁達灑脫，行事不拘禮法，或許是得其父之遺傳一二。

　　奕字無奕，少有名譽。……與桓溫善。溫闢為安西司馬，猶推布衣好。在溫坐，岸幘笑詠，無異常日。桓溫曰：「我方外司馬。」奕每因酒，無復朝廷禮，嘗逼溫飲，溫走入南康主門避之。主曰：「君若無狂司馬，我何由得相見！」奕遂攜酒就聽事，引溫一兵帥共飲，曰：「失一老兵，得一老兵，亦何所怪。」溫不之責。從兄尚有德政，既卒，為西蕃所思，朝議以奕立行有素，必能嗣尚事，乃遷都督豫、司、冀、並四州軍事、安西將軍、豫州刺史、假節。未幾，卒官，贈鎮西將軍。（《晉書‧列傳第四十九》）

　　叔父謝安。謝奕的弟弟，字安石，人稱「風流宰相」，是東晉時期著名的政治家、文學家。歷史學家說：「謝安是東晉的救星。」可以說，沒有謝安，就沒有東晉王朝後來的存續，更枉談繁榮發展。李白將謝安比作東晉的諸葛亮：「蜀主思孔明，晉家望安石。」

　　謝安對東晉政權的穩定主要有兩大貢獻。第一個貢獻是粉碎了桓溫的篡位陰謀，保住東晉皇室統治地位。大將軍桓溫因為消滅了四川李氏的成

---

[24] 軍官名，漢武帝定制，司馬，主武也，掌管軍事之職。

漢王國，權勢如日中天，有預謀篡位自己當皇帝的野心，但他不直接說要皇帝禪讓，只是先試探一下朝廷：替他加九錫之禮。九錫是皇帝賜給權臣的九種器物，器物本身或許不值錢，但這種禮遇是皇帝給予大臣的一種最高規格的肯定和讚賞，九錫之禮可以說是一種極其隆重的榮譽。歷史上諸多擁有九錫之禮的人或他們的後代，最後都成功篡奪皇位。比如西漢的王莽，被皇帝賜以九錫，西元 8 年，王莽廢掉西漢最後一個皇帝，建立國號為「新」的王朝，自稱皇帝；三國的曹操，被皇帝賜以九錫，曹操死後僅九個月，他的兒子曹丕就廢掉東漢最後一個皇帝，建立魏國，自稱皇帝；魏國的司馬昭，被皇帝賜以九錫，司馬昭的兒子司馬炎於西元 265 年取代魏國，建立晉朝，成為晉武帝。後來的歷史事實也證明了九錫之禮的魔力：東晉末年的劉裕，被皇帝賜以九錫，西元 420 年，他篡奪東晉政權，建立劉宋王朝，自己當皇帝；60 年後，蕭道成也加以九錫，他奪取劉宋政權，建立蕭齊王朝，自立為帝。九錫，已然成為權臣稱帝建國的跳板和前奏。

　　時孝武帝富於春秋，政不自己，溫威振內外，人情噂𠴲，互生同異。安與坦之盡忠匡翼，終能輯穆。及溫病篤，諷朝廷加九錫，使袁宏具草。安見，輒改之，由是歷旬不就。會溫薨，錫命遂寢。（《晉書・列傳第四十九》）

　　前事不忘，後事之師，桓溫這種企圖篡位的要求，可謂「司馬昭之心，路人皆知」。史書稱「桓溫九五之心將移晉鼎」。面對強勢的桓溫，當時的小皇帝司馬曜毫無招架之力，多虧了謝安。謝安表面上鎮定自若地和桓溫周旋，暗地裡卻故意拖延辦理九錫之禮的事務。最終，熬死了桓溫，他沒能等來九錫之禮，就駕鶴西遊了。謝安，用自己的智慧保住了東晉皇位，也就維護了東晉政權的穩定。

　　謝安對東晉的第二大貢獻是贏得了「淝水之戰」的勝利。淝水在現今

中國安徽省壽縣的東南方，是長江的一個支流。西晉滅亡後，北方落入少數民族之手，謝安當宰相之時，南方的國家是東晉，統一北方的國家是前秦，皇帝是苻堅。前秦國力雄厚，苻堅雄心勃勃，一直想消滅東晉，做出統一全中國的偉大功績。於是，在西元383年，苻堅率領百萬大軍（實際兵士約為97萬）氣勢洶洶地向東晉邊境壓來。史書稱「苻堅百萬之眾已瞰吳江」。前秦號稱百萬大軍，東晉這邊只有八萬多兵士，雙方軍事力量懸殊。一旦東晉戰敗，不僅國土將落入苻堅這個少數民族人手中，僅存的漢文明（在東晉）也將面臨滅頂之災，因此東晉國內哀聲一片。此時，距離桓溫去世已有十年，東晉政壇主事的仍是謝安，但見他不慌不忙、從容有序地排兵布陣。他安排自己的弟弟謝石為征虜大將軍、征討大都督，姪子謝玄為前鋒都督，兒子謝琰為輔國將軍，走到保家衛國的前線。雙方在淝水展開決戰。謝安作為總指揮，運籌帷幄，決勝千里；謝玄設計讓前秦軍後退再決戰，使得前秦軍一潰千里，謝家子弟皆英勇殺敵，最終取得了「淝水大戰」的勝利。這一場歷史上著名的以少勝多的戰役，不僅使謝氏家族在東晉名聲大振，更重要的是，謝安，又一次用自己的智謀和勇氣保住了東晉政權。為此，他甚至不惜讓自己的獨生子謝琰（謝安還有一個兒子謝瑤，很早就去世了）走上殘酷的、前途未料的戰場。

歷史上對謝安的評價很高。唐朝初年的宰相房玄齡在《晉書》中曾讚賞謝安：「苻堅百萬之眾已瞰吳江，桓溫九五之心將移晉鼎，衣冠易慮，遠邇崩心。從容而杜奸謀，宴衍而清群寇，宸居獲太山之固，唯揚去累卵之危，斯為盛矣。」唐代「詩仙」李白對謝安讚不絕口：「三川北虜亂如麻，四海南奔似永嘉。但用東山謝安石，為君談笑靜胡沙。」政治家也曾讚嘆道：「謝安文韜武略，又機智又沉著，淝水之戰立了大功，拖住桓溫也立了大功，兩次大功是對維護統一的貢獻。」

值得一提的是，謝安素來以沉穩老練的性格和寵辱不驚的氣度被人們

稱頌，但也有例外。據《世說新語・尤悔篇》記載，謝奕死後，謝安替哥哥送葬回來，天色已晚，還下著大雨，趕車的車伕喝醉了，掌控不了車子。謝安於是就從車廂裡拿出支撐車篷的柱子，不斷地去捅車伕，聲色俱厲，完全不像平日裡的穩重文雅。可見他對哥哥謝奕感情深厚，以致於如此失態，由此他便責無旁貸地擔負起教育謝道韞、謝玄等人的重任。謝道韞的文學才華得以培養和綻放，其叔父謝安功不可沒。

叔父謝萬。參加過多次戰爭，豪放傲慢，善於嘯詠，有名士風度。

（謝萬）萬既受任北征，矜豪傲物，嘗以嘯詠自高，未嘗撫眾。兄安深憂之，自隊主將帥已下，安無不慰勉。謂萬曰：「汝為元帥，諸將宜數接對，以悅其心，豈有傲誕若斯而能濟事也！」萬乃召集諸將，都無所說，直以如意指四坐云：「諸將皆勁卒。」諸將益恨之。既而先遣征虜將軍劉建修治馬頭城池，自率眾入渦、潁，以援洛陽。北中郎將郗曇以疾病退還彭城，萬以為賊盛致退，便引軍還，眾遂潰散，狼狽單歸，廢為庶人。後復以為散騎常侍，會卒，時年四十二，因以為贈。（《晉書・列傳第四十九》）

叔父謝石。淝水之戰中為征討大都督。

（謝石）石字石奴。初拜祕書郎，累遷尚書僕射。征句難，以勳封興平縣伯。淮、肥之役，詔石解僕射，以將軍假節征討大都督，與兄子玄、琰破苻堅。先是，童謠云：「誰謂爾堅石打碎。」故桓豁皆以「石」名子，以邀功焉。堅之敗也，雖功始牢之，而成於玄、琰，然石時實為都督焉。遷中軍將軍、尚書令，更封南康郡公。於時學校陵遲，石上疏請興復國學，以訓冑子，班下州郡，普修鄉校。疏奏，孝武帝納焉。（《晉書・列傳第四十九》）

弟弟謝玄。謝玄，字幼度，東晉軍事家，豫州刺史謝奕之子、宰相謝安之姪。謝玄有經國才略，善於治軍。他在東晉的軍事史上留下光輝的形

象。其一是他具有治軍才能，組建了「北府兵」，參加過多次影響歷史的大戰，可謂東晉最精銳的武裝力量。其二是他培養了劉牢之、田洛等著名將領。後來，劉裕正是依靠「北府兵」，取代東晉建立劉宋政權，「北府兵」甚至成為劉裕的皇家軍隊，可見「北府兵」的強大和重要性。作為它的創始人謝玄功不可沒。其三是著名的「淝水大戰」使年輕的謝玄威名遠揚，青史留名。他出生入死、馳騁面對苻堅的百萬大軍，他既沒有灰心氣餒望風而逃，也沒有狂妄自大盲目自信，而是巧妙地利用苻堅好強好勝的心理，與之周旋，最終贏得勝利。前秦軍隊的百萬大軍，最後只剩下約十萬人，損失慘重。「淝水之戰」之所以取得重大勝利，與謝玄的戰術得當、以智激敵、乘隙追擊息息相關。此戰則奠定了謝玄果敢無敵的戰神地位。後人將他與三國時的周瑜相提並論，稱「曹公（曹操）以八十萬而敗於三萬之周瑜，苻堅以百萬而敗於八萬之謝玄是也」。

除此之外，當時的謝家還有謝道韞的堂弟謝韶、謝朗、謝川、謝琰等優秀子弟，譬如謝韶「少有名」，謝朗「善言玄理，文義豔發，名亞於玄」，謝琰「琰稱貞幹，卒以忠勇垂名」。遺憾的是，謝韶、謝朗、謝川皆早卒，唯有謝玄獲得功名後去世，謝琰死於孫恩之亂。

謝道韞之後的陳郡謝氏，亦人才輩出。

謝靈運，是謝玄的嫡孫（親孫子），應稱謝道韞為姑祖母。他是南北朝時期劉宋王朝著名詩人、文學家。謝靈運的祖父謝玄曾評論他說：「我尚生瑍（謝瑍），瑍那得生靈運。」感慨兒子謝瑍不夠聰明，想不到竟然生出謝靈運這樣聰慧的孩子。此話足見謝玄對這個小孫子的讚賞和欣慰。謝靈運也不辜負祖父以及陳郡謝氏門第的期望，在仕途上曾做過永嘉太守。在文學成就上，更是超越前輩，成為一代文豪。他所開創的山水詩，把自然界的美景引進詩中，使山水成為獨立的審美對象。唐代詩人白居易特地寫詩評論他：「謝公才廓落，與世不相遇。壯志鬱不用，須有所洩處。洩

為山水詩，逸韻諧奇趣。」因其在山水詩上成就斐然，謝靈運被稱為「中國山水詩的鼻祖」。

謝朓，是謝安的二哥謝據的後代，是詩人謝靈運的族姪，應稱謝道韞為曾姑祖母（曾姑奶奶）。他是南北朝時蕭齊王朝傑出的山水詩人，也是南朝著名文學集團「竟陵八友」之一。在「竟陵八友」中，他的詩歌成就最高。他的詩歌中，以山水詩成就最高。其詩風以清新、清麗、清俊聞名，用字細膩而妍麗工巧。唐代詩人李白尤其為謝朓的才華所傾倒，甚至在自己的詩中化用謝朓的名句，如「解道澄江靜如練，令人長憶謝玄暉」。玄暉是謝朓的字。此外，李白還寫下「三山懷謝朓，水澹望長安」、「我吟謝朓詩上語，朔風颯颯吹飛雨」、「蓬萊文章建安骨，中間小謝又清發。俱懷逸興壯思飛，欲上青天攬明月」等詩句，來表達自己對這位善寫山水詩人的敬仰和心羨。謝朓發展了山水詩的意境和技巧，對後來的唐詩影響深遠，因此，他也被稱為中國山水詩的集大成者。

謝朓和謝靈運同族，均出身陳郡謝氏，又都在中國山水詩上有重大貢獻，因此，世人將他們並稱為「二謝」，謝靈運為大謝，謝朓為小謝。

陳郡謝氏作為東晉的高級門閥，人才輩出，佼佼者當然不止上述這幾位。有一次，太傅謝安問眾子姪：「子弟們又何須參與政事，為什麼總想著把他們培養成優秀的後代？」大家都不說話，這時候車騎將軍謝玄說道：「這就好比芝蘭玉樹（美好高雅的東西），（人們）總想著讓它們生長在自己家的庭院啊。」（《世說新語・言語篇》）由是，芝蘭玉樹便成為陳郡謝氏優秀子弟的代稱。

謝道韞，這位歷史上著名的才女，在陳郡謝氏一門中，地位特殊。她是安西將軍、一代名士謝奕的女兒；是力挽狂瀾、拯救東晉社稷於水火之中的「東晉諸葛亮」謝安的姪女；是建立「北府兵」、取得淝水之戰大捷、

有「東晉周瑜」之稱的謝玄的親姐姐；是中國山水詩鼻祖謝靈運的姑祖母；是中國山水詩集大成者謝朓的曾姑祖母等等。

陳郡謝氏的大家長們，對謝道韞的價值觀和人生產生了不可磨滅的影響；謝家後輩的小玉樹們，受謝道韞文采和風韻感染的亦不在少數。

琳琅滿目之王家

謝道韞特殊身分的魅力，還遠不在於此。決定東晉王朝命運的另一門閥大族——琅琊王氏，也與謝道韞有著剪不斷、理還亂的關係。

琅琊，古稱，指現今中國山東省臨沂市。琅琊王氏是中國古代高級門閥之一，在東晉時勢力更是達到巔峰。西晉滅亡後，晉朝王室的一支——琅琊王司馬睿在建康定都，建立東晉。當時，晉朝王室剛來到南方，人生地不熟，在南方士族中沒有根基，也不能服眾。琅琊王氏的王導、王敦等大力輔佐晉元帝，才使得東晉政權逐漸穩固起來。東晉立國之初，王導擔任宰相，他的堂兄王敦掌握著軍隊大權。可以說，東晉政權既是司馬家族的，也是琅琊王氏的，因此，有「王與馬，共天下」的說法。

在東晉的建立與穩定上，功勞最大的人物是王導。王導，字茂泓，出身琅琊王氏，少年時便「有風鑑，識量清遠」，他用自己的聰明才智和赤膽忠誠盡心輔佐琅琊王司馬睿，司馬睿曾對王導說：「你可真是我的蕭何啊。」司馬睿在建康稱帝時，眾目睽睽下，他要求王導和他一起坐在御床上接受百官朝賀，王導極力推辭三四次後，司馬睿方才作罷。可知東晉建立初期，衣冠南渡的司馬睿自知威望不高，需要仰仗王導這樣的世家大族領袖協助他籠絡人心。王導也沒有辜負司馬睿的期望，始終懷著一腔熱情運用超高的政治技巧為司馬氏兢兢業業地治國理政，他先後輔佐了晉元帝、晉明帝、晉成帝三位皇帝，功勳卓著，享受歷代高級權臣才有的「劍

履上殿,入朝不趨,贊拜不名」的待遇。後來進位太傅,又拜丞相。難怪《晉書》如此評論他:「提挈三世,終始一心,稱為『仲父』,蓋其宜矣。」可以說,正是王導創造出如此卓越的政治資本和超高名望,琅琊王氏在東晉才能一躍成為僅次於皇室的豪門大族。謝道韞離開「詩酒風流」的謝家,嫁入的正是鐘鳴鼎食的琅琊王家。

王羲之,是宰相王導和大將軍王敦的堂姪,也是謝道韞的公公。王羲之,字逸少,東晉著名書法家,有「書聖」之稱。他一生鑽研秦漢篆隸各種不同的筆法,將其妙處用到真、行、草書中去,逐漸形成自己獨特的用筆和結構。他的書法自成體系,最明顯的特徵是用筆細膩,結構多變。後人用曹植的〈洛神賦〉的語句評論王羲之的書法為「飄若遊雲,矯若驚龍」。他的書法作品〈蘭亭序〉為歷代書法家所敬仰,被稱為「天下第一行書」,房玄齡在《晉書》中曾給予他的書法非常高的評價。一代書聖王羲之不僅是聞名遐邇的書法家,也是魏晉時期主張玄談的文學家,文化學者就認為王羲之的〈蘭亭序〉文采斐然,其中流露的玄談意味,不可小視。

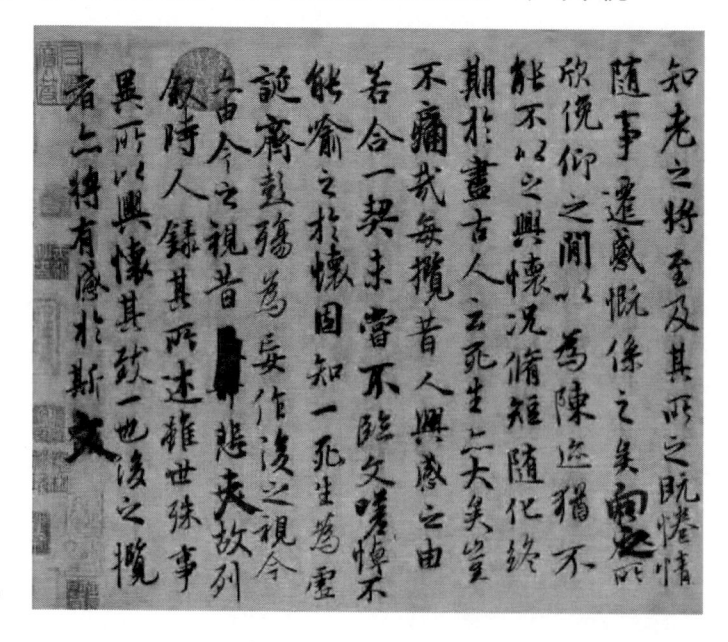

晉王羲之〈蘭亭序〉

（房玄齡語）所以詳察古今，研精篆素，盡善盡美，其唯王逸少乎！觀其點曳之工，裁成之妙，煙霏露結，狀若斷而還連；鳳翥龍蟠，勢如斜而反直。玩之不覺為倦，覽之莫識其端，心慕手追，此人而已。其餘區區之類，何足論哉！（《晉書·列傳第五十》）

　　王羲之雅好服食養性，不喜歡待在京師，來到浙江後，便有終老於此的念頭。當時，浙江會稽郡山清水秀，風景優美，名士大多隱居於此，謝安未出仕前也住在這裡。王羲之因而與謝安、孫綽等人常一起忘情於山水之間。王羲之有七個兒子，有名氣的有五個，謝道韞能嫁給王羲之的二兒子，與兩家父輩具備深厚的交情分不開。

　　王凝之，是王羲之的第二個兒子，也是謝道韞的丈夫。北宋著名書法家、書學理論家黃伯思在其著作《東觀餘論》中評論王羲之四個兒子的書法特點，認為王凝之的書法最得父親的風韻，「王氏凝、操、徽、渙之四子書，與子敬（王獻之）書俱傳，皆得家範，而體各不同。凝之得其韻，操之得其體，徽之得其勢，渙之得其貌，獻之得其源。」王凝之工草隸，

也是一代書法家。他歷任江州刺史、會稽內史，王羲之一家世代信奉道教的一支——五斗米道[25]，其中王凝之最虔誠。後來，他被信仰所害，死於孫恩之亂[26]。此為後話。

王徽之，是王羲之的第五個兒子，也是謝道韞的小叔。王徽之在書法方面，善正草書。他的書法最得其父王羲之的氣勢。王徽之不僅是位書法家，還是一位名士。他雪夜訪戴逵的故事，充分展示了其名士風流、雅性放誕的真性情，也替中國文學留下了「乘興而來，盡興而歸」的典故。

徽之字子猷。性卓犖不羈……嘗居山陰，夜雪初霽，月色清朗，四望皓然，獨酌酒詠左思〈招隱詩〉，忽憶戴逵。逵時在剡，便夜乘小船詣之，經宿方至，造門不前而反。人問其故，徽之曰：「本乘興而行，興盡而反，何必見安道邪！」（《晉書・列傳第五十》）

王獻之，是王羲之的第七個兒子，也是最小的兒子，是謝道韞的最有名的小叔。王獻之，字子敬，是東晉時期著名的詩人、書法家。王羲之當時就斷言：「此兒後當復有大名。」和父親王羲之一樣，王獻之「工草隸，善丹」，其書法不拘泥於哪一家，而是將各種書法融會貫通，博採眾家之長，兼善諸體之美，然後從中形成自己獨特的風格，他主攻行書和草書，在王羲之的七個兒子中，他的書法是最好的，甚至可以與父親媲美。因此世人將他與王羲之並稱為「二王」，他有「小聖」之稱。

---

[25] 五斗米道，也叫天師道，是中國土生土長的道教的一個流派。傳說是由東漢時期的張陵（張天師）創立的。據說因為入道者須交五斗米，所以得此教派名字。教派以老子的《道德經》為主要經典。它主張清淨無為，道法自然，在實踐中還善於幫人除鬼、做法術等。東晉時，五斗米道不僅擁有眾多下層民眾，而且得到了上層豪門士族的推崇，出現了許多著名的五斗米道世家，琅琊王氏即為其一。王羲之一家都是五斗米道的忠誠信奉者，尤其是王凝之，對五斗米道更是信仰虔誠，深陷其中。

[26] 孫恩，字靈秀，琅琊人，孫秀之族人也。世奉五斗米道。東晉隆安三年（西元399年）十月，孫恩利用朝廷徵發「樂屬」引起八郡騷動之機，率眾起義，義熙七年（西元411年），孫恩、盧循之亂，是東晉時期五斗米道策動的最大的、也是最後一次農民起義。它打著宗教的旗號，利用日益嚴重的社會矛盾，沉重打擊了東晉世族豪門的勢力。

獻之字子敬。少有盛名，而高邁不羈，雖閒居終日，容止不怠，風流為一時之冠。……謝安甚欽愛之，請為長史。安進號衛將軍，復為長史。（《晉書・列傳第五十》）

和哥哥王徽之一樣，王獻之不僅是一位可與「書聖」父親齊名的大書法家，也是一位風流名士。王獻之很早就具備魏晉名士風度的超脫和雅量，史書記載，有一次，他和哥哥王徽之一起坐在房間裡，忽然房間起火，濃煙四起，火勢凶猛，嚇得一貫以名士自居的王徽之也顧不上儀態，急忙跑出去，慌忙中連鞋子都忘記穿了。而王獻之呢，則神色如常，慢慢起身，還喚來服侍的人將自己扶著走出去。小小年紀的他，其神色之淡定，氣度之超然，處事之從容，映襯得哥哥更自慚形穢。難怪謝道韞的叔父謝安對王獻之喜愛異常，到哪裡做官都願意帶著王獻之。

琅琊王氏，自古就是高門大族，後代更是英傑遍地。謝道韞嫁給琅琊王氏的王凝之，按古禮，她即成為王家的人，她的身分也就更顯得突出。她是「王與馬，共天下」中宰相王導和大將軍王敦的孫媳婦；是大書法家、有「書聖」之稱的王羲之的兒媳婦；是書法家、會稽內史（東晉時，內史職責相當於郡太守，為一郡的最高行政長官）王凝之的妻子；是書法家、風流名士王徽之的大嫂；是書法家、有「小聖」之稱的名士王獻之的大嫂。

琅琊王氏，自西晉時就子弟優秀、人才輩出。據《世說新語・容止篇》記載，有人去拜見王衍（西晉著名的美男子、位高權重的太尉），看到安豐侯王戎、大將軍王敦、丞相王導在座；他走到另一間屋子，又遇見了王詡、王澄。這個人回家後，對別人說：「今天走了這一趟，滿眼都是珠寶美玉啊。」所謂「觸目見琳瑯珠玉」。在這裡，王戎是竹林七賢之一，也是王衍的堂兄；大將軍王敦是王衍的堂弟；丞相王導是王衍的堂弟；王詡和王澄是王衍的弟弟，他們大多是兩晉時著名的政治家、文學家、清談家。琅琊王氏，琳琅滿目，可謂名不虛傳。

第三章 才華篇 謝道韞：馥郁才情，蘭質慧心

陳郡謝氏，有「芝蘭玉樹」之美譽；琅琊王氏，存「琳琅滿目」之高貴。無怪乎唐朝詩人羊士諤回憶江南遊時，提筆就寫道：「山陰道上桂花初，王謝風流滿晉書。」

舊時王謝堂前燕。無論是簪纓世家琅琊王氏，還是新晉門閥陳郡謝氏，作為當時東晉王朝貴族勢力的兩大棟梁，不僅對東晉政權，而且對中國歷史，產生了極具影響的推動力。歷史學家在評論王謝兩大家族領袖人物的功績時，他這麼說：「對東晉政權貢獻最大的，就是王導和謝安。王導開創了基業，謝安則保衛了它。」[27] 謝道韞有幸身處其中，在兩大家族中都具有極其特殊的身分。然而，身為一介女流，她無法在政壇和軍隊叱吒風雲，也無法在社會上拋頭露面。時代給予她的，只有庭院、內室、兄弟姐妹、丈夫和孩子，以及她敏感而豐盈的內心世界。

她的世界，才華橫溢。

才女的養成之道

才學

毋庸置疑，謝道韞是個青史留名的才女，否則後世也不會以她的「詠絮才」來作為才女的代名詞。相比於東晉時期的其他高級門閥，陳郡謝氏的文學藝術成就是最高的。正可謂「忠厚傳家久，詩書繼世長」。謝道韞的夫家——琅琊王氏是東晉第一豪族，政治勢力大，不僅在朝廷做官者甚多，還是書法世家。兩大家族湧現出了許多驚豔絕倫的人物，不管是謝

---

[27] 《魏晉風度》，易中天著，浙江文藝出版社，2016年3月版，第31頁。

安、謝奕、謝萬、謝玄，還是王羲之、王徽之、王獻之，都是當時的名士，他們身上都有魏晉名士的風度：好玄談、有雅量、才思敏捷、姿態優雅等。這些都對謝道韞的才華產生了很大的影響。

如果說謝道韞的才華產生、萌芽、培養是源於陳郡謝氏，那麼，她的才華則在嫁入王家，接觸到琅琊王氏後得以發揚光大，並最終於王、謝兩家勢力逐漸式微之後，自成一體，獨樹一幟，因而成為歷史上著名的「魏晉女名士」。

謝道韞才華舉世絕倫。這裡的才華不僅指其詩文創作的才思敏捷，還是膽識、魄力、才能與風韻的總稱。具體而言，謝道韞的才華展現在三個方面：才學、才識和才韻。

才學指詩詞天賦和學問。古時女子地位不高，所謂「女子無才便是德」。謝道韞即便是高門大戶的千金小姐，衣食不愁，發揮天賦、研究學問的機會也不大。畢竟，自古以來「無論從女教層面，或是士大夫褒揚層面，女子教育的成功象徵並不是她們本人在學問上的成就，而是她們在家庭，尤其是相夫教子方面的成績」[28]。

但，幸運的是，她遇到的是謝安。

謝道韞的父親謝奕去世得早，於是他的兒女就由叔父謝安來照顧，其中就有謝玄和謝道韞。可以說，謝道韞是在謝安的身邊成長的，當然，她的詩文天賦也是被謝安啟蒙培養的。

謝安本身也是一位文學家，在出仕之前，一直隱居在會稽的東山，和當時的名士在一起曲水流觴，吟詩喝酒唱和。〈蘭亭集序〉就是王羲之為謝安他們這些人的《蘭亭集》寫的序言。

在謝安的精心培養和耳濡目染的薰陶下，謝道韞讀書涉獵甚廣，知識

---

[28] 《女子之不朽：明清時期的女教觀念》，李國彤著，廣西師範大學出版社，2014年10月版，第132頁。

淵博，詩文創作天賦也被發掘出來。《晉書·列女傳》記載，謝道韞「聰識有才辯」。有一次，謝安有意要考查謝道韞的學問，就問：「你覺得《毛詩》[29]中哪一句最好呢？」《詩經》有311篇，句子無數，要回答出這個問題，必須對這「詩三百」全部熟悉才行。只聽謝道韞恭敬地回答：「吉甫作頌，穆如清風。仲山甫詠懷，以慰其心。」這一句出自《詩經·大雅·烝民》，寫仲山甫奉周宣王之命赴東方督築齊城，西周太師尹吉甫作頌相贈，安慰行者，祝願其功成早歸。謝道韞回答的意思是吉甫作的頌，和美如清風化雨滋養萬物；仲山甫這樣做，是安慰周宣王的心。聰明的謝道韞這樣說的意思不單是在讚嘆尹吉甫的頌、仲山甫的人，更重要的是她期望叔父謝安也能成為仲山甫那樣對朝廷和皇帝有用的人。此時尚隱居東山的謝安聽出姪女的弦外之音，很高興謝道韞能將他與西周的仲山甫相提並論，不禁對她大為欣賞，讚許道：「你真是個性情高遠、有雅量的女子。」

　　王凝之妻謝氏，字道韞，安西將軍奕之女也。聰識有才辯。叔父安嘗問：「《毛詩》何句最佳？」道韞稱：「吉甫作頌，穆如清風。仲山甫永懷，以慰其心。」安謂有雅人深致。又嘗內集，俄而雪驟下，安曰：「何所似也？」安兄子朗曰：「散鹽空中差可擬。」道韞曰：「未若柳絮因風起。」安大悅。（《晉書·列傳第六十六》）

　　令謝安驚喜的不僅是謝道韞的學問見長、「雅人深致」，還有她的詩文創作天賦。有一次，謝家的子弟在謝安隱居的會稽東山歡聚一堂。正逢天降大雪，眾人看到雪花漫天飛舞的壯麗場景，非常興奮，紛紛走到堂前欣賞。謝安有心想考考他們，就問：「你們說，這紛紛揚揚的大雪，該怎麼形容比較合適呢？」一石激起千層浪，謝家子弟都想在叔父面前表現一把，於是七嘴八舌起來。謝朗[30]說：「撒鹽空中差可擬。」謝安微笑著點

---

[29] 即《詩經》。
[30] 謝安的哥哥謝據的兒子。

頭，又問：「還可以怎麼形容呢？」這時，站立一旁正在欣賞雪景的謝道韞輕啟朱唇，悠悠吟道：「未若柳絮因風起。」堂弟謝朗把下雪比作撒鹽，世俗、沉重、笨拙、直白；謝道韞將下雪比作柳絮隨風飄，高雅、輕盈、靈動、神似。高下立判。看到自己精心培養的姪女這麼聰明有才、思維敏捷，謝安當然非常高興。

「未若柳絮因風起」，不僅讓名士宰相謝安大悅，更讓中國文學史大悅，自此，一說到大雪紛紛，人們就會想起這句詩。《三字經》中，就有「謝道韞，能詠吟」，這一句一唱就是千百年。詠絮句，即見證了謝道韞的詩詞才華。

從小具備高遠情懷、出口成章、才思敏捷的謝道韞，不僅自己學問了得、功底深厚，還經常誨人不倦，督促幫助族中子弟在學習上取得進步。父親謝奕去世得早，謝道韞和謝玄姐弟倆便在叔父謝安身邊長大。

有一次，她考查謝玄的學問，發現他的學業進展太慢，就不無諷刺地說：「你是為了俗事分了神呢，還是天分有限啊？」謝玄嚅嚅嘴唇，剛想反駁幾句，就聽謝道韞語重心長地說：「你和我，雖在叔父這裡衣食無憂，終究是寄人籬下。你若不上進，將來還能有什麼出息？還如何告慰九泉之下的父親？」一席話說得謝玄滿面通紅，啞口無言，自此便發憤圖強，長大成人後，便成為具備經國才略和優秀的軍事指揮才能的一代軍事家。

謝道韞不願意讓弟弟謝玄浪費自己的天賦，嚴格督促他的學習進度。嫁入王家後，她還利用自己的博學多才，幫助另一個弟弟——丈夫王凝之的弟弟王獻之，解了玄談之圍。這就是歷史上有名的「青綾幕幛」的典故。

有一次，有書法「小聖」之稱的王獻之在堂屋與幾位賓客高談闊論。當時，魏晉時期有點學問的人都喜歡談玄學[31]，作為王羲之的兒子，王獻

---

[31] 所謂玄學，就是《老子》、《莊子》、《周易》等道家思想和陰陽理論。這是自竹林七賢以來的一

之當然不能免俗。名士們清談時，一般分為主賓兩方，採用主、客問難的方式。主人首先提出一項談論的內容並敘述自己的見解，然後一個客人或者數個客人提出反駁的意見。雙方類似在辯論。結果有時是一方勝利，有時是雙方不分勝負。

誰也沒想到的是，一貫喜歡清談、口若懸河的名士王獻之，竟然在這次談玄中一時被問得啞口無言，急得他面紅耳赤、抓耳撓腮，氣氛一下子變得尷尬。這時，在一旁觀看的侍女急忙將王獻之的窘態告訴了謝道韞。謝道韞聽後微微一笑，她讓侍女轉告王獻之：「我願意為小郎（小叔）解圍。」古時講究男女授受不親，女人不能輕易和陌生男人面對面，有「叔嫂不通問」一說。謝道韞便讓侍女用青色綾布做的幕幛擋住自己，她隔著幕幛和賓客辯論。於是，簪纓世家琅琊王家有趣的一幕就開演了，謝道韞以一介女流舌戰群儒。

東晉時的清談，要以簡練的言辭表達精深的義理，所謂「言約旨遠」、「清辭簡旨」。考驗的是清談之人淵博的知識和靈敏的反應。只見謝道韞接著王獻之之前的話題，時而品評人物，時而談玄說道，反應迅速，用典精準，直擊要害，只說得幕幛外面的賓客啞口無言，不能應對。一場清談就這樣在賓客們的嘖嘖讚嘆聲中結束。王獻之更是對這位知識淵博的大嫂佩服得五體投地。

歷史學家在談及魏晉清談之風時說道：「在初期清談與清議可以互稱；魏晉之後清談內容主要是談老莊，但仍然包括人物評論。」[32] 可知，無論是談論老莊玄學，還是評議人物，謝道韞皆信手拈來，不在話下，於是贏得男性名士們的陣陣喝采，這充分表明她不但有敏捷靈動的詩詞天賦，還具備淵博的知識和深厚的學養。

種影響深遠的社會風氣，王羲之和謝安等人在隱居東山時就經常邀約名士一起談玄說道。
[32]《魏晉南北朝史論叢》，唐長孺著，商務印書館，2010年12月版，第285頁。

一道青綾幕幛，為名士王獻之解了圍，挽回顏面；為前來清談的賓客們吹來玄談的清新風氣、想法的波瀾壯闊；也為謝道韞帶來一展才學的舞臺和享譽士林的聲名。

誰說女子不如男？誰說天賦和學問就該深藏不露，埋沒到地老天荒，無人問津？誰說才女只能養於深閨之中，不能經歷世面，檢閱世情百態？

才識

謝道韞有才學，更有才識。她既有能力識人辨人，亦有能力認清時勢，有膽識去面對、去處理困厄。

謝道韞識人的本事，在她剛嫁給王凝之的時候就表現出來了。王凝之是大名鼎鼎的王羲之的二兒子，擅長草書和隸書，曾經擔任江州刺史、左將軍和會稽內史等官職，可謂出身世家的青年才俊。在外人看來，這是一樁再完美不過的婚姻，男女雙方，王謝聯姻，門當戶對；男善書，女善詠，才貌相當。可惜，婚姻之事，如人

黃山壽〈詠絮才高〉

飲水，冷暖自知。表面的完美是讓外人看的，內在的裂縫則要圍城中人慢慢體會。實際的裂縫到底是什麼？史書無詳細記載，無從得知。但我們可以從謝道韞的隻言片語中略知一二。

久旱逢甘霖、他鄉遇故知、金榜題名時、洞房花燭夜，乃人生四大喜事。然而，洞房花燭夜之後，尚在新婚燕爾的謝道韞卻顯得悶悶不樂。好不容易熬到回娘家的日子，叔父謝安很關心她，見她眉頭緊鎖，「甚不樂」，不解地問道：「你的夫君王凝之是當朝名士王羲之的兒子，不是差勁之人，完全配得上你。你還有什麼可遺憾的呢？」謝道韞一向視叔父為榜樣和知己，見他有此疑問，便把心中的苦悶毫無保留地傾撒出來：「我們謝家，叔父一輩就不用提了，有您和謝萬叔叔做榜樣。即便是堂兄弟中，也有謝韶、謝朗、謝玄、謝川等人，他們都是逸群之才，沒想到天底下竟還有王凝之這樣平庸迂腐之人，真是天壤之別啊。」說完，連聲嘆氣，委屈的淚珠差點就要掉落下來。

初適凝之，還，甚不樂。安曰：「王郎，逸少子，不惡，汝何恨也？」答曰：「一門叔父則有阿大、中郎，群從兄弟復有封、胡、羯、末，不意天壤之中乃有王郎！」封謂謝韶，胡謂謝朗，羯謂謝玄，末謂謝川，皆其小字也。又嘗譏玄學植不進，曰：「為塵務經心，為天分有限邪？」凝之弟獻之嘗與賓客談議，詞理將屈，道韞遣婢白獻之曰：「欲為小郎解圍。」乃施青綾步鄣自蔽，申獻之前議，客不能屈。（《晉書·列傳第六十六》）

謝道韞所說的謝安（阿大），毋庸諱言，風流倜儻，儒雅從容，人稱「風流宰相」；叔父謝萬（中郎），才氣雋秀，矜豪傲物，經常以嘯詠自高，乃一代豪放名士。她所說的謝韶（封）、謝朗（胡）、謝玄（羯）、謝川（末），也都是謝家子弟中的優秀人物，其中謝韶是中郎將謝萬的兒子，是謝道韞的堂弟，官至武昌太守；謝朗是謝安的哥哥謝據的兒子，也是謝道

韞的堂弟，官至東陽太守；謝玄是謝道韞的親弟弟，具有「經國才略」；謝川是謝道韞的另一堂弟。這四人中，除了謝玄功成名就之後隱退，其他三人早早就去世了。即使如此，在他們活著的時候，小荷才露尖尖角的時候，在陳郡謝氏家風的培養薰陶下，個個都長得豐神俊朗、品味不凡。

反觀謝道韞的夫婿王凝之，相比之下則顯得平凡許多。雖然也會琴棋書畫，事業有成，但比起有著高邁情懷和詠絮之才的妻子謝道韞，王凝之的生活情趣和人生方向似乎顯得不那麼雅致。是的，雅致。謝道韞雖為一介女流，但自小深受叔父謝安的培養和薰陶，其生活情趣高雅，追求精神的契合，其人生志向遠大，喜歡吟詠玄談。王凝之作為東晉的地方官員，除鑽研書法外，就是在五斗米道的宗教信仰中越陷越深。夫妻二人志向、情趣、愛好皆不同，謝道韞所期望的「身無綵鳳雙飛翼，心有靈犀一點通」的琴瑟和鳴，在王凝之這裡，顯然得不到有效的回應和精神共振。

所以，她「甚不樂」；所以，她幽幽地埋怨道：「不意天壤之中乃有王郎！」所以，她在多年後與太守劉柳暢談時，「先及家事，慷慨流漣」。

謝道韞善於識人、辨人，這種才能使她在結婚初期僅與王凝之相處幾天就斷定丈夫屬於庸常之輩。她甚至看到了丈夫軟弱迂腐、不能擔當大事的一面，故而情不自禁地向叔父哭訴，只是拘泥於封建禮法「嫁雞隨雞、嫁狗隨狗」，她才忍著不耐將長輩為自己選定的婚姻之路堅持走下去。

史實證明，謝道韞看人的眼光確實準確無比；史實也證明，她的丈夫不僅平庸，而且迂腐，正是這種迂腐和愚蠢，不僅斷送了自己的生命，也連累了他和謝道韞所生的孩子──兩個兒子。無辜的孩子們因為王凝之篤信五斗米道死於孫恩之亂。

隆安三年（西元399年），孫恩率領幾百人起義，從海上出發，一度逼近建康城，攻入會稽郡（現今中國的紹興）。當時，會稽的主政者是王凝

之，他擔任會稽內史一職，東晉時內史的職責相當於太守，乃一郡之首。孫恩已經兵臨城下，會稽城內人心惶惶。作為最高行政和軍事長官的王凝之卻按兵不動，下屬著急地勸他趕快準備禦敵，他一邊安慰下屬「莫急莫急，我自有對策」，一邊慢悠悠地步入平日裡焚香禱告的房間。沒多久後，他走出來，面帶喜色地對下屬說：「你們不用擔心。我已經稟告神明，請他幫我派些鬼兵鬼將，等這些兵將到了，城外的反賊自然就退卻了。」下屬面面相覷，一臉茫然。會稽城也就沒有任何防備。隨後，孫恩如入無人之境地攻入城內，還在痴心妄想等待鬼兵救援的王凝之，被孫恩輕鬆一刀結束了性命。更慘的是，殺紅了眼的孫恩，將王凝之的兩個兒子也都殺害。

王凝之為他的迂腐和愚蠢付出了慘重的代價，此時的謝道韞不知是該為自己的識人之準而嘆服，還是為自己的遇人不淑而怨恨。不管怎樣，此時的謝道韞沒有更多的時間去思考這些，丈夫倒在血泊中，兩個兒子慘遭殺害，家人死傷無數。她悲慟欲絕、欲哭無淚。更恐怖的是，殺戮還未結束，仇人、劊子手孫恩還站在門外，沾滿鮮血的屠刀已高高舉起。

謝道韞身上孕育已久的驚人膽識，在此危難存亡之際，終於爆發出來。她從短暫的驚慌失措中清醒過來，很快就整理好自己的思路。只見她鎮定自若地乘著肩輿（古代的一種轎子），拿著一把刀就衝出了大門。亂軍之中，她竟然親手殺死好幾個叛軍，畢竟寡不敵眾，最後還是被俘虜了。連同她一起被俘的，還有她的外孫劉濤，他當時正好在謝道韞家居住。孫恩看到自己的人被殺了好幾個，氣急敗壞，連這個年幼的小孩子也不想放過，舉起屠刀就要砍下去。就在此時，只聽見謝道韞大義凜然地說：「今天這事跟王家有關，跟其他家族的人有什麼關係？這個孩子是我的外孫，他姓劉，不是王家的人。如果你一定要殺他，就先把我殺了吧。」她神色嚴肅，視死如歸，一字一句鏗鏘有力、擲地有聲，一時間震得所有人都不敢吭聲。

慢慢地，孫恩放下了手中血淋淋的刀。他雖然狠毒暴虐，殺人無數，此時卻被謝道韞的正氣和膽識打動。他平日裡聽聞謝道韞的風雅傳說，也敬重謝道韞為人的光明磊落。於是，他放過了這個孩子。當然，謝道韞也倖免於難。

　　膽識，有膽有識。如果說謝道韞具備識人、辨人的才能，一眼就看穿夫君王凝之沉迷神道之愚蠢的本質，並為之深深憂慮的話，那麼，在強敵環伺，仇人相見分外眼紅之時，她親自上陣，奮勇殺敵，臨危不懼，怒斥敵寇，有理有據，則充分表現出她異於常人的膽識和魄力。她早已看出孫恩及其起義軍外強中乾、色厲內荏，他們濫殺無辜，行的是不義之事。因此謝道韞可以在心理上、道德上占領制高點。

　　殺聲震天，血流成河，當時，若是一般女子，手無縛雞之力，心無定海神針，早就嚇破膽暈過去了；若是一般男子，目睹劇變，或許早就逃之夭夭或跪地求饒。若沒有滿腹的才華和世族的風範給予信心，謝道韞怎能在這亂世中安身，又怎能保全祖孫二人的性命？說到底，還是才華拯救了謝道韞，這裡的才華，就是她的才識，才能與膽識。

　　及遭孫恩之難，（謝道韞）舉厝自若，既聞夫及諸子已為賊所害，方命婢肩輿抽刃出門。亂兵稍至，手殺數人，乃被虜。其外孫劉濤時年數歲，賊又欲害之，道韞曰：「事在王門，何關他族！必其如此，寧先見殺。」恩雖毒虐，為之改容，乃不害濤。（《晉書·列傳第六十六》）

才韻

　　節操如風霜，風韻存高遠。若說陳郡謝氏的詩書傳家風氣，培養了謝道韞的詩詞天賦和高深學問，琅琊王氏家族的不幸經歷，磨練了謝道韞的處事才能和驚人膽識，那麼，經歷戰亂、寡居之後的謝道韞，則在叔父謝

安曾經隱居的會稽的青山綠水中，陶冶了情操，滋潤了風韻。她的才韻，於會稽的山清水秀中徐徐展開。

才韻，指智慧和風韻。謝道韞的才韻，用史書中的一個典故即可形容：「林下風氣」。

當初，謝玄是東晉著名的青年才俊、因淝水之戰成名的戰神，吳興太守張玄也是個很有才學的人，只是張玄的名氣不如謝玄大。當時的人就把這二人稱為「南北二玄」。自「未若柳絮因風起」的美名傳開後，人們都知道謝玄將軍有個才女姐姐謝道韞，她嫁給了琅琊王氏的王凝之；恰好，張玄有一個妹妹，也是個有才華的女子，她嫁到當時在江南也是有名的門閥世族顧家。張玄常常在別人面前誇耀自己的妹妹，將她與謝道韞相提並論，兩人的名聲應該旗鼓相當。

有個叫濟的尼姑，與這兩位才女交好，有人就讓她比較一下這兩位才女的優劣。濟尼沉思片刻，回答道：「王夫人神情散朗，有林下風氣。顧夫人心地純潔如玉，具有大家閨秀的風範。」自此，王夫人謝道韞具備「林下風氣」的名聲便不脛而走，傳遍士林。（事見《晉書‧列女傳》）

林下，是竹林七賢等名士的代稱。因為他們經常在竹林中清談辯論、長嘯撫琴，瀟灑放縱，不為外界俗事、名利所羈，所以世人都很傾慕他們的觀念解放和處事作風，將其稱為「林下風氣」。濟尼認為謝道韞雖然是女子，已為人妻，但她神情散朗，見解獨到，言談脫俗，跟顧夫人的尋常貴族女子氣息大為不同，遠遠超出一般大家閨秀的境界，所以稱她有「林下風氣」。

初，同郡張玄妹亦有才質，適於顧氏，玄每稱之，以敵道韞。有濟尼者，遊於二家，或問之，濟尼答曰：「王夫人神情散朗，故有林下風氣。顧家婦清心玉映，自是閨房之秀。」道韞所著詩賦誄頌並傳於世。（《晉書‧列傳第六十六》）

此評價不俗,亦不低。

身為奇女子的謝道韞,一直以來就是將「林下風氣」當作自己追求的目標。她曾在自己的〈擬嵇中散詠松〉詩中寫道:「遙望山上松,隆冬不能凋。願想遊下憩,瞻彼萬仞條。騰躍未能升,頓足俟王喬。時哉不我與,大運所飄飆。」嵇中散指魏晉名士、竹林七賢之一的嵇康。謝道韞將嵇康比作到冬天也不凋敝的松樹,自己非常仰慕和崇拜他,可惜她不能和嵇康做同一時代的人。這首詩全無一般女性詩人的矯揉造作,充滿對嵇康的讚美,對竹林風氣的欣羨。濟尼能在她身上看到「林下風氣」,就不足為怪了。

風流總被雨打風吹去。晚年的謝道韞,寡居在會稽郡。這片曾經滋潤過叔父謝安的土地,撫慰了她孤寂的心靈,也進一步滋養了她的才韻。在這裡,她寫詩著文,將自己的才情傾吐於字裡行間;在這裡,她孤獨地守望著,失去丈夫和兒子的她,只能寄情於會稽的山水,陶冶著豁達疏朗的情操;在這裡,她將自己修練成仙風道骨的隱士,用偶然為之的清談來澆灌心中的塊壘。

會稽太守劉柳仰慕謝道韞的才學,便親自來到她的住處,與之清談。謝道韞素來知道劉柳的聲望,也不避諱,就梳著髮髻戴著簪子,穿著樸素的衣服坐在帳中,和劉柳交流。劉柳則著裝整齊地端坐在一旁的榻上,神情嚴肅。只見謝道韞氣質脫俗,神情散朗,談吐高雅而清晰,完全沒有晚年婦女的老態龍鍾、反應遲鈍和口齒不清的症狀。劉柳大為驚訝。正當他暗自驚奇之時,只見謝道韞說起家事,她慷慨激昂,說到丈夫和兒子的死以及家道中落,又悲憤異常,眼中含淚。但這些心緒絲毫不能影響她的談論,仍舊是言辭流暢,邏輯嚴密,沒有枯燥乏味之處。一旁的劉柳,聽得目不轉睛,如痴如醉。

一席話談下來，劉柳不禁大為讚嘆：「謝道韞實在是一個前所未見之人，聽她說話，看她氣質，人們可以心悅誠服。」隨後恭敬地與謝道韞告別。謝道韞久已不與人清談，此番交流，也將劉柳看作知己。可惜，這樣有雅致的人不多了。她寂寞又感慨，說：「自從我的親人遭遇劫難，家道衰落，我已很久沒見過什麼外人。今天遇到這位名士，聽他的問話，著實讓人心胸開闊。」正可謂，惺惺相惜，名士所見略同。謝道韞，因其「林下風氣」，因其清談氣度，亦被稱為女中名士，當時，「東晉一朝為清談後期。清談至東晉只為口中或紙上的玄言，已失去政治上的實際性質，僅作為名士身分的裝飾品」[33]。

唐孫位〈高逸圖〉（又名〈竹林七賢圖〉）

直至終老，謝道韞都沒有離開會稽。

會稽，就是她的竹林，可惜沒有曹魏名士與之同遊，「一辭金谷苑，空想竹林遊」。

會稽，就是她的東山，可惜沒有叔父謝安當年攜妓的前呼後擁，「安石風流無奈何，欲將赤驥換青娥。不辭便送東山去，臨老何人與唱歌」。

會稽，就是她的蘭亭，可惜沒有公公王羲之的曲水流觴，「群賢畢至，少長咸集」。

---

[33] 《陳寅恪魏晉南北朝史講演錄》，陳寅恪著，萬繩楠整理，天津人民出版社，2018年12月版，第42頁。

這些都沒有影響她林下風氣之氣韻的養成。雖則孤單，雖則偏僻，雖則枯燥，但她風韻高邁，神情散朗，詞理無滯，不辜負「魏晉風流女名士」的雅號。

一吟一詠，雪天詠絮，出口成章，成就謝道韞詩詞和學問之才華名氣；一辨一抗，見微知著，臨危不懼，謝道韞識人、鑑人的膽識和勇氣在當時無人能比；一比一談，悠然高致，餘音繞樑，乃顯謝道韞不俗之才韻。才學、才識、才韻，組成才華橫溢、形象立體的謝道韞。

謝道韞，才女子也，奇女子也。

自爾嫠居會稽，家中莫不嚴肅。太守劉柳聞其名，請與談議。道韞素知柳名，亦不自阻，乃簪髻素褥坐於帳中，柳束脩整帶造於別榻。道韞風韻高邁，敘致清雅，先及家事，慷慨流漣，徐酬問旨，詞理無滯。柳退而嘆曰：「實頃所未見，瞻察言氣，使人心形俱服。」道韞亦云：「親從凋亡，始遇此士，聽其所問，殊開人胸府。」（《晉書·列傳第五十五》）

從韶華到卓越的璀璨密鑰

啟蒙·培養

謝道韞以其才華留名青史，後人欣羨她天賦異稟，膽識過人，她本人一生最仰慕的卻是竹林七賢中的嵇康。

嵇康，三國時期曹魏的哲學家、音樂家、文學家，是竹林七賢的精神領袖。官至曹魏的中散大夫[34]，故後世稱他嵇中散。他身材高大，文采華

---
[34] 古代官職，參與議論政事，為閒散之官。

美，儀表不凡，是著名的美男子、偉男子。有人對竹林七賢之一王戎說：「嵇紹就像野鶴站立在雞群中一樣突出啊。」王戎回答道：「（您說這話，是因為）您還是沒有見過他的父親啊。」由此，中國文學史有了「鶴立雞群」這個成語。

嵇康身長七尺八寸，風姿特秀。見者嘆曰：「蕭蕭肅肅，爽朗清舉。」或云：「肅肅如松下風，高而徐引。」山公曰：「嵇叔夜之為人也。巖巖若孤松之獨立；其醉也，傀俄若玉山之將崩。」裴令公目王安豐：「眼爛爛如巖下電。」……有人語王戎曰：「嵇延祖（即嵇紹）卓卓如野鶴之在雞群。」答曰：「君未見其父耳！」（《世說新語‧容止第十四》）

謝道韞一生著述頗多，但流傳至今的只有兩首詩，〈擬嵇中散詠松〉就是其中一首。可見她對風秀於林的嵇康的敬仰。在魏晉女性中同樣鶴立雞群的謝道韞，她的才華，是如何練成的呢？

才華需要啟蒙，需要培養。沒有人是天生的政治家、軍事家、哲學家和文學家。嬰兒呱呱落地之時，都是一張白紙。周圍的人在他心靈種下什麼種子，就會結出什麼果子，俗語云：「近朱者赤，近墨者黑」，「龍生龍鳳生鳳，老鼠的兒子會打洞」。說的就是啟蒙和培養的作用。毋庸置疑，人中龍鳳的謝安成功培養謝道韞。或許謝道韞詩文才思是她的天賦使然，但若沒有謝安的細心栽培，她的小小文才也許就被埋沒了。

所幸，謝安是個開明的叔父，不那麼重男輕女，將姪子姪女一視同仁，使得謝道韞從小就接受了良好的家庭教育，詩文才華不至於被忽略或壓抑。

謝公夫人教兒，問太傅：「那得初不見君教兒？」答曰：「我常自教兒。」（《世說新語‧德行第一》）

同時，謝安又具備名士的雅量和開闊的胸襟。他胸懷大志，其還在東

山隱居之時,當時的皇帝簡文帝就說:「謝安必定能出山當官,他既然能與人同樂,也不得不與人同憂。」後來謝安果然出仕,出手不凡,不僅力挽狂瀾,還將東晉這個偏安一隅的國家治理得國泰民安。由此,也讓中國文學史留下「東山再起」的成語。他臨危不懼、處變不驚,有一次和王坦之奉命去見有篡逆之心的大將軍桓溫,當時,桓溫在周圍安排了很多士兵,氣氛森嚴,就等著給前來的朝廷使臣一個下馬威。與謝安同行的大臣王坦之已經嚇得找不到方向,雙腿發抖,連手中的象牙板都拿倒了。反觀謝安,卻是鎮定從容,神色如常,與手握兵器的桓溫說話,也是有理有據、遊刃有餘,最終迫使桓溫尷尬地撤去了周圍的衛士。

不得不說,在眾多謝家子弟中,謝道韞是最得叔父謝安的風韻遺傳的,在叔父這裡,她不僅習得學問和詩詞,還耳濡目染了風流名士的雅量、氣度和胸襟。這就為她以後譏諷王凝之、讓濟尼驚奇、怒斥孫恩、惺惺相惜於劉柳等表現出來的高邁風韻和過人膽識奠定了堅實的教育基礎。

值得一提的是,謝安對謝家子弟的栽培,不是耳提面命式的強迫,而是春風化雨於無形的薰陶。夫人問謝安:「怎麼從來沒見過你教導兒子呢?」謝安回答她:「我常常用自己的行為來教導兒子。」謝玄有佩戴香囊的愛慕虛榮的壞習慣,作為大家長的謝安沒有怒氣沖沖地當面斥責姪子,而是用打賭的方式贏了謝玄的香囊並燒了它,謝玄由此便了解叔父的良苦用心。謝道韞正是在這樣寬鬆溫和、教育有道的書香世家成長起來的,可謂富養的女兒。

陳郡謝氏一門,才華卓著。謝道韞的父輩裡,叔父謝安自不必說,官做得風生水起,詩詞創作亦超塵拔俗,經常與王羲之等文人墨客詩詞酬和,他還擔任過著作郎一職;叔父謝萬「工言論,善屬文」;叔父謝石曾擔任掌管圖書經籍的祕書郎。謝道韞的同族人中,堂弟謝琰曾「拜著作郎」,後「轉祕書丞」;謝琰的兒子謝混更了不得,他「少有美譽,善屬

文」，其創作的山水詩〈遊西池〉中的名句「景昃鳴禽集，水木湛清華」，因其意境優美而成為現代大學校名的濫觴。謝道韞的父親謝奕，一生曠達放縱，經常逼將軍桓溫跟他一起喝酒，桓溫被逼得無奈何，只好躲進老婆南康公主的房間裡；《晉書》說謝奕、謝萬兄弟倆「奕萬虛放。為龍為光，或卿或將」，名副其實的魏晉風度，評價甚高。

正是陳郡謝氏的「詩酒風流」、家傳底蘊以及謝安的言傳身教，共同培養、滋潤了謝道韞光彩熠熠的才華。

共鳴・激盪

才華需要共鳴、激盪。英國戲劇家蕭伯納（Bernard Shaw）說：「如果你有一個蘋果，我有一個蘋果，彼此交換後，我們還是每人一個蘋果。但是，如果你有一種想法，我有一種想法，彼此交換，我們每個人就有了兩種想法，甚至多於兩種想法。」於謝道韞而言，陳郡謝氏和琅琊王氏聯姻，門當戶對，物質的交換已是次要的，重要的是她要與夫君有觀念的交流，或曰共鳴與碰撞。可惜，信奉五斗米道、堅信撒豆成兵的王凝之，不是她的理想伴侶，或者說不能成為她的精神伴侶。對一個才女來講，共同生活的漫漫人生路途中，沒有可以自由交流的旅伴，就沒有可以激發她創作熱情的動力。甚至，於中國傳統婦女來說，這種藏於深閨、相夫教子的苦悶婚姻生活，會逐漸扼殺她剛剛萌芽急待發掘的才華。從這方面來說，她的婚姻是不順的，她的情感是苦悶的，她的才華是被壓抑的。

才女謝道韞的不幸，在中國傳統社會中具有代表性意義。美國漢學家羅莎莉（Rosenlee）認為中國傳統女性不能充分發揮才華，在於女性被困在家庭和婚姻等「內」領域，她說：「從實際來看，女性擁有文化才能確實是不幸的事情。如果女性傑出的文化才能遠勝於她的兄弟或丈夫，但卻始終

沒有發揮其才能的合法途徑，這將讓她的家庭帶來痛苦而不是榮譽……從整體來看，將文化和創作劃歸為『外』領域是顯而易見的。『從政』是『習文』的最終歸宿，這是男性所特有的權利。」[35]

所幸，她還有王徽之、王獻之這樣的真名士小叔，可以從他們身上看到釋放天性的真性情和灑脫自在。尤其是王獻之，雖說是嫂嫂謝道韞主動為自己解圍，但也間接為她提供一次暢所欲言、與人交流的清談機會。當時，清談既是風流人物展示自己聰明才智的一種手段，也是上流社會較為重要的社交活動，於女子而言，這樣的機會並不多。謝道韞的父親謝奕去世較早，她的婚姻是由叔父謝安做主的。據說，謝安當初看上的是王獻之，意欲將謝道韞許配給他，只是因為王獻之是王羲之最小的兒子，年齡比謝道韞小許多，女大男小不合適，只得作罷。

王獻之自小就被謝安所欣賞、所看重，不僅因為他與謝安情趣相投，更在於他本身也是一個重情重義之人。《晉書》記載，王獻之年輕時娶的是郗曇的女兒，兩人感情深厚，舉案齊眉，後來迫於當朝皇帝簡文帝的壓力，與郗氏離婚，另娶了新安公主。王獻之一生對此事耿耿於懷，直到臨終前，他還在淒涼地念叨：「這一生我沒什麼可遺憾的事情了，只是常常會想起和郗氏離婚的事。」可見其用情至深。

雖然歷史不能假設，但若時間倒流，假如當初謝道韞所嫁之人，不是迂腐的五斗米道信徒王凝之，而是重情重義的真名士王獻之，兩人的觀念和想法契合，才華共鳴，價值觀一致，那麼，才女的命運可能會被改寫，她或許可以把她的才華發揮得淋漓盡致，光彩四溢，就如 600 多年後的南宋詞人李清照。

李清照，號易安居士，是宋代婉約派詞人的代表，有「千古第一才

---

[35] 《儒學與女性》[美] 羅莎莉著，丁佳偉、曹秀娟譯，江蘇人民出版社，2015 年 2 月版，第 130 頁。

女」的美稱。在文化學者的著作中,將宋代詩人和詞人進行排序,李清照坐上了女詩人的第一把交椅。李清照的詞,別是一家,人稱「易安詞」或「漱玉詞」,詞集《漱玉詞》成就之高甚至連男性詩人都自愧不如。

李清照最讓世人羨慕的不僅是她的才華,更有她美滿的婚姻。學者蔣勳認為,李清照非常幸運,她的父親李格不但自己學問好,還讓李清照接受了最好的教育。李清照更為幸運的是,她嫁給了趙明誠。趙明誠出身高官顯宦之家,從小就喜愛詩文,喜歡收藏金石碑刻、古董字畫等,具有深厚的文化底蘊和高雅的文化趣味。

她在書香門第長大,婚後與趙明誠結成一種知己般的夫妻關係,所以才能將自己的才華發揮得淋漓盡致。故而我們才會從〈如夢令‧常記溪亭日暮〉看到少女時期李清照的活潑靈動,從〈一剪梅‧紅藕香殘玉簟秋〉中看到婚後李清照和丈夫短暫離別後的纏綿悱惻,從〈武陵春‧春晚〉中體會到晚年李清照的淒涼與孤獨。

〈如夢令‧常記溪亭日暮〉

　　常記溪亭日暮,

　　沉醉不知歸路。

　　興盡晚回舟,

　　誤入藕花深處。

　　爭渡,爭渡,

　　驚起一灘鷗鷺。

〈一剪梅‧紅藕香殘玉簟秋〉

　　紅藕香殘玉簟秋。

　　輕解羅裳,

獨上蘭舟。

雲中誰寄錦書來？

雁字回時，

月滿西樓。

花自飄零水自流。

一種相思，

兩處閒愁。

此情無計可消除，

才下眉頭，

卻上心頭。

〈武陵春・春晚〉

風住塵香花已盡，

日晚倦梳頭。

物是人非事事休，

欲語淚先流。

聞說雙溪春尚好，

也擬泛輕舟。

只恐雙溪舴艋舟，

載不動、許多愁。

究其一生，李清照的創作力都是豐沛而有質感的，這與丈夫趙明誠的鼓勵和支持息息相關。「在丈夫的家中她（李清照）得到了像在自己家中同樣的鼓勵，使得她的文學成長空間非常之大。我們由此看出，個人是活在社會裡面的，個人要對抗一個社會的習俗，是非常不容易的事情。這些習

俗不是法律，不是道德，而是一種習慣。這種習慣是最容易扼殺一個人的才華的。」作家蔣勳是這麼說的。此言不虛。

幸哉，「千古第一才女」李清照！

「李清照和趙明誠的重要性不僅在於他們代表伴侶型夫婦關係，還由於他們實現了人的理想。各種因素都不利於已婚婦女發展才華，但人們仍然可以從李趙二人看到一種理想型即夫妻間的知識性連繫。」[36]對一個才女來說，沒有比遇到知己般的夫君更幸運的了，李清照如是，謝道韞卻沒有這份幸運。這或許也是她傳世精品不多、有句無篇的原因之一吧。

磨礪・昇華

真正的才華，需要啟蒙與培養，需要共鳴與撞擊，更需要磨礪和昇華。沒有經過磨礪的才華，終究是浮光掠影、曇花一現，沉澱不下來；沒有昇華的才華，只能算雕蟲小技。謝道韞的遠見卓識、林下風氣就是經歷磨練、昇華的才華展現，正所謂「風流蘊藉更才華」。

封建時代的家庭主婦，沒有機會走向社會嶄露頭角，走上朝堂獻言獻策，只能囿於自家庭院相夫教子，但這絲毫不影響有志向、有抱負的才女磨練自己的心性和膽識。

西元 1127 年，北宋發生歷史上著名的「靖康之變」，金兵不僅擄走北宋徽宗、欽宗兩位皇帝，還將鐵蹄踏向建立在南方的南宋土地，李清照就是在這樣的背景下逃到南方的。兵荒馬亂中，丈夫趙明誠病死，沒有生育子女的李清照孤苦一人，顛沛流離，經歷了旁人難以想像的艱難困苦。這些生活磨礪促使她的詩詞呈現出磅礴大氣的鏗鏘氣息，如「生當作人傑，

---

[36]《內闈——宋代婦女的婚姻與生活》，[美]伊佩霞著；胡志宏譯，江蘇人民出版社，2010 年 7 月版，第 141 頁。

死亦為鬼雄。至今思項羽，不肯過江東」。在諷刺南宋朝廷偏安一隅，不願北伐收復失地時說：「南渡衣冠少王導，北來消息欠劉琨。」這些詩詞顯示出詩人已經從卿卿我我的女性天地走出來，開始走向社會，關注現實，關注個人和民族的命運。當然，她的才華已昇華到與時代同呼吸共命運的境界。

謝道韞亦是如此。只是，她的才華並未完全集中在詩詞創作上，更重要的是，家庭的變故、家族的衰落、時代的風雲突變，增加了她的見識和膽力，磨練了她志存高遠的氣韻和風度。

孫恩之亂爆發，身為會稽內史的王凝之被殺害，朝廷於是派謝琰來擔任會稽內史一職，後來也被孫恩設計殺害了，其兩個兒子謝肇、謝峻一起遇難。當時，謝安、謝玄都已去世，其他的謝氏子弟幾乎被孫恩趕盡殺絕，女子謝道韞以自己的氣勢和勇氣取勝，得以苟活。

王凝之一家男丁蕩然無存，謝氏子弟也星流雲散，曾經的高門大族——陳郡謝氏和琅琊王氏，家族式微，身處其中的謝道韞，當然對此有切膚之痛。但這些都不能使她低到塵埃裡，反而使她更堅定地培養自己的志向和情操。所以才會在晚年遇到太守劉柳時，依舊傲然如山松，節操如風霜。正所謂「大雪壓青松，青松挺且直。要知松高潔，待到雪化時」（陳毅詩）。

結語

「當時詠雪句，誰能出其右。雅人有深致，錦心而繡口。此事難效顰，畫虎恐類狗。」宋代詩人的一首〈詠史八首‧謝道韞〉，簡潔有力地形

容謝道韞的才華，可謂「詠絮才」最好的人生註腳。

雖然江山代有才人出，各領風騷數百年，但謝道韞的際遇是不可模仿、獨一無二的。同時代的婦女大多規矩、按部就班地相夫教子，終埋沒於歷史浩渺塵煙中，不留一毫痕跡，不起一絲漣漪。獨有她氣質美如蘭，亭亭玉立，光芒綻放。

無他，是才華成就了謝道韞。

傳統社會中女子想在歷史占有一席之地，發出自己的聲音，非常難，難於上青天。除非馳騁沙場，建功立業，如秦良玉；除非出將入相，建言獻策，如上官婉兒；除非高居廟堂，一言九鼎，如武則天；除非道德高標，賢良淑德，如歷代列女。幸而，上天還賜予女子蘭心蕙性之才華。

生活不止眼前的苟且，還有詩和遠方。儒家以「立德」、「立功」、「立言」為「三不朽」。「立言」，即為才女的詩和遠方。

才華是件寶，是女子活出自我所倚靠的參天大樹，其文字功夫，其性情境界，需要用心啟蒙、精心培育；需要愛心共鳴、誠心激盪；需要耐心磨礪、痴心昇華。需要有緣之人，慢慢等待，等待它抽芽、開花、結果，直至長成參天大樹，木秀於林。

擁有才華的女子，應當珍惜你的天賦。海闊憑魚躍，天高任鳥飛。才華，是你通往精神自由之門的鑰匙，一把金鑰匙。這自由，或許出身無法給你，婚姻無法給你，禮法無法給你，但才華可以。

若說容貌是女子的第一張臉，才華則為女子的第二張臉。有人說：「你的容貌就是一張地圖，它記錄著你讀過的書、走過的路、愛過的人。」才華亦如是，所謂「氣質美如蘭，才華馥比仙」。好好珍惜並保護你的第二張臉。第一張臉只會越來越蒼老，第二張臉卻彷如佳釀，愈久愈醇。

尾聲

秀麗東山，1,600多年前的謝家雪天賦詩，餘音裊裊。

「白雪紛紛何所似？」謝安高興地問道。

「撒鹽空中差可擬。」姪兒謝朗搶先回答。

「未若柳絮因風起。」姪女謝道韞悠然吟出。

大約100年後，一位南朝詩人誕生，他的山水詩抒情清新自然，風格清俊秀麗，驚豔了唐代詩仙李白，遂，李白「一生低首謝宣城」[37]。

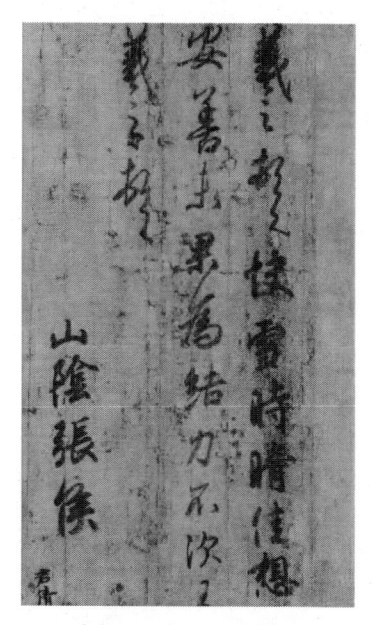

雪天賦詩過後約60年，南朝劉宋的永嘉（今中國浙江溫州）境內，永嘉太守一邊喝著酒，一邊自誇道：「若說天下的文才共有一石[38]，其中曹子建獨占八斗，我占一斗，自古至今的其他人合分剩餘的一斗。」成語「才高八斗」即來源於此。這位口出狂言的太守，不是別人，正是山水詩鼻祖謝靈運，人稱「大謝」。他，是謝玄的孫子，謝道韞的親姪孫。

「自古及今共分一斗。」這一斗文才裡，留給女子的，不知又有幾何？

晉　王羲之〈快雪時晴帖〉
（區域性）

—— 本篇完 ——

---

[37]　謝宣城，即謝朓，人稱「小謝」。西元499年，他捲入南齊的政治鬥爭，遭人誣陷，死於獄中。他，是「撒鹽空中」的謝朗的族內曾孫。

[38]　一石等於十斗。

第三章　才華篇

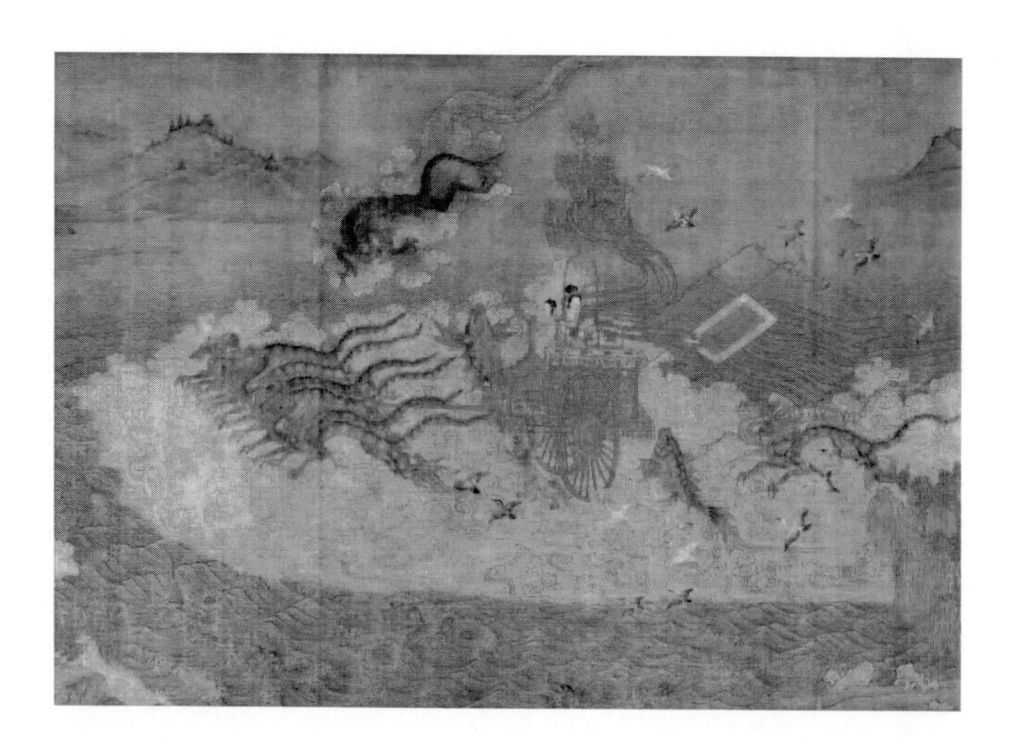

謝道韞：馥郁才情，蘭質慧心

第四章　夢想篇

文明馮太后：讓夢想成為現實的燈塔

引子

「北喬峰，南慕容」是武俠小說的主要人物。「南慕容」一出場，即驚艷四方：「段譽順著她目光看去，但見那人二十八九歲年紀，身穿淡黃衫，腰懸長劍，飄然而來，面目清俊，瀟灑嫻雅。段譽一見之下，身上冷了半截，眼圈一紅，險些便要流下淚來，心道：『人道慕容公子是人中龍鳳，果然名不虛傳。王姑娘對他如此傾慕，也真難怪。唉……』」

人中龍鳳的慕容公子，就是慕容復。慕容是姓，單名「復」。作者鄭重其事地解釋了慕容復的家族淵源：「慕容復的祖宗慕容氏，乃鮮卑族人。當年五胡亂華之世，鮮卑慕容氏入侵中原，大振威風，曾建立前燕、後燕、南燕、西燕等好幾個朝代，其後慕容氏為北魏所滅，子孫四散，但祖傳孫、父傳子，世世代代，始終存著中興復國的念頭。」

這部武俠小說，大多將杜撰的人物置於真實的歷史場景中，虛虛實實，真真假假，讓人似信非信。小說裡關於慕容家族的描述，確是符合歷史真實的。譬如，慕容復的玉樹臨風，源自遺傳基因。史書記載，鮮卑族慕容部落的人，大多身材高大，皮膚白皙，容貌俊美，有「白虜」的美譽。當時少數民族，乃至號稱華夏文明正統的東晉王朝，各國君主紛紛將慕容女子納入後宮。而鮮卑族的另一部落，拓跋部的部眾，就沒有那麼光彩照人，相反，還很醜陋。拓跋，是「禿髮」的音譯，同時，拓跋部落的人還有梳辮子的，被稱為「索虜」或「索頭」，從上面幾個名詞即可看出，這個部落的人形象不佳，與慕容部落的「白虜」站起一起，簡直是判若雲泥。

同屬鮮卑族的這兩大部落，一醜一美，互不相容，彼此打得不可開交。小說裡所說的「其後慕容氏為北魏所滅」，即是指歷史上著名的具有決定性的參合陂[39]之戰。這一戰改變了慕容家族的命運，奠定了拓跋家族

---

[39] 參合陂在現今中國的內蒙古涼城東北一帶，也有說在現今中國的山西省陽高縣一帶。

建立的北魏政權擴張的基礎，同時，也與近半個世紀後的一個女人——馮太后的命運有著千絲萬縷的關係。

前文述及，美姿容、善風儀的慕容家族，於少數民族南下時期，在北方相繼建立了前燕、後燕、西燕、南燕四個國家。西元 395 年，建立後燕的慕容垂在參合陂和北魏的拓跋珪展開決戰。據史料記載，拓跋珪就出生在參合陂北邊，出生時「其夜復有光明」，參合陂，可謂拓跋珪的龍興之地。但此之蜜糖，彼之砒霜，對於對手慕容垂來說，此處可不是什麼幸運之地。面對北魏的強勢進攻，後燕軍隊一敗塗地，慕容垂口吐鮮血，就此病倒，並在退兵途中去世。一代戰神慕容垂就此謝幕。後燕走向衰亡。

參合陂之戰後，後燕一分為二，變成後燕和南燕，國家逐漸衰落，慕容家族的政權也開始落入旁人之手，終於在西元 409 年，漢人馮跋取代慕容家族，建立北燕，自稱皇帝。後燕至此從歷史上徹底消失。

北燕是當時所有燕國裡唯一由漢人建立的政權。北燕開國皇帝馮跋死後，其弟弟馮弘篡奪了本應由太子繼承的皇位。可惜，馮弘並不能守住自己靠陰謀詭計得來的皇位和國家。西元 436 年，拓跋珪的孫子、北魏皇帝拓跋燾率軍滅掉北燕。馮弘甚至主動提出，將自己的小女兒送進拓跋燾的後宮做妃子，但也沒能挽回北燕的亡國命運。之後，馮弘逃到高句麗，被處死。他的兒子馮朗向北魏投降，並在北魏做官。後來馮朗捲入一場謀反案，被殺，兒子逃亡，女兒被送進宮中做奴婢。這個女兒，就是歷史上赫赫有名的文明馮太后。

參合陂一役，後燕元氣大傷，以致於後來被馮太后的伯祖父馮跋篡位亡國。慕容家族以此為恥，故而武俠小說裡慕容復心心念念要復國，他的名字就展現了復國的志向；而慕容復居住的地方是燕子塢的參合莊；而慕容家族的祖傳武功名為「參合指」。

在參合陂，北魏拓跋珪的軍隊大獲全勝，之後繼續高歌猛進。參合陂之戰兩年後，西元 397 年，北魏攻占了後燕的都城；西元 398 年，拓跋珪

將都城遷往平城（現今中國的山西大同），拓跋珪登上皇帝寶座。自此，北魏更加強大，逐漸稱霸並統一北方。北魏拓跋氏經過歷代皇帝的南征北戰，到第五代皇帝拓跋珪之時，國力已不容小覷，史稱「北朝」。拓跋珪即為馮太后的皇帝丈夫。

一場戰爭，就此改變了慕容家族、馮氏家族、拓跋家族的命運。1,000多年後的清朝，納蘭性德感嘆道：「今古河山無定據，畫角聲中，牧馬頻來去。滿目荒涼誰可語？西風吹老丹楓樹。從來幽怨應無數，鐵馬金戈，青塚黃昏路。一往情深深幾許？深山夕照深秋雨。」

好一個「今古河山無定據」。歷史的車輪滾滾向前不停留，經過半個多世紀的風雨飄搖，當年征服者的後代──拓跋氏建立的北魏，蒸蒸日上；被征服者的後代──慕容氏只能活在武俠小說的虛幻復國稱帝夢中；

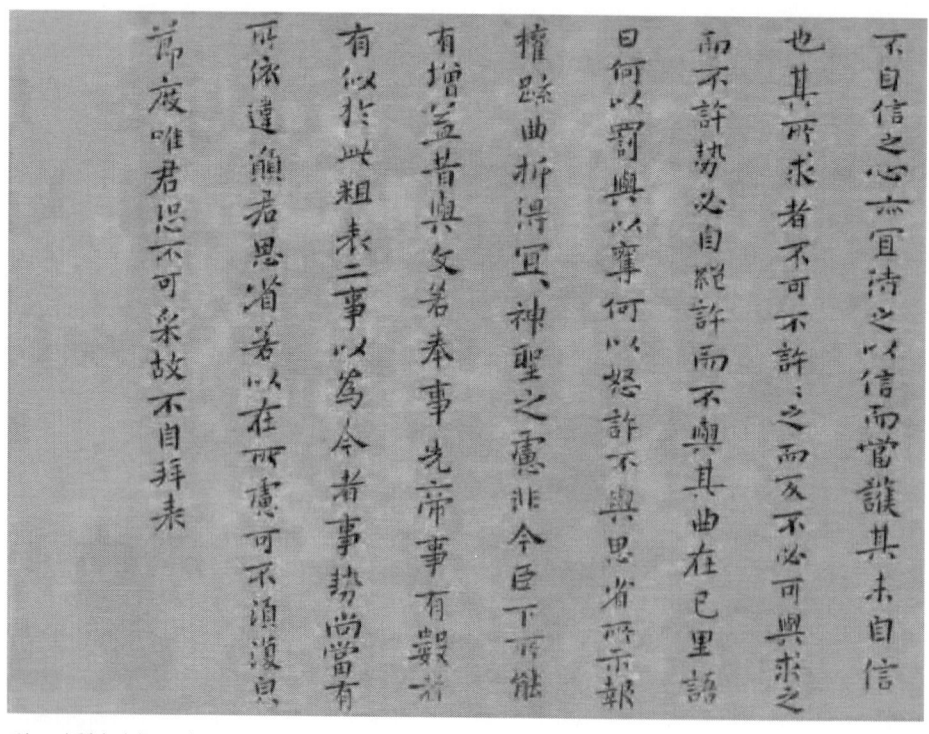

魏　鍾繇〈宣示表〉

另一被征服者的後代——馮氏，開始走進征服者的權力中樞，甚至站在北魏的殿堂上發號施令。更令人震驚的是，這個被征服者的後代——文明馮太后，並沒有因為北魏拓跋氏踐踏了她的皇族，消滅了她的國家而發誓報仇，或者藉助手中權力來做復國稱帝的千秋美夢，而是選擇順應歷史潮流，大刀闊斧改革積弊已久的北魏政治，使之脫胎換骨為傲視北方的一頭雄獅。

一直以來，北魏的皇帝們都有一個偉大的夢想，那就是，不但要建立統一的北方王國，還要建立統一的中華帝國；同樣的，皇帝們，不滿足於僅做北朝的鮮卑族的皇帝，還要占領漢地，做中華皇帝。這一夢想在北魏前六位皇帝在位期間都沒能實現，在第七任皇帝孝文帝拓跋宏在位時，這一夢想終於有了突破，接近實現。

將這一夢想照進現實的推手，乃北魏的文明馮太后。是她，一手策劃，一手推動；一手實踐，一手培養接班人，改革北魏這個少數民族政權，使之國富民強、社會繁榮，為孝文帝的遷都洛陽、深化改革和逐步靠近中華皇帝夢打下堅實的基礎。

可以說，文明馮太后是個心懷夢想、勇於實踐、堅持改革的出色的女政治家。沒有她的改革，北魏不可能強大；沒有她的實踐和培養，北魏孝文帝能否成為一代雄主還是個未知數；沒有她的夢想，北魏或許僅僅是個成功的北方少數民族國家，保守、拘謹、野蠻、落後、短命，如同湮滅於歷史長河中的其他少數民族政權，曇花一現。

那麼，文明馮太后的夢想是什麼？身為北燕皇族後裔，一個罪臣之女，在仇敵的宮廷和朝堂上，她是如何實現絕大多數男性皇帝都無法實現的改革夢想的呢？

微小身影的偉大抱負

▎春種一粒粟

作家柏楊說：「中國史書有個毛病，往往只寫名，不寫姓，好像他姓啥已天下皆知。貴閣下看過《漢書》乎，上面的『臣瓚曰』，那個名『瓚』的朋友，到底姓啥，考據學考據了1,000多年，都沒有考據出一致同意的結論，當初如果索性連名帶姓一齊出籠，豈不清清楚楚。」[40] 他舉的例子是男性，於女性而言，恰好相反，史書中的女子大多只寫姓，很少寫名。即便貴為皇后、太后，也不是每個女人都能在史書中留下自己的大名。尊

---

[40]《皇后之死》，柏楊著，人民文學出版社，2006年5月版，第25頁。

貴的馮太后也不例外，史書中並未記載她的名字，只以「馮氏」或其身分「后」指代，後世姑且以「馮太后」稱呼她。

馮太后是漢人，本是皇族後裔，她的祖父是北燕的皇帝馮弘。她的母親是樂浪王氏，樂浪即現在的北韓平壤附近，早在馮太后出生前100多年的西元313年，樂浪就被高句麗占領。當時，高句麗還是中國領土的一部分，因此樂浪王氏可以與北燕皇族通婚。

馮太后的父親馮朗，原是北燕皇帝馮弘的兒子，身為皇子的他，本來生活優哉游哉，誰知北魏的鐵騎紛至沓來，他的父親馮弘一溜煙跑到高句麗去申請政治庇護。國破了，家亡了，別無選擇的馮朗只好投降敵人——北魏。北魏皇帝拓跋燾對他還算不錯，讓他擔任秦州、雍州兩州的刺史。這是一段平靜安穩的日子，哥哥馮熙和妹妹馮氏，就這樣在長安出生了。史書記載，馮氏出生時，天降神光以示祥瑞。這道神光，似乎預示著這個小女孩即將展開豐富多彩、恢宏壯麗的一生。

誰知好景不長，父親馮朗因為被牽扯進朝廷的一樁大案而被下獄，後被處死。哥哥馮熙趁機逃走，不知流浪到何方，年幼的馮氏孤苦無依。按照當時的規定，身為罪臣之女的她，被送進宮廷，罰做奴婢。從皇族後裔淪落為宮中奴婢，身分反差何其大矣。可以說，幼年的馮氏，沒有夢想，只有生存。當時的她，甚至連平靜的生活都談不上，唯有生存。

生活不總是風和日麗，亦有暴風驟雨。同理，命運不總是窮途末路，亦有柳暗花明的時刻。年幼的馮氏經歷常人難以承受的喪父亡家做女婢之痛，這是她的不幸，但幸運的是，她在北魏後宮中並不孤獨，她遇到了生命中的兩位貴人。

一位貴人是她的姑姑馮昭儀。前文述及，在北燕亡國之前，面對拓跋燾的大軍壓境，北燕皇帝馮弘曾經主動將自己的小女兒送給拓跋燾做妃

子，試圖阻止拓跋燾的進攻，所謂以女兒換和平。誰知拓跋燾根本不吃這一套，人照收，仗照打。馮弘可謂賠了女兒又折兵，不過，猶如喪家之犬的他素來重男輕女，兼之匆匆逃往高句麗，已經顧不上尚在北魏後宮的小女兒。這個被送往北魏的小女兒，被拓跋燾封為昭儀，人稱馮昭儀。從輩分上說，她，是馮氏的姑姑，是馮氏在冰冷皇宮中最親的親人；從地位上說，她是老皇帝的妃子，可以給姪女更好的照顧。

另一位貴人是常太后。她是馮氏的丈夫文成帝拓跋濬的保母，慈和履順，有勤勞保護之功，文成帝拓跋濬稱帝後，將自己的這位保母封為保太后，也叫常太后。常太后久居宮中，地位較高，和馮昭儀的關係不錯，兼之她也是因為家族犯罪被充入宮中，看到幼年的馮氏，未免有同病相憐之感，因此她對馮氏亦疼愛有加，照顧周到。

> 高宗乳母常氏，本遼西人。太延中，以事入宮，世祖選乳高宗。慈和履順，有劬勞保護之功。高宗即位，尊為保太后，尋為皇太后，謁於郊廟。和平元年崩，詔天下大臨三日，諡曰昭，葬於廣寧磨笄山，俗謂之鳴雞山，太后遺志也。依惠太后故事，別立寢廟，置守陵二百家，樹碑頌德。（《魏書‧列傳第一》）

有了姑姑馮昭儀和常太后的關心和保護，幼年馮氏灰暗陰冷的宮中奴婢生活才有了那麼一絲溫暖的色彩。姑姑馮昭儀出生於皇族，嫻靜優雅，本著天然的親近感和責任感，她對待馮氏猶如親生母親一般，不僅在生活上照顧這個境遇可憐的小女孩，還教會馮氏識字，學習一些基本的文化知識，這是頗有遠見、非常明智的一種做法。《晉書》有云：「太后性聰達，自入宮掖，粗學書計。及登尊極，省決萬機。」當時宮中婦女，大多忙於梳妝打扮，便於在皇帝面前爭寵，或勾心鬥角於八卦中，主動學習的女子很少。而馮昭儀能做到這一點，顯現出她高遠的眼界，她為姪女規劃的路更寬闊、更長遠。後來的事實亦證明，馮太后能在北魏政壇翻雲覆雨，兩

次臨朝稱制，批閱奏章，處理公文，與她「粗學書計」的能力息息相關。多年後馮太后在教育孝文帝時，甚至還親自寫就300餘章的〈勸戒歌〉，以及18篇〈皇誥〉。教育的作用，即在於此。

文成文明皇后馮氏，長樂信都人也。父朗，秦、雍二州刺史、西城郡公，母樂浪王氏。後生於長安，有神光之異。朗坐事誅，後遂入宮。世祖左昭儀，後之姑也，雅有母德，撫養教訓。年十四，高宗踐極，以選為貴人，後立為皇后。(《魏書·列傳第一》)

幼年馮太后的幸運，除了接受姑姑的教育和教誨，常太后的關心和保護，還在於她從這兩位宮中老年婦女口中接收到夢想的種子。

馮太后生於西元441年，北魏太武帝拓跋燾死於西元452年，也就是說，拓跋燾去世時，馮太后才12歲。當時，她正在宮中做奴婢，但並不影響她從姑姑和常太后口中常常聽到這位具備雄才大略的皇帝的英雄事蹟。同時聽到的，還有北魏開國皇帝拓跋珪的建國理想。

北魏開國皇帝拓跋珪，一生武功赫赫。幼年的他胸懷大志，史書記載「帝有高天下之志」。果然，在其短短的39年的人生中，拓跋珪帶領族人南征北戰，收編了周圍眾多部落，對不順從他的部族，他則給予毫不留情的打擊。

在立國之初，他就企圖效仿中原文明設定百官，劃分行署，制定各類典章制度、禮儀等。除此之外，他還大力發展文化教育，設定五經博士。顯然，拓跋珪雖然是鮮卑族，但他的建國理念卻不完全少數民族化，而是有目的地借鑑漢族的文明和文化。他很清楚如果還是按照原本的部落首領制度來建國，只能使北魏成為一個鬆散的沒有凝聚力的少數民族政權，如此，國家解散是遲早的事。因此，建國伊始，他就有個夢想：解散各部落，部落首領成為國家的地方官員，便於加強中央集權。當時，拓跋部落的生產力水

準也達到封建國家的水準，客觀上支持了拓跋珪的建國理念。正如歷史學家總結的：「（拓跋部落）他們從原始公社透過家長奴役制而直接飛躍到封建社會⋯⋯拓跋部落在猗盧統治時期開始形成國家，而完成於拓跋珪亦即道武帝的統治時。」「從拓跋部落本身來說，當他們的氏族解體，開始建立國家時，他們自己的生產力水準已達到一個游牧封建國家的水準。」[41]

不可否認，這是一個偉大的開端，也是一個偉大的夢想。

這是北魏拓跋氏的第一次改革，是從落後的原始社會和奴隸制部落向中央集權制的封建王國進化的改革。既然是改革，就會觸動某些人的利益，即保守派的利益。於是，這些既得利益集團聯合太子拓跋紹，將拓跋珪殺害。一代英傑，出師未捷身先死，他留下的加強帝權、王權，改革落後制度的夢想，就此擱置。

太武帝拓跋燾是拓跋珪的孫子，北魏在他的手上達到了軍事上的鼎盛。拓跋燾有著高超的軍事指揮才能，在他的領導下，北魏的鐵騎踏遍西夏、西秦、北燕和北涼，終於在西元 439 年，拓跋燾完成了統一中國北方的宏偉事業，結束了長達 100 多年的北方割據混戰局面。北方的柔然一直以來都是北魏的心腹大患，幾乎年年侵犯北魏的邊境。著名的北朝民歌〈木蘭辭〉描述的就是柔然與北魏的對抗。「昨夜見軍帖，可汗大點兵。」拓跋燾對此忍無可忍，終於馬踏柔然，「萬里赴戎機，關山度若飛。朔氣傳金柝，寒光照鐵衣。將軍百戰死，壯士十年歸。」一番鏖戰後，曾經強大的柔然一蹶不振，北魏邊境隨後較為安寧。

完成北方統一大業的拓跋燾，野心勃勃，他打起了中原正統王朝劉宋政權的主意。元嘉二十七年（西元 450 年），他進攻南朝，甚至一度將軍隊駐紮到長江北岸，與南朝劉宋的都城建康隔江而望。《魏書・帝紀第四》記載，「車駕臨江，起行宮於瓜步山（在現今中國南京六合區東南）」、「所

---

[41]《魏晉南北朝史論叢》，唐長孺著，商務印書館，2010 年 12 月版，第 240、242 頁。

過城邑，莫不望塵奔潰，其降者不可勝數」。可憐劉宋王朝，經過劉裕、劉義隆兩代皇帝勵精圖治，方有國富民強的「元嘉之治」，經過拓跋燾這次「飲馬長江」之舉，淮南地區被戰亂破壞嚴重。「元嘉之治」毀於一旦，劉宋國力逐漸衰落。

拓跋燾北上攻柔然，南下伐劉宋，立下赫赫戰功。他所有的戰爭威懾，都是為著一個夢想：建中華帝國，做中華皇帝。實現這一夢想的前提，就是打破北魏少數民族與漢族對立的堡壘。為此，他招攬漢人賢才為他出謀劃策，釋出詔書說：「我有好爵，吾與爾靡之。」意思是，我有美酒，願與你共享其樂。在他的禮賢下士之召喚下，漢族的傑出人士崔浩、高允等都投奔向他。

然而，少數民族開明君主拓跋燾與漢人優秀謀士崔浩，如此強強聯合，最終仍未能實現拓跋燾的夢想。原因就在於，建立中華帝國，這是一個少數民族開明君主的夢想，卻也是需要改革，需要徹底打破少數民族和漢族對立才能實現的。崔浩曾經做過類似的努力，最終失敗被殺。改革，必然涉及社會資源和權力的再分配，必然會觸犯既得利益集團的利益。於是，在少數民族人專政的觀念主導下，試圖用漢族文明改革北魏制度的崔浩必須死。曾經夢想做中華皇帝的拓跋燾，亦不能倖免於難。西元452年，一代雄主拓跋燾被太監宗愛殺害，年僅44歲。

和他的祖父拓跋珪一樣，夢想夭折，改革擱淺。

北魏歷代君主政治夢想的實現、改革的實施，還需要再等待25年，等待一個女人，來重新打開它的神祕大門。這個女人，就是馮太后。

不過，此時的馮氏，還處於學習本領的蟄伏期。拓跋燾去世時，她才12歲，正處於聽常太后和馮姑姑講述歷代皇帝輝煌事蹟的懵懂年齡。此時的她，或許未能意識到，幫助北魏皇帝進行漢化改革、實現強國富民的願

望種子,已在她稚嫩的心靈中悄然埋下。

現在能做的,只有等待,靜靜地等待,耐心地等待。等待一個合適的機會,澆灌雨水,陽光普照,讓夢想的種子生根、發芽,乃至茁壯成長。

機會,終於來了。

那一年,馮氏14歲,因為常太后的支持,她嫁給了皇帝——文成帝,被封為貴人;兩年後,知書達理、聰明靈敏的她被立為皇后。從一介女奴成長為母儀天下的皇后,這一系列幸運的背後,既有常太后的鼎力協助,也有姑姑馮昭儀長期培養教育的功勞。

機遇,總是偏愛有準備的人。

夏五月壬戌,(拓跋濬)詔曰:「朕即阼至今,屢下寬大之旨,蠲除煩苛,去諸不急,欲令物獲其所,人安其業。而牧守百里,不能宣揚恩意,求欲無厭,斷截官物以入於己,使課調懸少;而深文極墨,委罪於民。苟求免咎,曾不改懼。國家之制,賦役乃輕,比年已來,雜調減省,而所在州郡,咸有逋懸,非在職之官綏導失所,貪穢過度,誰使之致?自今常調不充,民不安業,宰民之徒,加以死罪。申告天下,稱朕意焉。」(《魏書・帝紀第五》)

前日萌芽小於粟

若說14歲之前的馮氏,還是一個悲慘的小婢女,整天活得戰戰兢兢、擔驚受怕,那麼,14歲之後的馮氏,簡直像人生開外掛,從貴人到皇后,從太后到太皇太后,一路步步高升。可以說,自西元455年起,命運之神將她安置在皇帝身邊,直到西元490年她49歲時去世,馮太后都未曾離開過宮廷和權力的中心——皇帝。

這一切的幸運,要從她第一次遇見皇帝開始。

文成帝拓跋濬是馮氏在宮中真正接觸的第一個皇帝，也是她的丈夫。拓跋濬「靜以鎮之，養威布德」，具有「君子之度」(《魏書·帝紀第五》)。這個評論雖然不及他的祖父拓跋燾的「聰明雄斷，威靈傑立，廓定四表，混一戎華」顯得更猛烈，但也不低。

實際上，拓跋濬是一位不以武功著稱，而以文治聞名的皇帝。他登上皇位之時，北魏經過拓跋珪、拓跋嗣、拓跋燾幾代君主的南征北戰和勵精圖治，已經具備強大的經濟實力，不然拓跋燾也不會悠然地飲馬長江，在劉宋都城對面建立行宮。儘管，遺傳了祖輩的血氣方剛，拓跋濬也尚武有力，在巡幸西苑時，曾「親射虎三頭」，但在治理國家方面，他更多的是把精力放在制度管理上。

九月戊辰，(拓跋濬)詔曰：「夫褒賞必於有功，刑罰審於有罪，此古今之所同，由來之常式。牧守蒞民，侵食百姓，以營家業，王賦不充，雖歲滿去職，應計前逋，正其刑罪。而主者失於督察，不加彈正，使有罪者優遊獲免，無罪者妄受其辜，是啟奸邪之路，長貪暴之心，豈所謂原情處罪，以正天下？自今諸遷代者，仰列在職殿最，按制治罪。克舉者加之爵寵，有愆者肆之刑戮，使能否殊貫，刑賞不差。主者明為條制，以為常楷。」(《魏書·帝紀第五》)

夢想總是要有的，對皇帝來說，肩負國家和皇族的命運，更是如此。簡單來說，文成帝拓跋濬的夢想是改革積弊已久的北魏弊政。通觀史書，拓跋濬在位時頒發詔書頗多，幾乎全是涉及為政之弊的。

有指責地方官員貪汙行徑的。

有擔憂地方官員侵占百姓利益，致使國家賦稅減少，要求即便官員離任，也要追究其罪責的。

有譴責豪強地主對百姓的盤剝，豪門愈來愈富，百姓愈來愈窮困。經

濟發展不起來，國家也深受其害。

有擔憂國家的生產力——人口問題的。豪門大族占有大量奴婢，這些奴婢附屬於其宗主，勞動產出歸屬於宗主，他們不向朝廷繳納賦稅，也不服徭役。這是對朝廷整體利益的損害。

二年春正月乙酉，（拓跋濬）詔曰：「刺史牧民，為萬里之表。自頃每因發調，逼民假貸，大商富賈，要射時利，旬日之間，增贏十倍。上下通同，分以潤屋。故編戶之家，困於凍餒；豪富之門，日有兼積。為政之弊，莫過於此。其一切禁絕，犯者十匹以上皆死。布告天下，咸令知禁。」

八月丙寅，（拓跋濬）遂畋於河西。詔曰：「朕順時畋獵，而從官殺獲過度，既殫禽獸，乖不合圍之義。其敕從官及典圍將校，自今已後，不聽濫殺。其畋獲皮肉，別自頒齎。」壬申，詔曰：「前以民遭飢寒，不自存濟，有賣鬻男女者，盡仰還其家。或因緣勢力，或私行請託，共相通容，不時檢校，令良家子息仍為奴婢。今仰精究，不聽取贖，有犯加罪。若仍不檢還，聽其父兄上訴，以掠人論。」（《魏書・帝紀第五》）

貪穢過度、王賦不充、為政之弊、仍為奴婢，這些都是身為皇帝的拓跋濬深深擔憂的。冰凍三尺非一日之寒，他深知這些弊政有著極其深刻的歷史和現實原因，有著盤根錯節的利益糾葛，想要雷厲風行地去除弊政，非一日之功。身為皇帝的他儘管清楚國家的弊政所在，但欲行改革又阻礙重重，只能透過不斷下詔，以作警示。終其一生，文成帝拓跋濬都未能實現他的政治夢想——改革弊政。和他的祖輩拓跋珪、拓跋燾一樣，壯志未酬三尺劍，出師未捷身先死，西元465年，拓跋濬去世，時年僅26歲。此時的馮氏，也才25歲，年紀輕輕，轉眼間即成為名副其實的馮太后。

此情可待成追憶，只是當時已惘然。回想起在皇帝丈夫身邊的日子，文成帝對她寵愛有加，馮氏應是幸福的。從14歲時嫁給文成帝，16歲時

當上皇后，再到25歲時夫妻陰陽兩隔，這長達11年的歲月，讓馮氏留下滿滿的幸福回憶，以及無盡的光榮和夢想。

在生活上，馮氏和文成帝婚後恩愛、相知相伴，她不僅因為手鑄金人成功而順利登上皇后寶座，還成為皇帝的賢內助，將後宮管理得井然有序。文成帝對她寵信有加。

在國家治理上，雖然皇帝丈夫並未讓她參與朝政實際事務的處理，但馮氏自幼聰明伶俐，姑母馮昭儀對她培養得當，她自己也有心勤奮學習，遂成為有文化、有見解、有想法、能決斷的一位特立獨行的皇后。因此文成帝在遇到改革阻力，憂心忡忡地回到後宮後，馮氏陪伴其左右，並為他紓解鬱悶。或許，馮氏曾經睿智地替皇帝出過主意；或許，馮氏曾經為此努力鑽研政事，以便幫助丈夫脫離困境。無論如何，這是一段成長的路程。在相知、相隨、相愛、相敬如賓的皇后生涯中，馮氏逐漸了解到皇帝的苦悶、難題、朝政、利益、關係、權力、資源、手段，以及他那光榮的夢想。這是馮氏第一次如此接近國家事務，第一次如此理解政治生活，第一次如此近距離地靠近權力中樞，也是第一次，她將這個國家的改革夢想融入自己的生活，讓它萌芽，長出枝葉。

歲月悠悠千古事，人海茫茫萬種情。從小經歷家破人亡、人情冷暖、世事滄桑的馮氏，極其注重情感，她在文成帝這裡獲得尊敬和愛護，她愛文成帝並為之奉獻生命也在所不惜。於是，便有了歷史上著名的「燒三殉情」事件。

26歲的文成帝拓跋濬因病撒手人寰，這對年紀輕輕的馮氏來說，不啻晴天霹靂。前一天，還是如膠似漆的恩愛夫妻，隔一天，即成為陰陽相隔兩世人；前一天，還胸懷凌雲壯志籌謀劃策解國難，隔一天，即壯志未酬身先死，魂歸故里；前一天，還為夢想奮鬥不已，隔一天，即拋妻棄子葬

祖陵。這巨大的人生變故橫亙眼前，令馮氏痛不欲生。好不容易嘗到人生快樂滋味的她，對以後的生活亦不抱任何希望，還有什麼能比得上和文成帝在一起的日子呢？馮氏生無可戀。

按照北魏的傳統，皇宮在文成帝去世三天後舉行儀式，將皇帝生前所用的衣服、器具等都燒毀，俗稱「燒三」，這個習俗至今在中國北方的某些地區還流行。在皇宮舉行這一儀式的當天，文武百官、後宮嬪妃皆在一旁痛哭憑弔。誰也沒想到，哀聲一片中，一身縞素的馮氏忽然站起身來，用手帕將眼淚擦乾淨，大叫一聲，隨即快步奔向正在熊熊燃燒的火堆。瞬時，火苗就將她瘦弱的身軀吞沒了。直到這時，旁邊的侍衛才反應過來，大家七手八腳地從火堆中將馮太后救出來，此時的她，已然昏迷，昔日的花容月貌不見了，皮膚被燒壞好幾處。所幸，性命無礙。

願得一心人，白首不相離。於重傷在床的馮氏來說，在皇帝丈夫身邊的這11年，有幸運，那就是得遇知音，琴瑟和鳴，夫唱婦隨，共度時艱；不幸的是，這一切幸福，隨著文成帝的駕崩而化為肥皂泡般的幻影。一心人難得，白首不相離，更不可求。接下來的歲月，對重情重義、身單力薄的馮氏而言是何等難熬，可想而知。心靈的痛、身體的傷，亦將她磨練得越來越堅強。

雖然仍獨居在深宮養傷，命運之手卻已將另一副更加沉重的擔子壓在她的肩頭。因為當時，她已是太后，25歲的年輕太后。

萬紫千紅總是春

古時的女子，自小便被灌輸三從四德的觀念。貴為皇后、太后的女子也不例外。文成帝死後，由其年幼的長子拓跋弘繼位，這就是北魏獻文帝。馮氏被尊為皇太后，從此，開始了和兒子獻文帝一起生活共事的日

子。只是，這日子並不平靜，一波三折，波詭雲譎。

不平靜日子的根源，在於馮太后和獻文帝不是親生母子關係，即獻文帝並非馮太后所生。馮太后一生無兒無女，因此待皇帝丈夫其他嬪妃所生的兒女視如己出。從某種意義上說，馮太后沒有生育孩子，尤其是沒有生兒子，對她反倒是一種保護和加持，反倒成為她一路步步高升，乃至坐上皇后、太后寶座的支柱。這一奇葩現象的產生，要從五百多年前久遠的漢朝說起。

西元前 87 年，西漢的一代雄主漢武帝在冊立年幼的劉弗陵為太子後，命令侍衛將太子的母親鉤弋夫人處死，理由是，太子年紀小，即位後不能馬上治理國家，太子母親還年輕，有的是精力和手段插手朝政，這樣一來，外戚干政，朝政紊亂，國家就陷入危險的境地。因此，為保險起見，冊立太子後，就將太子母親處死。

後來，這一案例被北魏的君主借鑑，成為北魏宮廷的一項硬性規定，即「子貴母死」的祖制。譬如，太武帝拓跋燾在被立為太子後，其生母杜氏即被處死；文成帝拓跋濬在被立為太子後，其生母鬱久閭氏很快也被處死；後來的孝文帝拓跋宏被立為太子後，其生母李氏也被馮太后下令處死。

獻文帝拓跋弘的生母李氏，亦不能逃脫這個祖制的繩索。她資質美麗，從小就被預言有大貴之命。果然在生下拓跋弘後，被拜為貴人。史書記載，當時皇帝文成帝的保母太后——常太后依照祖制，命令賜死李氏時，年輕漂亮的李氏痛哭流涕，拉著諸位親人的手一一話別，久久不願鬆開，悽慘情狀令人潸然淚下。

文成元皇后李氏，梁國蒙縣人，頓丘王峻之妹也。后之生也，有異於常，父方叔恆言此女當大貴。及長，姿質美麗。世祖南征，永昌王仁出壽

春,軍至后宅,因得后。及仁鎮長安,遇事誅,后與其家人送平城宮。高宗登白樓望見,美之,謂左右曰:「此婦人佳乎?」左右咸曰:「然」。乃下臺,后得幸於齋庫中,遂有娠。常太后後問后,后云:「為帝所幸,仍有娠。」時守庫者亦私書壁記之,別加驗問,皆相符同。及生顯祖,拜貴人。太安二年,太后令依故事,令后具條記在南兄弟及引所結宗兄洪之,悉以付託。臨訣,每一稱兄弟,輒拊胸慟泣,遂薨。後諡曰元皇后,葬金陵,配享太廟。(《魏書·列傳第一》)

所以,馮太后沒有生兒子,才避免被處死的命運,活著,意味著一切,意味著勝利,於是,她榮登皇后寶座。

所以,拓跋弘成為沒有母親的孩子,馮太后得以挑起母親的重擔,將其撫養長大。

所以,馮太后和拓跋弘,這一對孤兒寡母,可以感情深厚,一起面對朝廷的風雲變幻,如果不算後面的宮闈之變的話。此為後話。

西元465年,獻文帝拓跋弘繼位時,才12歲,對治理國家毫無經驗;馮太后雖然在文成帝活著的時候幫他出主意,粗略懂些朝政,但也沒實際面對過。這一對孤兒寡母,如同初次遠航的舵手,共同面對北魏政壇的狂風大浪,直至西元476年,獻文帝23歲時去世。在這11年中,獻文帝和馮太后,既情同母子,並肩作戰,又形同陌路,互相打擊;既有過親密無間,完美配合,又有過互生嫌隙,謀權害命。這11年的北魏宮廷乃至政壇風雲,讓獻文帝有一個充分發揮治國能力的舞臺,也害他最終丟掉自己的性命;同時,也讓馮太后,這一介女流,可以展現其政治天賦、小試牛刀、讓夢想開花的天地,最終也把她推到北魏政壇乃至歷史的前臺。

無論是孤兒寡母、情同母子的同舟共濟階段,還是貌合神離、反目成仇的奪權暗殺時刻,馮太后在獻文帝身邊的這11年的風風雨雨,能夠訴說的,或許就是三件大事:乙渾謀反、李奕事件、宮闈之變。這三件事,

每一件大事發生，都伴隨著一顆尊貴的人頭落地，鮮血淋漓，血雨腥風。

乙渾是鮮卑人，北魏的朝廷重臣。早在文成帝在位時，乙渾就被封為太原王，位高權重。西元 465 年，文成帝去世，年僅 12 歲的拓跋弘繼位。乙渾看到皇帝年幼，當時的皇太后──馮太后在「燒三殉情」中受傷，在後宮養傷，便有了謀權篡位的想法。他排除異己，先後誅殺了幾位朝廷的大臣，甚至對先皇文成帝最敬重的老臣陸麗也毫不猶豫地舉起屠刀，將其殘忍地殺害。之後，乙渾被任命為丞相，位在諸王之上，朝政事務，無論大小，都由乙渾來決定。當時的他已成為「無冕之王」，完全不把北魏皇帝和馮太后放在眼裡。北魏皇室地位岌岌可危。

在此危難之際，帶著一身傷痕的馮太后，勇敢地站了出來，她要保住兒子拓跋弘的皇位，更要保住北魏拓跋氏南征北戰、開疆拓土得來不易的政權。於是，她祕密召集一些朝廷上效忠拓跋氏的大臣，果斷地計劃了平叛之策，先發制人，迅速逮捕乙渾及其黨羽，將其一網打盡。北魏動盪的政局得以暫時穩定。

這是年輕的太后第一次在政治事件中露相，乾脆、果斷、智慧、漂亮，一劍封喉，出手不凡。當時，距離獻文帝繼位才過 9 個月。鑑於獻文帝年幼，為防心懷不軌的大臣再次謀逆，太后「遂臨朝聽政」。

25 歲的年輕寡婦馮太后，終於走進北魏的權力中心。

作為北燕的皇族後裔，馮太后似乎有著非常高的政治稟賦。雖然知曉北魏歷代偉大君主的宏偉藍圖，但畢竟北魏是個少數民族政權，社會積弊重重，想立即計劃施行漢化改革，是極其不現實的。於是，聰慧的她，選擇難度最小的教育來打開北魏封閉的大門。西元 466 年，在處理完乙渾謀反集團後，馮太后下令「立鄉學，郡置博士二人，助教二人，學生六十人」（《魏書・帝紀第六》）。為此，她還請出身高門世族的漢族儒士高允來為北

魏的文化教育事業出謀劃策。這樣的政策，在北魏屬於首創。用漢族先進的文化、文明改造北魏落後、野蠻風氣，是馮太后改革北魏社會的初步設想。將教育文化事業的發展作為改革夢想的開端，其良苦用心，可見一斑。

顯祖即位，（馮氏）尊為皇太后。丞相乙渾謀逆，顯祖年十二，居於諒暗，太后密定大策，誅渾，遂臨朝聽政。及高祖生，太后躬親撫養。是后罷令，不聽政事。（《魏書・列傳第一》）

馮太后靠著敏銳的政治嗅覺，小試牛刀，就取得了一定的效果。在她的倡導下，北魏鄉學、郡學發展迅速，這些都為十年後馮太后大刀闊斧進行的「太和改制」儲備了優秀人才。

馮太后的第一次臨朝聽政，時間很短，只堅持了18個月，因為獻文帝已經14歲，日漸成熟，可以親政了；更重要的原因是，此時獻文帝已經成婚，並且有了自己的第一個孩子，名叫拓跋宏。馮太后一生無兒女，出於母性，她願意再次承擔起撫養的工作。為專心陪伴、教育孫子拓跋宏，馮太后宣布不再參與朝政，退回深宮。

有人的地方就有江湖，有江湖的地方就有風波。江湖多風波，舟楫恐失墜。高居廟堂的君主後宮，更是如此。獻文帝親政後，治理國家得心應手，處理後宮家事，卻是束手無策，尤其是對馮太后的私事，處理輕率，以致釀成李奕事件。這一次事件直接引發了馮太后強硬的報復行動，最終導致獻文帝讓出皇位，提前退休，成為太上皇。

因為，漂亮的青年李奕，人頭落地了。

因為，李奕是馮太后在皇宮中的情人。

因為，皇帝的家事處理不當，就可能引起國本動盪。

李奕是太武帝拓跋燾時期的重臣李順的兒子，字景世，長相俊美，有才藝，早歷顯職，散騎常侍，宿衛監，都官尚書，安平侯。宿衛監，是在

皇宮擔任警衛的人員。馮太后年紀輕輕就沒了丈夫的陪伴，她自風情萬種而情感寂寞，因此對長相俊美的警衛李奕產生感情，和他發展成為情人。馮太后在深宮雖然盡心盡力地撫養孫子，但她與李奕之事在皇宮傳得沸沸揚揚，幾乎人盡皆知。當然，這股妖風也就傳到獻文帝的耳朵裡。

年輕氣盛的皇帝怎麼也想不到，受人尊敬的馮太后有祕密情人，實在是有辱皇室臉面。但他生性善良，不願意親自找馮太后當面質問，也不敢明目張膽地趕走李奕。獻文帝苦思冥想，最後想到一個計策，即找個理由將李奕誅殺，永絕後患。於是，馮太后美貌的情人李奕，無辜被牽連到一起貪汙事件中，人頭落地。

誅殺李奕，是獻文帝的一石二鳥之策。一來，可以杜絕馮太后偷養情夫的念頭；二來，可以狠狠打擊馮太后在朝中的勢力和氣焰。如此可知，皇帝與太后，當初情同母子的關係已然出現裂縫，這裂縫只會越來越大，直到變成深淵吞沒雙方。

首先被吞沒的，是年輕稚嫩的獻文帝。很快，雷厲風行的馮太后就計劃反擊。她利用自己在朝廷中的勢力，逼迫剛剛親政4年的獻文帝交出皇位。獻文帝沒有辦法，只得將皇位禪讓給自己年僅5歲的兒子拓跋宏，自己做了太上皇。這個太上皇，才18歲。這大概是歷史上最年輕的太上皇。

獻文帝不僅是歷史上最年輕的太上皇，還是歷史上第一個被稱為「太上皇」的人。太上皇，是在世的、不用處理朝政的退位皇帝；太上皇帝則不同，雖然是名義上的退休皇帝，他仍然親自處理朝政，「國之大事咸以聞」，甚至親自帶兵打仗，保家衛國。

可想而知，這樣勤勉干政的太上皇帝，是馮太后最看不慣，也是最為忌憚的。李奕被殺的怨恨尚未完全釋懷，對朝政大權的爭奪，又成為獻文帝和馮太后之間明爭暗鬥的角力遊戲。於是，馮太后對獻文帝萌生加害之

心。北魏歷史上有名的「宮闈之變」發生了。

西元 476 年，年僅 23 歲的獻文帝去世，死因不詳。有說是被一杯毒酒害死的，有說是被幽禁後自殺的，總之，曾經馳騁大漠的英武青年——獻文帝在深宮中一命嗚呼。雖然獻文帝本性恬淡，喜歡佛教，但從其退居二線後仍然有大展宏圖之舉來看，他不像是主動選擇自殺之人，況且他才 23 歲，正是年輕有為建功立業之時。唯一的解釋，只能是受人逼迫而為之。

所謂的宮闈之變，當是馮太后殺死獻文帝的委婉說法。

這一次，丟掉性命的是獻文帝。

這一次，深淵吞沒的，不僅是 23 歲的獻文帝，還有 36 歲的馮太后。儘管沒有血緣關係，但母子相處一場，看著自己一手帶大的孩子離開人世，任誰都不免會心有戚戚焉。人非草木，孰能無情。無情的只能是政治遊戲規則。

這一次，政治遊戲中，馮太后贏了，贏在心狠手辣，贏在心中夢想的召喚。她，將迎來屬於自己的真正的舞臺——改革的試驗場。

從乙渾謀反到李奕事件，再到宮闈之變，獻文帝的時代結束了。站在獻文帝身後，與之或支持、或憎恨、或決裂的馮太后是不幸的，心愛的人李奕被殺，原本情深的母子反目，落得你死我活的下場。但她也有收穫，那就是第一次施展自己的政治才能，以雷霆之擊剿滅乙渾集團；第一次臨朝聽政，靠著出色的治理才能，迅速穩定了北魏動盪的政局；第一次距離權力中樞那麼近，有機會實施自己夢寐以求的改革方案。

讓夢想開出燦爛的花朵，何其幸哉！

綠葉成蔭子滿枝

西元471年，獻文帝被迫將皇位禪讓給兒子拓跋宏時，拓跋宏才5歲。5年後，獻文帝死於非命，後來被稱為孝文帝的拓跋宏才10歲。和他的父親獻文帝一樣，10歲的小皇帝顯然不能承擔起治理國家的重任。於是，馮太后再一次宣布「臨朝聽政」，這是她第二次在北魏獨攬大權，當然，也是最後一次。

這一年，馮太后36歲，孝文帝繼位後，她被尊為太皇太后。身分、地位、榮耀抵達人生巔峰。同時抵達巔峰的，還有她的權力。年幼的皇帝是馮太后的孫子，按照祖制，被立為太子後，其生母也被處死，因此拓跋宏也是由馮太后親手撫養長大的。10歲的孫子皇帝對36歲的祖母太后言聽計從，家事如此，國事更是如此。

西元477年是太和元年，從這一年開始，北魏進入歷史上著名的改革時期，史稱「太和新制」，也叫「太和改制」。當時，孝文帝是名義上的皇帝，所有詔書和政策都是以他的名義下發，故而人們也將歷史上的這次改革稱為「孝文帝改革」，實際上，從太和元年（西元477年）到西元490年，也就是馮太后去世那一年，這14年北魏朝政仍由馮太后掌控，可以說，是馮太后實施了「孝文帝改革」的前半部分。所以，「太和改制」的前14年，亦可稱馮太后時代。

馮太后時代，政治舞臺交由這一柔弱女性盡情施展才華。一個歷史上著名的女改革家，帶著敏銳的政治天賦、多年的政治經驗、累積的政治人才，以及歷代皇帝的偉大夢想，姍姍來遲，隆重登場。

「燕雀戲藩柴，安識鴻鵠遊。」馮太后的鴻鵠遊即在政治舞臺上大顯身手，改革之初，出手即不凡。在北魏宮廷生活大半輩子的她，經歷太武帝拓跋燾、文成帝拓跋濬、獻文帝拓跋弘、孝文帝拓跋宏四個朝代，清楚地

知曉這個政權、這個社會的病根在哪裡，因此她精準地為北魏政治和經濟把好脈，開好藥方。

第一個藥方，就是改革北魏官員的俸祿制度。北魏的建立者是鮮卑族的拓跋氏，在游牧民族主導的政權裡，北魏的各級官吏從立國以來就沒有俸祿，也就是固定薪資，他們的收入來源，一直靠的是燒殺搶掠得來的財物、人口，以及朝廷的封賞。這種野蠻落後的做法，不僅侵害了眾多百姓的利益，使得百姓的生命財產安全毫無保障，也助長了各級官吏的貪婪氣焰，他們的掠奪成性甚至危害到國家的穩定和財政收入。

北魏歷代皇帝深知這種靠掠奪來獲得收入的做法，不是正常的文明國家應有的，譬如，太武帝拓跋燾就意識到這一點，但因為國家處在擴張時期，開疆擴土需要各級官吏的支持和擁戴，對此只能深以為恨；譬如，文成帝拓跋濬在詔書中多次譴責各級官吏的貪汙成風、掠奪成性，影響朝廷恩德在百姓中播散，但他也無力撼動保守勢力。

歷史車輪滾滾向前，落後野蠻、不合時宜的事物必遭碾軋和淘汰。西元484年，中書監[42]高閭提出俸祿制的構想，即做官的，朝廷發給其固定的俸祿，官員生活有了基本保證，靠搶掠獲得生活來源的人就會減少。馮太后召集群臣討論後，決定採用這個可行的方案。向老百姓徵收一定的賦稅，來發放固定薪資給各級官員，這樣雖然有暫時的徵稅和核定的麻煩，但長遠來看，對國家的秩序化管理終是大有益處的。實行俸祿制後，各級官員再有貪汙的，贓物超過一匹者死。新法實行初期，有些北魏權貴頗為輕視馮太后這一介女流的治理能力，知法犯法。馮太后也毫不客氣，運用鐵腕手段處死一些頂風作案者，以儆效尤，被下令處死者中甚至有孝文帝的親舅舅。

---

[42] 古代官職，受皇帝信任，為事實上的宰相。

實行俸祿制，是為了改革北魏傳統官僚體制。它既阻止了官僚對百姓無止境的掠奪，又維護了北魏社會秩序的穩定。雖然俸祿制在中原漢族政權中已是司空見慣，但在北魏這個少數民族建立的國家中，尚屬首次，因此具備改革的意味。同時，遏制各級官員貪汙掠奪成風的惡習，本是孝文帝之前歷代皇帝想做而未能做到的，更是馮太后的丈夫文成帝拓跋濬終其一生追求的夢想。夫君未能完成的遺願，馮太后將其作為改革攻堅戰的第一役，一炮打響。其心當可慰。

六月丁卯，詔曰：「置官班祿，行之尚矣。《周禮》有食祿之典，二漢著受俸之秩。逮於魏晉，莫不聿稽往憲，以經綸治道。自中原喪亂，茲制中絕，先朝因循，未遑釐改。朕永鑒四方，求民之瘼，夙興昧旦，至於憂勤。故憲章舊典，始班俸祿。罷諸商人，以簡民事。戶增調三匹、二斛九斗谷，以為官司之祿。均預調為二匹之賦，即兼商用。雖有一時之煩，終克永逸之益。祿行之後，贓滿一匹者死。變法改度，宜為更始，其大赦天下，與之唯新。」（《魏書‧帝紀第七》）

北魏積弊重重，銳意改革的女政治家馮太后開出的第二個藥方，即改革北魏的土地制度，實行均田制。西元485年，給事中[43]李安世針對北魏豪族大量侵占土地，造成農民流離失所，提出均田制的設想。自東漢末年，社會動盪，戰亂頻仍，百姓爭相逃命，導致大量土地荒蕪，一些富裕的豪門世族就趁機霸占了農民的土地，並將無地的農民變成豪族的依附者，這樣導致的後果是，因為沒有土地，農民不能自由租種，不能向國家繳納賦稅，國家收入減少，而國家不能完全掌控子民的戶數、徭役、賦稅，實在是一大弊病，因此北魏歷代的皇帝對此都憂心忡忡。

李安世提出的均田制，實際上是國家與豪強爭奪農戶的制度。均田制規定，國家對年滿15歲的成年男子分配40畝田地，女子則為20畝，同

---

[43] 古代官職，相當於皇帝的顧問和智囊。

時還分配桑田、麻田，使他們從事種植和絹麻生產，並對之收取賦稅，稅率比之前農民交給豪強的要少很多。成年男子死後，或者年滿70歲，可以將田地還給國家，桑田和麻田不用交還，可以永世使用。所謂「成丁授田，老死還公」。

顯而易見，均田制有利於增加朝廷的收入，便於國家管理百姓，但它觸動了朝中貴族和豪強的利益。在經過一番激烈的討論後，馮太后頂住壓力，站在改革派這一邊，堅定地支持新法實行。均田制實行後，非常大地調動了農民的生產積極性，促進了北魏經濟的發展，也為之後孝文帝大舉遷都洛陽，創造新的中華文明奠定了雄厚的經濟基礎。

官員有俸祿了，國家富強了，農民安心生產了，但國家人口問題仍未解決。於是，馮太后開出了她的第三個藥方：改革北魏的基層政權。北魏的政權是由少數民族——鮮卑族建立的，其傳統的部落體制以及中國北方自十六國以來連年的戰亂，形成了很多以豪強地主為主的「宗主」，這些宗主對依附自己的人口實行「宗主督戶制」管理，遇到國家徵收賦稅時，常常瞞報或隱匿人口，如此，國家的賦稅徵收和徵徭役、兵役就很困難。正如歷史學家所總結的：「魏晉戶口下降的原因雖有多方面，但根本的原因在於魏晉時期封建大土地所有制的發展，使大量戶口淪為私家的佃客。」[44]

西元486年，給事中李沖提出「三長制」的策略。所謂的三長制，就是規定五家為一鄰、五鄰為一里、五里為一黨，分別設定鄰長、里長、黨長，合稱「三長」，由本鄉能幹守法、有德行的人來擔任，三長負責管理戶籍，徵調賦稅，徵發兵役、徭役等。毫無疑問，三長制衝擊了貴族和宗主的利益，使得他們無法再隨便隱匿人口，因此這個制度引起朝中守舊勢力的極力反對。可想而知，此項改革阻力重重，但馮太后仍能力排眾議，

---

[44] 《中華的崩潰與擴大：魏晉南北朝》，[日] 川本芳昭著，余曉潮譯，廣西師範大學出版社，2014年1月版，序言。

毫不猶豫地支持李沖的做法。所以，西元 486 年，北魏宣布廢除「宗主督護戶制」，實行三長制。三長制推行後，國家賦稅增長，農民負擔減輕，北魏的國力得到進一步增強。

在長達 14 年的馮太后臨朝聽政時代，她還推行了其他有利於國計民生的政策，這些政策大多是廢除鮮卑族的落後制度，實施一些漢化措施和制度，譬如改革稅收制度的租調制，推崇儒家、貴族子弟接受漢文化教育等。馮太后在人生最後的 14 年中，銳意進取，大刀闊斧的改革北魏社會，碩果纍纍，意義重大。

俸祿制，制約了貪官汙吏，規範和發展了北魏官僚體制，開了北魏歷史的先河。均田制，限制了豪強、宗主兼併土地和人口，勸課農桑，鼓勵生產，既調動了農民積極性，又增加了國家稅收。均田制，遂成為後世沿用了幾百年的農業生產制度，其正向的意義不容小覷。三長制，打擊了宗主的勢力，加強了人口戶籍管理，還成為後世北齊、隋唐基層組織建構的基礎，其鄰長、里長、黨長，類似現在鄉鎮的鄉長、鎮長等。

十四年，（馮太后）崩於太和殿，時年四十九。其日，有雄雉集於太華殿。高祖酌飲不入口五日，毀慕過禮。諡曰文明太皇太后，葬於永固陵。日中而反，虞於鑑玄殿。（《魏書‧列傳第一》）

若說歷史上赫赫有名的孝文帝遷都洛陽後實行的改革，是全面漢化之舉，偏重社會習俗等改革，那麼，馮太后時代所進行的改革，則側重於政治體制和經濟體制的改革。政治改革，為北魏革除陳舊落後的行政體系，走向文明進步的方向；經濟改革，使北魏國力日益壯大，為孝文帝的遷都洛陽和實施全面漢化提供了強大的經濟基礎。

被史書稱為具備「經天緯地」之才的孝文帝是幸運的，幸運在他有一位精明強悍的改革家祖母保駕護航，馮太后能行大事，她用自己的身體力

行，改革北魏舊的風俗制度，為皇孫孝文帝的大規模改制掃除了部分障礙；不幸的是，這位在北魏政壇叱吒風雲的女強人，終有走完人生歷程的那一刻。

西元490年，49歲的馮太后逝世。那一日，北魏皇宮的太華殿中，忽然闖進來一隻光彩奪目的雄雞，牠昂首闊步、雄姿勃發，傲然之色似乎昭示著北魏馮太后作為一代雄主的不平凡一生，這不禁令人想起馮太后在長安出生時，天上曾經降下神光，預示著祥瑞。

神光也好，雄雞也好，似乎都在預示馮太后「大鵬一日同風起，扶搖直上九萬里」的遠大抱負和光榮夢想。心有多大，舞臺就有多大；舞臺有多大，夢想就有多大。作為國家這艘大船的實際掌舵者，強烈的責任感、使命感和榮譽感促使馮太后為實現國富民強，為北魏從落後封閉走向文明進步，為完成歷代君主的偉大追求而兢兢業業、孜孜以求，最終使北魏漢化、繁榮昌盛的夢想照進現實成為可能。

馮太后死後，諡號曰「文明」，史稱「文明太后」。

縱觀馮太后的一生，可知，出身漢族皇族的她心中對政治和權力有著天然的敏感與稟賦，涉足權力中樞後她為實現自己的政治夢想而銳意改革，自是必然。夢想就像一個金光閃閃的蘋果，要收穫它，需經過播種、抽芽、開花，才能得到纍纍碩果。馮太后一生經歷了奴婢、皇后、太后、太皇太后這四個身分跨越時段，這也正是她的夢想從無到有、從播種到收穫的階段。

〈題元魏馮太后永固陵〉

　　雲中北顧是方山，

　　永固名陵閉玉顏。

　　豔骨已消黃壤下，

荒墳猶在翠微間。
春深岩畔花爭放，
秋盡祠前草自斑。
欲吊孤魂何處問？
古碑零落水潺湲。

夢想如沉睡巨龍，喚醒即成非凡之力

未逢黃石書誰授，不墜青雲志自強

馮太后死後，被葬在首都平城（今中國山西大同）的方山，她的陵墓被稱作永固陵。偉大如女政治家馮太后，平凡如販夫走卒，在時間面前均是平等的。

人生在世，如白駒過隙，最長不過三萬多天，與悠久的歷史長河相比，個人的一生確實短暫，彷若蜉蝣。但即便短暫，即便輕飄，也是一個有靈性的生命因為有緣才能來這天地之間，怎樣才算不辜負這條忽即逝的生命與時間？「理想是指路明燈。沒有理想，就沒有堅定的方向；沒有方向，就沒有生活。」俄羅斯大文豪托爾斯泰（Tolstoy）這麼說。

理想，或者說夢想，即為我們生活的一盞指路明燈。畢竟，人，不單是為吃米而活著的。所以，夢想還是要有的，萬一實現了呢？實現夢想的途徑有千萬條，但大多都離不開自我力量、外部協助和機緣湊巧的完美組合。所謂內因、外因、機遇，乃是實現夢想的三大關鍵力量。要實現夢想，自我的水準和能力是永遠排在第一位的。

第四章 夢想篇 文明馮太后：讓夢想成為現實的燈塔

創造堅實的能力，首先需要的是天賦和熱情。大千世界，異彩紛呈。每個人都有自己的夢想，或大或小，或顯或隱，或高尚或卑微，每一個夢想即使再微小，也值得尊敬和敬仰，因為每個人的天賦和家族教育不同。文明馮太后作為北燕皇族的後裔，天然地擁有政治敏銳性和判斷力，這裡既有基因遺傳，亦是家族教育的功勞。她的父親馮朗，早年間在北魏官至秦、雍二州刺史，家裡官宦氣息濃厚；她的姑母馮昭儀，於深宮中就教育馮太后知書達理，宮中禮儀、皇家傳說、國家大事乃至鬥爭手段，對年幼的馮太后亦有潛移默化的薰陶；以及嫁給文成帝，陪伴丈夫紓解苦悶；輔佐兩代年幼的皇帝臨朝聽政，這一切，既很大地激發和磨練了馮太后敏銳而宏遠的政治天賦，又為她日後走向朝堂展現政治才能奠定了基礎。可以說，馮太后有成為政治家、改革家的天賦和環境。

夢想的力量是致命的，因為追求夢想的人，大多滿懷熱情，為了心中的信念，奮不顧身、向死而生的情況絕不少見。馮太后因為和丈夫情深義重而選擇「燒三殉情」，歷史上在和平時期還沒有哪個皇后在丈夫死後，願意主動燒死來殉情的，馮太后這驚世駭俗的殉情方式，既是對夫妻情誼的深深眷戀，更是她充滿熱情，展現她願意為一切值得奉獻的事物獻身的積極態度。所以，才有了往後歲月裡她孜孜以求的改革熱情，與天子共同憂國憂民的仁慈情懷。

胸懷夢想的人，誰也惹不起，他的熱情可以點燃別人，更能燃燒乃至吞噬自己。所謂春蠶到死絲方盡，蠟炬成灰淚始乾。正因為如此，他們離夢想的距離，會近一點，再近一點，更近一點。若說天賦和熱情是創造自我堅實能力的一個引爆點，奉獻和奮鬥則是燃燒的過程，是實際的行動，是毅力的展現。夢想是光，是星辰，是大海，既然選擇了遠方，就要風雨兼程。

《魏書・列傳第一》記載，馮太后「性儉素，不好華飾」、「多智略，猜

忍」。這種樂於奉獻的精神和隱忍堅韌的性格,在她的為人處世中表現得淋漓盡致,對她日後能行大事,乃至青史留名,大有裨益。譬如,她撫養獻文帝和孝文帝兩代皇帝,不辭辛勞,盡心盡力,盡量做到親生母親所能做到的一切。在與獻文帝恩斷義絕之後,她更加注重對孝文帝的素養教育,除了時常考查皇帝的學習進度,還親自寫出長達三百餘章的〈勸戒歌〉和十八篇〈皇誥〉,以教育年幼的孝文帝如何做事做人。馮太后的無私奉獻得到了完美的回報,她一手教育出來的孝文帝被後人評論為「有舜、文王之姿」。

馮太后本性隱忍堅韌,丈夫死後,獻文帝年幼登基,太原王乙渾欺負他們孤兒寡母可憐無靠,遂有謀逆篡位之心。當時,尚在養傷,同時也在積蓄力量的馮太后只能選擇隱忍,耐心等待時機成熟時給對手一記猛擊。果然,機會來了,在乙渾將朝野上下鬧得雞犬不寧時,馮太后聯合朝中忠於拓跋氏的大臣,密定大計,迅速出手,將尚未反應過來的叛黨集團一舉拿下,並誅滅他們的三族。手段不可謂不快、不準、不狠。這,便是隱忍的力量。

反觀獻文帝,自14歲親政後便顯露出自己的桀驁不馴,不僅誅殺馮太后的情人李奕,還在朝廷上削弱她的政治勢力,最終激怒這位女強人。馮太后不僅迫使獻文帝讓出皇位,還果斷地以一杯毒酒提前結束了獻文帝年輕的生命。於成大事者而言,隱忍,絕對是一種高貴的品格。

從一個懵懂的小婢女,成長為「及登尊極,省決萬機」的太皇太后,馮太后非常清楚,幸福和夢想都要靠自己的奮鬥得來。為夢想而奮鬥過程中,有跌倒和挫折,也有希望與成功,正如她在每次的人生關頭所體會到的,幸運與不幸總是相伴而來。

14歲之前的童年時期,她的不幸是父親慘死,兄長逃亡,自己被罰做

第四章 夢想篇 文明馮太后：讓夢想成為現實的燈塔

苦役，生活可謂啞巴吃黃蓮——有苦說不出。幸運的是，得遇姑母馮昭儀的悉心撫養教育和常太后的幫助。很難說，這不是馮太后聰明伶俐、慣於察言觀色的結果。小小年紀的她，已然懂得尋求姑母和常太后這兩棵大樹的庇護，在宮中是最安全、最穩妥的。

14歲到25歲，在皇帝丈夫身邊的日子，她的不幸在於「結髮為夫妻，恩愛兩不疑」的伴侶驟然離世，留給她的是「此恨綿綿無絕期」。幸運的是，她身為皇后，知書達理，聰明穎悟，不僅能做到為丈夫出謀劃策，還讓自己增長了見識，鍛鍊了政治智慧。這源於她積極向上的生活態度，更得益於她時刻不忘學習，有著胸懷大志的有心人的高遠追求。於是，穩坐皇后寶座，並贏得朝野上下一片讚譽的是她，而不是別的嬪妃。

25歲到36歲，在兒子獻文帝身邊的日子，她的不幸在於母子反目為仇，以致不得不發動宮闈之變。幸運的是，她密定大計誅殺乙渾，成熟的政治手腕已露端倪，並且抓住第一次臨朝聽政的機遇，興辦儒學，為之後的漢化改革鋪平道路。這不僅是簡單的小試牛刀，更是她一步一步靠奮鬥和抗爭獲得的夢想之花。

36歲到49歲，在孫子孝文帝身邊的日子，她的不幸在於未曾生育一兒半女，費盡心機將哥哥馮熙的四個女兒全送到孝文帝的後宮，兩個被封為皇后，兩個被封為昭儀，但姪女們也不曾生育，馮家在皇宮後繼無人，日漸衰落。幸運的是，她得遇事業最輝煌的鼎盛時期，站在為夢想奮鬥的前端，大刀闊斧、披荊斬棘地進行了北魏歷史乃至中國歷史上赫赫有名的「太和改制」。西元483年，實行俸祿制；西元485年，實行均田制；西元486年，實行三長制。幾乎是每隔兩年就有一個大變革。在這三板斧的激勵作用下，北魏國力蒸蒸日上，遂使孝文帝萌生遷都洛陽、建中華帝國、做中華皇帝的念頭。當改革結出碩果，夢想成真時，可曾有人想過，馮太后以柔弱的身軀，為這盛世在背後付出多少心血，扛住多少壓力。畢竟，

改革是吐故納新、推陳出新，是改造一個舊世界，融入一個新世界。更重要的是，改革是權力和社會資源的重新分配，保守派、頑固派等既得利益者是堅決反對的，其派系鬥爭的激烈程度，相信1,500多年後進行「戊戌變法」卻鎩羽而歸的光緒帝對此深有感觸。

北宋文學家蘇軾說：「古之立大事者，不唯有超世之才，亦必有堅忍不拔之志。」說的就是奮鬥的艱辛、毅力的難得。為幸福而堅持，為夢想而奮鬥，一步一個腳印，一步一個小目標，最終抵達夢想的桃源仙境。儘管曲折而孤獨，儘管風雨如晦且荊棘遍布，但馮太后做到了。所以，她流芳百世、名垂青史，為孝文帝以及後世的男性皇帝所敬仰。她，被稱為「千古第一后」。

上下同欲者勝，風雨共舟者興

春秋時期著名軍事家孫武在其《孫子兵法》中指出五種情況下戰爭能取得勝利，其中有一條即「上下同欲者勝」，即上下有共同的願望，共同努力，齊心協力，才能取得勝利。在追逐夢想的旅程中，除了自我擁有堅實的水準和能力，外部的因素、團隊的力量，同樣非常重要。

團隊的力量中，既有知音，也有幫手，還有繼承者。這些都可以成為個人夢想實現的助燃器，其強大的助推作用，不容小覷。

追夢，有時難的不是抵達遙遠的彼岸，而是無人理解、無人幫助的苦悶。所幸，馮太后沒有如此煩惱。她的追求和夢想，皆是為北魏革除弊政，逐漸打破少數民族和漢族的壁壘，讓北魏漢化程度更深，離文明和強大更近。這些也是歷代皇帝所孜孜以求的，因此她不缺乏知音，她和丈夫文成帝心心相印，共度時艱，互相鼓勵，彼此扶持；她也不缺乏繼承者，兒子獻文帝儘管不孝，與她爭權奪利，卻也在積極開疆拓土，北伐柔然。

第四章 夢想篇 文明馮太后：讓夢想成為現實的燈塔

　　最讓馮太后欣慰的，當屬她的改革事業的繼承者——孝文帝拓跋宏。把持朝政長達14年的馮太后死後，孝文帝才親政，這個馮太后一手養育和調教出來的皇帝，雖然親政時間只有9年，但他完成了兩項壯舉，一是在西元493年將都城從平城遷到洛陽，意欲一統海內；二是繼續完成馮太后未盡的改革事業，全盤漢化北魏的社會改革。改革和遷都幾乎同時進行，要求鮮卑貴族全盤漢化的內容包括：說漢語，著漢服，改為漢姓，與漢族通婚，使用漢族的度量衡，死後葬在洛陽的邙山。可以說，一個人從出生開始學說話，到結婚生子，直至死後安葬，都得遵照漢族禮制。這是對北魏這個鮮卑族人建立的少數民族政權的全面改革，具有民族大融合的意義，因為在整個社會的漢化過程中，作為少數民族的鮮卑族像鹽一樣融化在漢民族的水中。歷史學家說：「拓跋宏成功了。他其實已是中華皇帝，雖然也只有半壁江山。但他開創了一種可能性，那就是由胡漢混血的北方來統一中國，從而建立新的中華文明。這就是鮮卑人的歷史功績。」[45] 所謂「新竹高於舊竹枝，全憑老幹為扶持」，這樣的歷史功績，馮太后亦應有份。

　　俗話說，三個臭皮匠，勝過一個諸葛亮。成就一番大事業的人，單打獨鬥不可行，往往落得事業未成身先死的下場。閱盡歷史人物的史學家得出結論：「尤其做一番大事業的人，必有與之相輔之士。」

　　無論馮太后，還是孝文帝，他們能不避忌諱、不計前嫌地始終如一對待有功之臣李沖以及其他漢族能臣，是因為作為國之掌舵者，他們深深明白一個道理：單絲不成線，獨木不成林，要想成就不世之偉業，上下同欲者勝，風雨共舟者興。與偉大的強國夢想相比，一些個人作風汙點，一些個人感情恩怨，或可不計。

---

[45]《南朝，北朝》，易中天著，浙江文藝出版社，2016年3月版，第80頁。

好風憑藉力，送我上青雲

機遇就像氣球，飄到你的頭頂，若不趕快抓住它，瞬間它就會飄到其他地方。聰敏的、做好內外各種準備的人，一旦發現氣球的苗頭，即刻就伸手抓住；遲鈍的，只會埋頭苦幹，不肯抬頭看路，累死團隊和自己的人，只能望球興嘆，眼看著機遇越飄越遠。「君子藏器於身，待時而動」，說的就是這個道理。這個「時」，既指大時代，也指小時代，還可以是「我時代」。

眾所周知，自東漢末年，爆發黃巾軍起義，群雄爭霸，到隋朝的楊堅統一全國，建立隋朝，這中間的三國魏晉南北朝時期是中國歷史上分裂時間最長的時代，故被稱為亂世。在這 300 多年的亂世中，政權更迭頻繁，社會動盪不安。整個魏晉南北朝，除了東晉和北魏存在的時間超過 100 年外，其餘的王朝壽命都不長。南方的宋、齊、梁、陳四代，最長的劉宋立國有 60 年，最短的蕭齊才 23 年。這，就是馮太后所處的亂世大時代。

幸運的是，馮太后恰好生活在北魏這個有著 100 多年歷史的北方王朝。當時，北魏經過道武帝拓跋珪、明元帝拓跋嗣、太武帝拓跋燾等幾任皇帝的前仆後繼，開疆擴土，勵精圖治，已經成為一個疆域廣闊、國力強大、政權穩定的國家。馮太后在歷史上甫出場，面對的不是國家分裂動盪的局面，而是秩序井然、朝政平穩、人心安定的較為和平的時代。儘管在北魏邊境還有柔然的屢次侵擾，但顯然已撼動不了北魏的國本。因此，馮太后可以不必過於擔憂軍事上衝鋒陷陣、攻城略地之事，而是將精力集中在北魏的經濟和政治改革事項上。每個人都應做自己擅長的事，以物盡其用、人盡其才。於是，在北魏的改革試驗田裡，馮太后長袖善舞，左提右挈，既充分施展了自己的政治天賦與才華，又順應歷史潮流，實現了自我和國家的光榮與夢想。

與幸運的馮太后相比，南朝的那些皇帝就相對遜色得多。南朝的劉宋，宋文帝劉義隆，在位30年，治理得當，政權穩定，社會繁榮，開創了歷史上有名的「元嘉之治」。然而，拓跋燾的鮮卑鐵騎揮師南下，飲馬長江，沒用多長時間，就將富庶繁華的劉宋國土踐踏得一塌糊塗，元嘉之治的盛世瞬間便灰飛煙滅。

宋文帝死後，劉宋皇室開始了無休止的內鬥，國家陷於混亂狀態。宋孝武帝劉駿，在位11年，本應奮發圖強，努力復興劉宋王朝的輝煌，但他大殺宗室成員，導致劉宋漸漸走向衰落。劉駿死後，他的兒子劉子業繼位，這就是歷史上有名的荒淫皇帝——前廢帝；之後，「豬王」劉彧殺了劉子業，成為宋明帝；宋明帝劉彧死後，他的兒子劉昱繼位，因太過荒淫、殘暴無道，在一個中秋月圓夜被身邊的人殺死。西元479年，老奸巨猾、功高震主的蕭道成，廢黜了劉宋的最後一位小孩皇帝劉準，登上皇位，建立齊國，史稱「蕭齊」。

自劉義隆去世的西元453年，到蕭道成稱帝的西元479年，南朝這邊的26年時光，都浪費在宮廷鬥爭和改朝換代的政局動盪中。而在這26年，北朝的馮太后，經歷了文成帝、獻文帝兩個朝代，政權平穩，社會安定，透過第一次臨朝聽政，已逐漸付諸實施自己的政治抱負。

及至蕭齊政權建立，齊高帝蕭道成在位僅4年就駕崩了。他的兒子蕭賾繼位，史稱齊武帝。齊武帝是一位明智的皇帝，他在位11年，多辦學校，提倡節儉，整頓吏治，發展經濟，遂使蕭齊出現盛世「永明之治」。更重要的是，他還和北魏交好，雙方的邊境比較安定。這一有利條件，對北魏的馮太后來說，更是難得的發展機遇。自蕭齊建立的西元479年，到齊武帝去世的西元493年，正是北魏進行大刀闊斧改革的關鍵時期，當時，馮太后的「太和改制」正在北魏如火如荼地進行著。

在內部安定，鄰國內亂時，第一次臨朝聽政，登上政治舞臺；在內外互通友好、中外寧和時，第二次臨朝聽政，實施各種大刀闊斧的經濟和政治改革措施。這是北魏的幸運，更是馮太后的幸運。

　　幸運的，不僅是大時代，還有小時代。北魏朝廷現狀就是馮太后的小時代。當時，丈夫文成帝英年早逝，繼位的獻文帝才12歲，年幼的皇帝只能仰仗成熟睿智的馮太后，遂給了她進入權力中樞的機會；及至不聽話的獻文帝被一杯毒酒解決掉性命後，繼位的孝文帝才5歲，更是幼稚無知，這時的馮太后老謀深算、運籌帷幄，她不會讓母子失和的悲劇重演，也就不會將權力下放給孝文帝，只能自己緊握權杖，架空皇帝，直到生命最後一刻。可以說，正是北魏歷史上的兩位幼主繼位了，導致出現權力真空，才讓馮太后這個深宮女人得到一次又一次掌權改革的機會，正所謂「時勢造英雄」。女人，亦有英雄的夢想。

　　時代選擇了馮太后，北魏選擇了馮太后，聰明的馮太后自己更是嗅覺敏銳地抓住這些歷史賦予她的機遇，打造出了屬於女政治家、女改革家的「我時代」。

　　在「我時代」，多年的政治生涯告訴她，改革和發展才是真理。若想北魏國力強大，沒有經濟實力，是不可能的，因此，她實施均田制、租調制，增加國家賦稅收入。若想使北魏擺脫少數民族落後、封閉的制度，達到漢民族的文明程度，不進行漢化是不可行的，因此，她改革官吏體制，改革基層政權。她提倡儒學，讓鮮卑貴族子弟和皇室成員從小接受儒學教育，因為這些人將來都是管理國家的棟梁，先進文明的儒學教育要從小開始。可以說，馮太后具備女政治家的睿智和前瞻性，也有著女改革家的魄力和手段，無怪乎她能以漢族女子的身分在一個少數民族政權裡開創出獨屬於馮氏的「我時代」。

好風憑藉力，送我上青雲。正是在各種歷史風潮的機緣巧合下，早已練就一身真本領的馮太后，猶如棲息在梧桐樹上的鳳凰，在漢族能臣、知音、繼承者等人共同輔佐下，一飛沖天，一鳴驚人，成就不世偉業。誰能想到，多年前，她還是一隻流離失所、苦苦哀鳴的「麻雀」呢。

革新與堅韌的雙面詩篇

革故鼎新，在男性的領地橫衝直撞

在歷史的長河中，掀起驚濤駭浪、引領時代潮流的大多為男性，他們果敢堅毅、足智多謀，往往成為王朝的奠基者、毀壞者和社會的中流砥柱。但不可否認的是，有那麼一些女性，像北魏文明馮太后一樣，她們不甘心成為男人背後的無名女人，不滿足於閨房和院落內狹窄天地的井底之蛙生活，越過高高的圍牆和古老的成見，她們將眼光和視野投入更為廣闊的世界，那是男性的固有領地，她們嘗試著在這嶄新的天地間縱橫馳騁、獨領風騷，實現屬於傑出女性的事業和夢想。這夢想，關乎軍事，如「娘子軍」領袖平陽公主；關乎政治，如至尊紅顏武則天；關乎文學，如「千古第一才女」李清照；亦關乎革命，如革命家秋瑾。

當改朝換代風起雲湧之際，平陽公主沒有依靠丈夫的保護和父兄的救濟，自建娘子軍，威震隋唐，以嬌滴滴的千金之身引領女將軍風潮。

當14歲的武則天將踏入皇宮時，母親楊氏擔心女兒不適應皇宮森嚴的遊戲規則因而哭哭啼啼，武則天反而安慰母親，楊氏遂不哭。史實證明，武則天的夢想豈止是見天子，她還要取而代之成為一代女皇，前不見

古人，後不見來者。

「乃知詞別是一家，知之者少」，李清照在〈詞論〉一文中這麼說。她在詞這個領域裡取得如此優異的成就，以致於一些男性詞人都追不上；她基於豐富的學習和創作實踐提出精到的文學理論，於女作家中實乃翹楚。

「拚將十萬頭顱血，須把乾坤力挽回。」秋瑾的詩句總能見刀見血，和她為之奔波的革命實踐活動相互呼應。她的事業是推動中國婦女解放，她的夢想是推翻腐朽落後的清政府，可惜出師未捷身先死，長使英雄淚滿襟。

煌煌 5,000 年歷史，在各自領域有所建樹、做出突出貢獻的事業型女性尚有許多，以上 4 位僅為其代表。此管中窺豹，已可見女性可為之終生奮鬥的夢想除了家庭與婚姻、丈夫和孩子，尚有更為遼闊的領域可供馳騁、可供發揮。突破傳統，大膽實踐，打開先鋒，她們皆為女子不走尋常路的榜樣，正可謂「休言女子非英物，夜夜龍泉壁上鳴」。

值得一提的是，歷史長河中還有眾多的歷代賢后和普通女子，她們或許不曾建立豐功偉業，但做個孝順的女兒、忠貞的妻子、盡職的兒媳、自我犧牲的母親，必要的時候，還可為丈夫分憂解難，或替他承擔起維護家族運轉的重任，這些皆可為她們的人生夢想。這樣的夢想，天下女子守護、實踐了兩千多年，至今還在堅守；這樣的夢想，純樸簡單，平凡庸常，但不代表它們可被貶低、鄙夷。夢想本無高低貴賤之分。普通如你我的她們，名字或許不入彤管之書、不沾青史之筆，小小的人生夢想卻是真實存在過的。

這個女人不尋常：千秋功過，任人評說

毋庸置疑，北魏馮太后是位傳奇女性，她生於貴族之家，身為北燕皇族後裔卻在一夜之間成為仇敵北魏宮廷的一名後宮婢女；而後，靠著頑強

的毅力和聰明才智,她從女奴奮鬥到貴人、皇后、皇太后,乃至成為掌管北魏國脈和命運的唯一女主角,登上權力的巔峰。她的身上既有普通女子恪守婦人之道的平凡夢想,也有在權力漩渦裡與男性一較高下的建功立業的夢想。這個女人不走普通的路,因而她的功過是非也顯得頗為複雜。

高宗崩,故事:國有大喪,三日之後,御服器物一以燒焚,百官及中宮皆號泣而臨之。后悲叫自投火中,左右救之,良久乃蘇。(《魏書・列傳第一》)

馮太后本是賢妻,她與文成帝拓跋濬惺惺相惜,患難與共,本可恩愛一生,白頭偕老,誰知拓跋濬英年早逝,留下馮太后在後宮形單影隻。多情而倔強的馮太后便如天下忠貞剛烈的列女一般,在丈夫的葬禮上試圖殉情。

實則,丈夫死後,妻子自殘乃至殉情是傳統社會古老的表明忠貞意願的一種陋習,二十五史的列女傳中屢有記載。例如,鉅鹿魏溥的妻子房氏。她是慕容垂統治時貴鄉太守常山房湛的女兒,幼有烈操。她16歲時,丈夫魏溥就病死,即將收殮,房氏突然拿起刀割掉自己的左耳,扔到丈夫的棺材中,說:「鬼神有知,九泉之下見。」她血流滿面,神情堅毅,旁觀者無不為之哀懼。婆婆劉氏也不哭了,問她:「媳婦你為何要這樣?」房氏回答道:「媳婦我還年輕,不幸早寡,實在是擔心父母不體諒我對丈夫的用情至深(逼我改嫁),此舉乃是我表明自己的志願。」聞聽者莫不感慨悲愴。房氏活到65歲去世。後來,北魏獻文帝時期的光祿大夫高閭對房氏此舉評論道:「爰及處士(魏溥),邁疾夙凋,伉儷秉志,識茂行高,殘形顯操,誓敦久要。」(事見《北史・列女傳》)但不同的是,馮太后「燒三殉情」是出於真心真情。後來在臨朝執政時期發展李奕、王叡、李沖三位美男子做自己的情人,亦是史實。

太后行不正，內寵李奕，顯祖因事誅之，太后不得意。顯祖暴崩，時言太后為之也……王叡出入臥內，數年便為宰輔，賞賚財帛以千兆計，金書鐵券，許以不死之詔。李沖雖以器能受任，亦由見寵惟幄，密加錫賚，不可勝數。(《魏書·列傳第一》)

馮太后本想做個良母，卻對兒孫們每每皆下狠手乃至置之死地。獻文帝的母親李氏被賜死後，她親自撫養獻文帝，把他扶上皇位，後來卻因權力爭鬥和一己私欲而將獻文帝毒死；孫子孝文帝出生後，馮太后躬親撫養，卻對這個聰明的孩子抱有戒心，一度試圖餓死他。

太后外禮民望元丕、遊明根等，頒賜金帛輿馬，每至褒美叡等，皆引丕等參之，以示無私。又自以過失，懼人議己，小有疑忌，便見誅戮。迄後之崩，高祖不知所生。至如李訢、李惠之徒，猜嫌覆滅者十餘家，死者數百人，率多枉濫，天下冤之。(《魏書·列傳第一》)

馮太后有時對身邊人仁慈寬厚。她身體抱恙時，掌管膳食的侍從糊里糊塗地端來一碗粥，沒想到裡面卻有一條小蟲子，馮太后毫不介意，把蟲子挑開就喝了。在一旁侍奉的孝文帝不滿意，大發雷霆，欲將侍從治罪，太后笑著阻止了他。但有時，馮太后待侍從和官員卻苛刻至極，左右之人稍有差錯即被鞭打數百下，少的也有數十下。

在北魏歷史上，馮太后兩度臨朝聽政，選取良臣（相繼任命高允、李沖等為中書令），任用武將（提拔劉尼、源賀等），紮實地為國家辦實事：經濟上，實行均田制、租調制，增強北魏國力；政治上，下達「班俸祿」詔書，整頓吏治；文化上，大興教育，提倡儒學，實行一系列漢化措施，廢除鮮卑族的一些落後制度，加速了北魏的文明過程。與此同時，馮太后在政壇這塊男性傳統領地上銳意改革、奮力拚殺、實現夢想的間隙，也沒忘記壯大馮家在朝廷和後宮的實力。前文述及，因家道中落，馮太后與

哥哥馮熙自幼失散,她當上皇后之後便派人尋訪哥哥,找到後許他高官厚祿,使馮熙在朝中權勢顯赫。不僅在前朝,在後宮也要培養馮家的勢力,在她的運作下,孝文帝先後娶了馮熙的三個女兒,其中兩個還被封為皇后。

值得一提的是,西元1920年於中國洛陽出土的一方墓誌,其墓誌銘曰〈魏故樂安王妃馮氏墓誌銘〉,中有「父熙,和平四年蒙授冠軍將軍肥如侯……妃諱季華,長樂郡信都人也。太宰之孫。太師之第八女」字樣,可知,此墓誌的主人樂安王妃馮氏是馮熙的第八女馮季華。這份墓誌銘還詳細介紹了馮季華的七個姐姐的婚姻情況,「長姊南平王妃。第二第三姊並為孝文皇帝后。第四第五姊並為孝文皇帝昭儀。第六姊安豐王妃。第七姊任城王妃」。由此可知,馮熙的四個女兒都被納入北魏孝文帝的後宮,其中二女、三女為皇后,四女、五女為昭儀。這與《魏書‧列傳第七十一》的記載「高祖前後納熙三女,二為后,一為左昭儀」有出入。一般來說,墓誌銘在稱讚墓主品德方面或有溢美之詞,但其陳述的家庭關係和婚姻情況乃事實,為當時的撰寫者和親人所熟悉,不會有誤。故而可知,馮太后曾將4個姪女都送進孝文帝的後宮,抱著多多益善的心態來壯大馮家勢力。

(馮太后)使人外訪,知熙所在,征赴京師,拜冠軍將軍,賜爵肥如侯。尚恭宗女博陵長公主,拜駙馬都尉。出為定州刺史,進爵昌黎王。顯祖即位,為太傅,累拜內都大官。高祖即位,文明太后臨朝,王公貴人登進者眾。高祖乃承旨皇太后,以熙為侍中、太師、中書監、領祕書事。……高祖前後納熙三女,二為后,一為左昭儀。由是馮氏寵貴益隆,賞賜累鉅萬。(《魏書‧列傳第七十一》)

可惜,馮熙的女兒們缺乏姑母的魅力和才能,在後宮表現不佳:兩個女兒早卒;一個女兒被自己的親姐姐奪走恩寵,在佛寺出家,孤獨終老;最後一個小馮氏被立為皇后,仗著自己得寵,在孝文帝南征期間,與中官高菩薩

私通，遭人舉報後被幽禁。孝文帝駕崩，留下遺詔賜死馮皇后。此時馮熙已死，馮太后早年苦心經營、試圖光復馮家榮耀的關係網遂土崩瓦解。

綜上可知，馮太后曾是忠貞的賢妻，卻也私通三位美男子；曾是盡心的良母，卻對兒孫一再下毒手；曾待人寬容仁慈，卻也猜忌成性，釀成冤案；曾為北魏的文明進步做出重大貢獻，卻也懷有私心大力扶植外戚勢力。大概基於她早年的不幸遭遇和漢族教育背景，她和普天下平凡女性一樣，本想做個賢妻良母，過著相夫教子的生活，誰知丈夫去世，局勢不穩，國運堪憂，她被迫成長為心狠手辣、心機深沉的權謀家，又因緣際會，成為打開「太和改制」先風的傑出政治家。女改革家，最終成為她身上最為顯著的標籤，正所謂「橫空出世，莽崑崙，閱盡人間春色。飛起玉龍三百萬，攪得周天寒徹。夏日消溶，江河橫溢，人或為魚鱉。千秋功罪，誰人曾與評說？」（〈念奴嬌·崑崙〉）。

結語

如東方智者紀伯倫（Jubran）所說：「我寧可做人類中有夢想和有完成夢想的願望的、最渺小的人，而不願做一個最偉大的、無夢想、無願望的人。」夢想是偉大的、高尚的，不論她是革故鼎新的女英雄，還是恪守婦人之道的賢妻良母，有夢想的每個人都了不起。

長風破浪會有時，直掛雲帆濟滄海。夢想需要培育、實踐，踏實完成每個小目標，方能收穫纍纍碩果。人生最精彩的不是實現夢想的一瞬間，而是堅持夢想的過程。

如西方文豪雨果所說：「讓自己的內心藏著一條巨龍，既是一種苦刑，

也是一種樂趣。」有夢想的女人，不忍虛度流年，不願意浪費生命。這是她的初心。不忘初心的人，既可以忍受內心巨龍的掙扎和折騰，也有堅持不懈、直至彼岸的決心和行動。這是人活著的意義、夢想家的使命。

有夢想的女人，不會陷於家長裡短、宮鬥內鬥，不會糾結於眼前短暫的福禍得失，不會迷失於日常瑣事小事的糾纏，她必定目光遠大，胸有藍圖；她必定神情堅定，行為隱忍；她必定審時度勢，猛抓機遇；她必定內心充實，鵬程萬里。她的夢想是火，是燈塔，是巨龍，深邃而有價值，值得追求。

夢想是火，點燃人類所有的熱情，照亮黑暗中風雪夜歸人奔波的路。要想獲得火種，就得像普羅米修斯一樣，有勇氣、有毅力、有奉獻精神地忍受每天心臟被啄食又長出的煎熬，奮鬥吃苦在前，享受遊樂在後。

夢想是燈塔，指導人類前進的方向，吸引在茫茫大海中航行之人向它奮進，船上，有她的親人、同伴、知音，更多的是她的幫手。

夢想是巨龍，在等待合適的機會，時機成熟，終有衝破束縛，猛嘯出水的風姿。潛龍在淵，是苦刑；飛龍在天，方喜樂。

尾聲

柔肩擔江山，裙釵爭風流。

西元528年，鮮卑族人建立的北魏，黃河岸邊，陰風怒號。一位太后，被權臣爾朱榮拋入黃河淹死。太后生前享盡榮華富貴，生下兒子，皇帝破格為她廢除了「立子殺母」的祖制，她成為北魏第一個未被處死的太子之母。兒子年幼，她臨朝聽政，過了當皇帝的癮，她成為歷史上第一個自稱「朕」的女人。再度臨朝聽政後，她淫亂後宮，毒死親生兒子，拿一

個女嬰冒充皇子即位。種種倒行逆施終於為北魏招來滅頂之災，她本人亦被滾滾黃河水吞沒；死後，屍骨無人收留，她的妹妹只能將其安置在寺廟。她，就是北魏的胡靈太后。

西元 986 年，契丹族人建立的遼國，太行山下的陳家谷，《楊家將》裡的楊業被俘，他堅持不投降，絕食三日而死。極力主張勸降他的是遼國的太后。18 年後，這位太后促成了和宋真宗的談判，兩國達成澶淵之盟，之後，宋遼之間出現和平共處局面。這位太后從小就聰明伶俐，小時父親讓她們幾個姐妹打掃屋子，其他姐妹都草草了事，唯有她認真仔細地將屋子打掃得很乾淨，大有「一屋不掃何以掃天下」之志。兒子年幼，她以太后身分臨朝稱制，改革少數民族政權遼國，遼國國力因此大增。這位太后，就是遼國的蕭綽，赫赫有名的蕭太后。

西元 1908 年，滿族人建立的清朝，在故宮中南海的瀛臺，主張「戊戌變法」的光緒皇帝一命嗚呼；一天後，故宮儀鸞殿中，阻止變法的一位太后亦駕鶴西遊。西元 2008 年，人們用現代高科技手段檢測了光緒皇帝的衣物、骨頭和頭髮，得出結論：他死於砒霜中毒，且毒藥劑量很大。至此，一直甚囂塵上的太后害死光緒皇帝的傳說似乎塵埃落定。這位太后，不僅阻攔變法，幽禁皇帝，還一次次挪用軍費為自己修建園林和祝壽，因此她的每一次祝壽，都與割地賠款有關：50 歲生日，先丟琉球，中法戰爭中又丟了交趾；60 歲大壽，甲午戰爭爆發，割了臺灣；70 歲壽辰，日俄戰爭，東北三省處境危險。這位太后，就是清朝的慈禧太后。

據說，〈敕勒歌〉最初是用鮮卑語傳唱的：「敕勒川，陰山下。天似穹廬，籠蓋四野。天蒼蒼，野茫茫。風吹草低見牛羊。」

真的是，風吹、草低、見、牛、羊！

—— 本篇完 ——

第四章 夢想篇
文明馮太后：讓夢想成為現實的燈塔

第五章　選擇篇

李祖娥：翻轉人生的抉擇之路

第五章 選擇篇

李祖娥：翻轉人生的抉擇之路

引子

　　西元439年春季的一天，北魏都城平城的皇宮裡，一場激烈的辯論正在緊張地進行著。辯論的雙方均為漢族高官，一方為出身名門望族清河崔氏的崔浩，一方為出身高門世族趙郡李氏的李順。裁判，則是當朝國君、鮮卑族的一代雄主太武帝拓跋燾。辯論的焦點在於是否該征討北涼。

　　太武帝對李順非常信任，派遣他出使涼州（北涼）總共12次，「順凡使涼州十有二返，世祖稱其能」。因此他對北涼情況最清楚，只聽他字斟句酌地說：「皇上，依臣多年的觀察，涼州地界地勢險惡，兼之缺少水草，不利於我軍大規模地征討。」聞聽此言，一心想征服北涼、統一北方的拓跋燾失望地低下頭，沉思不語。片刻之後，他似乎不死心，轉向一旁的崔浩問道：「你怎麼看？」

　　崔浩，歷仕北魏拓跋珪、拓跋嗣、拓跋燾三任皇帝，被稱為北魏第一謀臣。同為漢族高官，他卻一向與李順面和心不和。只聽他高聲反駁道：「臣看到《漢書‧地理志》中講到，涼州的畜產，天下最為富饒。如果那邊缺少水草，涼州的百姓怎麼生存呢？」

　　「你胡說，你又沒有去過涼州，怎麼敢如此口吐狂言？別忘了，我可是出使涼州12次的人。」李順憤怒地駁斥道。

　　「你不願意讓我大魏軍隊征討涼州，是因為你收受了涼州國王的賄賂，你以為這樣就能矇蔽我們嗎？」崔浩反唇相譏道。

　　於是，你一言我一語，兩人在朝堂上爭吵起來。戰還是不戰？拓跋燾面臨兩難選擇，他為難地看著兩個平日裡穩重老練的大臣，此刻都變成了好鬥的公雞，爭得面紅耳赤。正在這時，只見一個宦官急匆匆跑過來，啟奏道：「皇上，武威公主病危，派人來求救。」

　　「怎麼回事？公主不是一直好好的嗎，怎麼突然病危了？」朝中大臣

議論紛紛。拓跋燾更是焦急萬分，武威公主是他的親妹妹，兩年前，為了拉攏北涼，他做主將公主嫁給北涼的國王沮渠牧犍。為此，沮渠牧犍還特地派人送來黃金100斤、良馬500匹，以示感謝。沒想到，兩年未見的妹妹竟然要與自己陰陽兩隔了。拓跋燾下令追查此事。

原來，北涼國王沮渠牧犍迎娶武威公主後，起初兩人還相敬如賓，十分恩愛，時間長了，新鮮感過去後，沮渠牧犍就不把武威公主放在眼裡了，開始貪戀別的女人。過分的是，他勾搭的這個女人李氏，竟然是他的嫂子。沮渠牧犍本是匈奴人，對漢族「叔嫂不通問」的儒家倫理不大看重，也算正常。更過分的是，這個美豔的嫂子李氏，不僅和沮渠牧犍勾搭成奸，還和他的兩個弟弟沮渠無諱、沮渠安周打得火熱，成為這兄弟三人共同的情婦。

俗話說，色字頭上一把刀。淫亂從來都與圖財、害命如影隨形。淫蕩的李氏，為了能和沮渠牧犍兄弟三人長久地鬼混在一起，早就看武威公主不順眼，一直在找機會除掉這個眼中釘。不久，機會來了。西元439年的一天，李氏趁人不備，將毒藥悄悄地撒在武威公主的飯菜裡。武威公主吃完飯後，突然痛得滿地打滾，身邊伺候的宮女嚇壞了，趕快向國王沮渠牧犍報告。誰知沮渠牧犍早就對北魏壓制著北涼的現狀心懷不滿，他查明此事是自己的情婦李氏所為，為能和李氏長相廝守，他隨即狠下心來，對身為王后的武威公主不聞不問，也不派人替她醫治，隨她死去活來。

可憐的武威公主，只得派遣身邊可靠的隨從翻山越嶺向自己的娘家──北魏求救。北魏國君拓跋燾聞聽此事，怒不可遏，他接受崔浩的建議：討伐北涼。他一方面派遣北魏醫術最好的大夫趕赴北涼拯救妹妹，一方面緊鑼密鼓地進行戰爭準備。或許是李氏第一次做投毒殺人之事，過於緊張，將毒藥放少了；或許是拓跋燾拯救及時，最終，武威公主身體康復，得救了。

尊貴的武威公主得救了，李氏和沮渠牧犍卻要遭殃了。衝冠一怒為妹

妹的拓跋燾，給沮渠牧犍兩個選擇：要麼交出罪犯李氏，要麼交出北涼國土。很快，北涼國王沮渠牧犍就做出了他的選擇：愛江山更愛美人。他選擇將李氏隱藏到酒泉來對抗為妹復仇的拓跋燾。

一代雄主拓跋燾怒了。他親自率領北魏大軍來到北涼的都城姑臧（今中國甘肅武威），沿途所見，水草甚為豐美，他不禁感嘆地對崔浩說：「你的話是對的。」因此，對當初說謊的李順就生出怨恨之氣。

太武帝拓跋燾很生氣，後果很嚴重。

西元439年，磨刀霍霍的拓跋燾攻下北涼都城姑臧，沮渠牧犍投降，北涼實際上已經滅亡。後來，拓跋燾找了個藉口，以謀反罪將沮渠牧犍賜死。拓跋燾終於完成了他統一北方的偉大壯舉。

李順，之前接受北涼歷任國王的賄賂被拓跋燾發現，加之崔浩在皇帝旁邊推波助瀾，李順在西元442年被拓跋燾下令處死。

古今多少事，都付笑談中。

誰能想到，一件普通的叔嫂通姦醜事，竟然導致一個國家被強敵滅亡。縱然有歷史學家，譬如呂思勉先生認為，拓跋燾對北涼覬覦已久，武威公主是他安插在北涼的間諜。中毒事件或許是拓跋燾為自己征伐北涼找的一個合理藉口，但若沒有李氏的個人私欲比王后人命重要的選擇，若沒有沮渠牧犍的美人比江山重要的選擇，北涼的結局或許會改變一些，至少覆亡得不這麼快。

世界，處處充滿選擇。歷史的轉捩點也一樣。就像拓跋燾聽從了崔浩的建議去征討北涼，由此奠定了北魏統一中國北方的宏大偉業，由此使中國歷史出現了轉折期：結束十六國的紛亂，走進南北朝的對峙。

人生，無時無刻不處於選擇中。拓跋燾時代的李順，沒想到自己選擇收受賄賂，以致喪命。更沒有想到的是，他的兒子李奕，「長相俊美，有才藝」，被北魏女政治家馮太后看中，成為馮太后的男寵。李奕選擇成為

男寵，也就替馮太后的兒子兼對手獻文帝找了一個藉口，獻文帝誅殺了李奕。

最讓李順想不到的是，120多年後，他的第四代後人中，也出現了和北涼李氏一樣的女人：美貌，且與兄弟三人都有糾葛，叔嫂私通的結局，都很淒涼。

這個女人，就是李順的玄孫女李祖娥，同時，她還是北齊的開國皇后。她的一生，一直處在向左走、向右走的矛盾中……

從微時到流年守候

後三國的亂世佳人

北魏在經過馮太后和孝文帝長達23年的改革後，國力強大，社會逐漸從以鮮卑族權貴主導的政權走向少數民族和漢族融合統一的多民族國家，這與北魏孝文帝的全盤漢化改革息息相關，尤其是他將都城從平城遷到洛陽之後，北魏儼然成為一個國家綜合實力完全壓倒南朝的中華政權。

然而，月滿則虧，水滿則溢。就在北魏孝文帝統治下的盛世帝國，已然埋藏著足以毀滅性打擊這個國家的不安因素，那就是遺留在北方邊境的鮮卑族守舊勢力。正是被遷都洛陽的北魏政權忽視的這股北方守舊勢力，日後在北魏歷史，甚至是中國歷史上掀起了滔天巨浪。這巨浪，摧毀了馮太后和孝文帝辛苦改革形成的繁榮景象，更使得風雨飄搖的北魏陷入分崩離析的狀態，最終走向衰落，以致亡國。

這股巨浪，就是北魏末年的六鎮起義。六鎮指的是北魏在陰山山脈南

邊一帶設定的六座軍鎮，分別是沃野鎮、懷朔鎮、武川鎮、撫冥鎮、柔玄鎮、懷荒鎮。這六鎮的居民大多是鮮卑族人，他們常年鎮守在荒涼落後的北方，生活困苦，地位低下，對洛陽權貴們的不滿也日益增加。於是，西元 523 年，六鎮一起發動叛亂，很快，這起叛亂就波及北魏的多數領土，甚至叛亂還從北部邊境蔓延到北魏的心臟地帶。當時，當朝皇帝是孝文帝拓跋宏的孫子孝明帝。

接下來，皇帝下詔讓各地有能力的英雄鎮壓叛亂。

接下來，平定叛亂的英雄逐漸顯露出來，譬如於西元 528 年平定叛亂的爾朱榮，譬如爾朱榮的得力助手高歡、宇文泰等。

接下來，這些英雄看到皇帝這麼軟弱，朝廷這麼好欺負，就紛紛發展自己的力量，等待時機，來實現自己的篡位野心。命運不濟的，如爾朱榮，於西元 530 年被皇帝設計殺死，其他打著勤王旗號的各路英雄，則巧妙地操縱著北魏王朝。

接下來，在這些軍閥的不間斷的鬥爭中，北魏王朝被瓦解，西元 534 年，北魏分裂，高歡在鄴城扶持東魏政權；一年後，宇文泰在長安扶植西魏政權。兩個魏國，兩個傀儡皇帝，高歡和宇文泰均「挾天子以令諸侯」。

接下來，高歡的兒子高洋不滿意替傀儡皇帝打工，只做丞相、齊王太沒意思，他要做皇帝，西元 550 年，他建立的北齊，取代了東魏。七年後的西元 557 年，西魏也被宇文泰建立的北周所取代。

接下來，世間再無大魏國，南朝蕭衍建立的梁國也被高歡昔日的部下侯景搗毀殆盡，以致滅亡，陳霸先建立的陳國赫然屹立。於是北齊、北周、陳國形成奇妙的「後三國時代」。

這，就是美貌的北齊開國皇后李祖娥生活的時代：混亂、動盪，皇帝可以輪流做，國家隨時可以被滅掉。個人命運，當然也就被這股歷史洪流

裏挾著飄搖。既然是開國皇后,意味著北齊開國皇帝高洋與李祖娥,有著非同一般的關係,兩人之間剪不斷、理還亂的起伏,可以用「美女與野獸」的怪異組合來形容。

李祖娥,漢族人,本是上黨太守李希宗的女兒,和北魏拓跋燾時代的李順一樣,出身於著名的高門大族「趙郡李氏」。兩晉南北朝時期,沒有跟隨晉朝王室南渡的、滯留在北方的崔、盧、李、鄭、王,被列為第一等的高門大族。李,即指趙郡(今河北平棘)李氏和隴西李氏。隴西李氏中佼佼者,有馮太后「太和改制」中的棟梁李沖。趙郡李氏,當指李順這一宗族。

「容德甚美」,是《北齊書・列傳第一》對李祖娥容貌美麗、品行高雅的傳神概括。若非有這「容德甚美」,當時一人之下萬人之上的東魏丞相高歡,也不會看中李祖娥且慕名而來,為兒子高洋定下這門親事,將「娉娉嫋嫋十三餘,荳蔻梢頭二月初」的李祖娥隆重地迎進家門。若非有這「容德甚美」,高歡的三個兒子——高澄、高洋、高湛,就不會通通拜倒在李祖娥的石榴裙下,以致釀出北齊皇室的一樁樁叔嫂通姦的醜聞。或許,若非有這「容德甚美」,李祖娥的人生之路就會是另外一番模樣,相夫教子,平安一生。

美貌,於女子而言,有時是蜜糖,有時是砒霜。

容顏無法選擇,婚姻更無法自主,至少對古代女子而言,是如此。對少女李祖娥來說,更是如此。和天下所有懵懂女子一樣,擁有花容月貌、出身高貴雙重優勢的李祖娥,在父母之命、媒妁之言下,穿戴鳳冠霞帔走向命中注定的花轎。對於決定自己後半生命運的另一半,是人,是獸,抑或是魔鬼,她無從知曉。她只知道:沒有選擇,只有接受;她只知道,她要嫁的是丞相之子,是太原公高洋。

「桃之夭夭，灼灼其華。之子于歸，宜其室家。」於是，一頂紅花轎，一路吹打，李祖娥也完成了從妙齡少女到太原公夫人的轉變。

從漢家女到太原公夫人

侯門一入深似海。善良單純的李祖娥，萬萬沒有想到，做太原公夫人的日子，不但沒有想像中的安逸尊貴，相反，卻充滿了侮辱與傷害。當時，她嫁的是東魏丞相高歡的高家，英武神勇的高歡一生共有15個兒子，其中結髮妻子婁昭君就替他生了6個，這6個兒子不僅整天在父親面前爭風吃醋、玩弄心機，其中勢力強大、如狼似虎的3個，還對如花似玉的新娘李祖娥垂涎欲滴。這些飢餓的目光，讓李祖娥芒刺在背，嫁入高家後時時如坐針氈。所謂夫貴妻榮，當時，她急切地需要得到丈夫高洋的幫助。

然而，可悲的是，她的丈夫高洋，恰似一頭野獸，他不僅相貌醜陋，還是一個殘疾人。《北齊書・帝紀第四》說他「及長，黑色，大頰兌下，鱗身重踝」，意即他長得非常黑，顴骨很高，有很嚴重的皮膚病，腳部有殘疾。更可悲的是，因為醜陋和殘疾，兼之從小很自卑，不喜歡與人交流，就連高洋的親兄弟們都看不起他，常常恥笑他。譬如高歡的長子，也就是高洋的親大哥高澄，每次見到自己這個邋遢猥瑣的弟弟，都掩飾不住噁心地說：「這個人要是富貴了，那看相的人就鬧出笑話了。」又如高歡的第三個兒子，也就是高洋的同父異母弟弟高浚，有一次和高洋一起去見高澄，半路上見到高洋鼻涕流出來掛在鼻子下面，他嫌棄地捂住嘴，故意欺負高洋，對高洋的侍從說：「你們為什麼不幫我二哥把鼻涕擦一下呢？」

文宣性雌懦，每參文裏，有時涕出。浚常責帝左右，何因不為二兄拭鼻，由是見銜。（《北齊書・列傳第二》）

美女與野獸，美女被人覬覦，野獸遭受欺負，所謂貧賤夫妻百事哀，身處豪門，太原公夫婦兩人生活上雖然不至於貧苦，但源自心底的卑賤和悲哀，卻時時刻刻纏繞在他們身邊。《史記・呂太后本紀》說：「呂太后者，高祖微時妃也。」微時指微弱、卑賤之時。若說高洋與李祖娥真有微時，那便是此時；若說呂雉是漢高祖劉邦的微時妃，那李祖娥就是後來成為北齊文宣皇帝高洋的微時妃。

微時，在那段遭人鄙視、受人侮辱的日子裡，面對高家兄弟們虎視眈眈的目光，面對丈夫唯唯諾諾、如痴似呆的神態，善良的、有著良好家教的李祖娥，沒有逃離、躲避，而是選擇和丈夫風雨同舟、相依為命。在命運的困厄面前，美女選擇了善良和陪伴。

微時，在那些風雨如晦、強敵環伺的環境中，面對兄弟們的惡毒挑釁，面對結髮妻子可憐楚楚的淚目，深沉又大度，內雖明敏、貌若不足的高洋，沒有選擇放棄和盲目挑戰，而是選擇隱忍和磨練，就像一條暫時跌落淺灘遭蝦戲的游龍，就像一頭溫柔的野獸。這溫柔，只對默默陪伴在自己身邊的妻子李祖娥。

丞相府中，有一天，陰雨綿綿，李祖娥正呆坐在窗前，暗自神傷，突然聽見「咚」的一聲，門被打開了，高洋像只野蠻的大猩猩，一瘸一拐地走進來，手裡拿著一件晶瑩剔透的琉璃掛墜。「這個好東西，送給你吧。」高洋大咧咧地說，絲毫沒注意到妻子憂鬱的表情。果然，李祖娥並沒有像他想像的那樣雀躍地跑過來接住，只是投來幽幽的一瞥：「再好的東西，我也不要。上次你送我的珍珠香囊，我戴在身上被大哥看見了，他非逼著我要那個珍珠香囊。他的樣子很凶，我一害怕就立即送給他了。這個再讓他看見了，肯定又保不住。」高洋一愣，沉默半晌，忽然笑著說：「那有什麼。不就是一些小東西嗎？大哥喜歡，送給他就是了。」李祖娥沒想到丈夫這麼懦弱，不甘心地反駁道：「可是，大哥他也太欺負人了，你不知道

他還對我⋯⋯」話一出口，她就意識到自己不該這麼在背後說閒話，況且那件醜事也是說不出口的。屋子裡突然安靜下來。高洋愣了一下，一把將妻子摟在懷裡，溫柔地說：「沒關係。只要你還在我身邊就好。」說完後，他跳開去，一蹦三尺高，竟然在屋裡跳起鮮卑族舞蹈來。只是，他一搖一擺的樣子太過滑稽，李祖娥忍俊不禁，一掃愁容，「撲哧」一聲笑了。一時間，偌大的丞相府，彷彿只有這小小的樂土才能安放這一對「貧賤」夫妻的卑微的靈魂。

窗外，斜風細雨，淅淅瀝瀝；屋內，美女與野獸，苦中作樂，相濡以沫。當時，面對生活的逆境，除了選擇隱忍，還能做什麼？

夫妻本是同林鳥，大難來臨各自飛，說的只是婚姻狀況的一種。微時的李祖娥和高洋顯然不是這樣。困厄時，他們的選擇是相互陪伴、不離不棄，儘管男方醜陋無比、前途渺茫；儘管女方被人歧視乃至遭遇勒索，美貌被覬覦乃至發生那樣一件不願啟齒的醜事。

李祖娥欲言又止的那件醜事，當指她在那時被丈夫高洋的大哥高澄強姦之事。據史書記載，高澄死後，高洋成為北齊皇帝，他曾惡狠狠地說：「我大哥當年曾經姦汙我妻子，我今天必須報仇。」他所謂的報仇，就是以牙還牙，強姦了自己的嫂子，也就是高澄的妻子元氏。這樣的一報還一報，盡顯高氏兄弟的禽獸本性。後來的北齊武成帝高湛，是高洋的弟弟，他不僅搶奪了哥哥留下的皇帝寶座，還霸占了哥哥的女人 —— 李祖娥。這也算是對高洋盜嫂遺風的繼承，真是諷刺至極。此為後話。

及天保六年，文宣漸致昏狂，乃移居於高陽之宅，而取其府庫，曰：「吾兄昔奸我婦，我今須報。」乃淫於後。（《北齊書・列傳第一》）

北齊皇室裡高氏兄弟的禽獸本性，在歷史上赫赫有名，臭名昭彰的名。其肇因則在大哥高澄身上。

高澄是高歡的大兒子，他12歲時就娶了東魏孝靜帝的妹妹馮翊長公主，當時，他「神情俊朗，便若成人」，因此頗得高歡的喜愛。西元547年，高歡病逝，高澄便繼承了父親的丞相之職。和父親高歡在位時一樣，東魏皇帝孝靜帝在高澄眼裡，亦同傀儡一般。有一次，皇帝在都城鄴城的華林園宴請高澄等人。高澄斟滿一大杯酒，很不禮貌地逼著皇帝喝，皇帝氣憤於他這樣的冒犯，拉長著臉說：「自古以來沒有不亡之國，朕這輩子也沒有什麼辦法了。」意思是高澄你要篡奪我的位子，就早點說，不用這麼一遍遍地侮辱我。高澄一聽，火暴脾氣就上來了，他不管三七二十一，破口罵道：「朕，朕，狗腳朕。」意思是你還好意思自稱朕，也就是一個人模狗樣的朕。罵完還不解恨，他讓身邊的親信上去打了皇帝三拳頭才罷休，然後就拂袖而去。由此，「狗腳朕」成為中國歷史上著名的咒罵皇帝之金句。

當然，敢罵皇帝為「狗腳朕」，並且毆打皇帝三拳的人，不是好欺負的人，更不是有勇無謀之輩。高澄籌劃陰謀奪取東魏皇帝的寶座，正在緊鑼密鼓地籌備當中。西元549年7月的一天夜裡，他召集手下信得過的幾位謀士來到鄴城郊區的東柏堂，共同商議篡位大事。郊區別墅內，燭光搖曳，私語竊竊，一派詭異的氣氛中，突然，從門外走進來一個人，高澄定睛一看，原來是他的膳奴（廚師）蘭京。蘭京本是南朝梁國人，被高澄掠奪到北方做了自己的膳奴。蘭京的父親幾次提出掏錢贖回兒子，高澄都沒答應，揚言若再提贖回蘭京之事，就要殺掉他。此時，蘭京是進來請他們吃飯的。高澄一見他，猛然想起了什麼，他笑著對左右說：「昨天晚上我做夢，夢見這個膳奴拿刀子砍我。醒來後我還在想，今天一定要把這個奴才殺了，不要他來幫我做飯了。」蘭京一聽，嚇得汗流浹背，瑟瑟發抖地退出房門。高澄對此不再理會，繼續和幕僚議事。沒多久，「吱」的一聲，房門又被打開了，高澄一看，又是蘭京，他端著一盤食物走了進來。高澄

頓時大怒:「不是說不讓你進來嗎?」蘭京一反往常的戰慄,大吼一聲:「我來是要殺你。」說時遲那時快,只見他迅速從餐盤底下抽出一把刀,餓虎撲食般向高澄衝過去。頓時,房間裡亂成一團。幾個幕僚,死的死,傷的傷,跑得快的,早就逃之夭夭。可惜,蘭京的目標是高澄,在他精益求精的熟練的用刀技術威逼下,高澄終於被砍死在床底下,偌大的一張床,也沒能阻擋他奔赴死亡的幽冥路,時年29歲。

壬申,東魏主與王獵於鄴東,馳逐如飛。監衛都督烏那羅受工伐從後呼曰:「天子莫走馬,大將軍怒。」王嘗侍飲,舉大觴曰:「臣澄勸陛下酒。」東魏主不悅曰:「自古無不亡之國,朕亦何用如此生!」王怒曰:「朕!朕!狗腳朕!」使崔季舒毆之三拳,奮衣而出。(《北齊書·帝紀第三》)

(高澄)將欲受禪,與陳元康、崔季舒等屏斥左右,署擬百官。京將進食,王卻,謂諸人曰:「昨夜夢此奴斫我,宜殺卻。」京聞之,置刀於盤,冒言進食。王怒曰:「我未索食,爾何據來!」京揮刀曰:「來將殺汝!」王自投傷足,入於床下,賊黨去床,因而見殺。(《北齊書·帝紀第三》)

小不忍則亂大謀。在謀大事——篡位這等人生及歷史如此重要的時刻,一人之下萬人之上的高澄,沒有選擇「宰相肚裡能撐船」、「得饒人處且饒人」,而是偏要與區區一介膳奴針鋒相對,以眼還眼,以牙還牙,以致馬失前蹄,陰溝裡翻了船。人死如燈滅,高澄,這位上打皇帝,下揍奴僕,曾經最有希望登上皇帝之位的人,最終還是以權臣身分遺憾地離去。所謂前人栽樹,後人乘涼,他謀劃、覬覦已久的皇帝寶座,則由他生前最看不起的、隱忍功夫可謂一流的弟弟高洋來坐。

高澄死之後,作為高歡的第二個嫡子、高澄的親弟弟,高洋繼承了高澄的丞相之位。這位一直默默無聞躲藏在幕後的人物,終於走上前臺,開始了屬於他的風雲時代。當然,胸懷壯志的他要繼續完成哥哥未竟的篡位

遺願。在高澄去世僅一年後的西元 550 年，他逼迫東魏皇帝將皇位禪讓給他。東魏滅亡，北齊建立。高洋，成為北齊的開國皇帝，是為文宣帝。

高澄死後，曾被他侮辱與損害過的太原公夫人李祖娥，終於如釋重負。自此，她再也不用承受這位好色且暴戾的大哥的威逼利誘，再也不用和丈夫過著擔驚受怕、苦悶憂愁的封閉生活了。

誰無暴風勁雨時，守得雲開見月明。隨著丈夫高洋成為北齊的開國皇帝，李祖娥的生活也來個一百八十度的大轉變。她，即將成為北齊的開國皇后。

皇后時代

李白曾感嘆道：「榮華東流水，萬事皆波瀾。」識於微時、用心甚篤的李祖娥，本以為苦盡甘來，自己是高洋明媒正娶的正牌夫人，高洋登基做皇帝後，理應封她為皇后。可她萬萬沒想到，在戴上皇后鳳冠的征途上，半路殺出個程咬金來。這個程咬金不是別人，正是和她一起伺候過高洋的段昭儀。

段昭儀，是大臣段韶的妹妹。《北齊書・列傳第一》記載她「才色兼美，禮遇殆同正嫡」，可見她無論容貌還是才華，都與李祖娥不分伯仲，更重要的是，她出身勛貴之家，哥哥段韶在朝中實力雄厚。於是在立誰為皇后的問題上，朝中大臣各持己見，爭論不休。

西元 550 年的一天，北齊皇宮內，文宣帝高洋召集群臣討論皇后的確定事宜。話題剛一丟擲，群臣就爭吵不休。大臣高隆之、高德政都是漢族人，但他們鮮卑化已很深，他們提出，李祖娥是漢族婦女，在北齊這個鮮卑化色彩濃厚的國家，不適合做母儀天下的皇后。同為漢族的大臣楊愔提出反對意見，他慷慨激昂地說：「當今的皇位是前朝皇帝禪讓而來，意味

著這是個合乎禮法的國家，依照漢朝、魏國的舊例，皇后理應是皇上的正妃。」聽聞此話，高洋頻頻點頭，內心裡，他也期望同他共患難的李祖娥能與他分享這一勝利的榮耀。沒想到此時，不死心的高德政又提出一個難題：懇請皇帝廢掉李祖娥，而立段昭儀為皇后，理由是段昭儀的母親是太后婁昭君的大姐，出身更顯貴。還沒等高德政說完，楊愔就高聲抗議：「難道你想讓皇上拋棄結髮妻子，置皇上於不義之地嗎？你這麼做，無非是要巴結朝中權貴而已。」一番話噎得高德政半天說不出話來。大家都期待地看向皇帝，等著他的最終裁判。只見高洋穩坐釣魚臺，慢悠悠地說：「就依楊遵彥（楊愔，字遵彥）的意見吧。」

一場立後風波瞬間塵埃落定。李祖娥順利登上皇后寶座。表面上看，這是李祖娥和楊愔一派的勝利，實際上，人生之路漫長，很難說誰是最終的勝利者。段昭儀沒能當上皇后，但禮遇同正嫡一樣，高洋死後，她一直生活在深宮，直到北齊後主高緯當皇帝時，她才改嫁給錄尚書事[46]唐邕，也算是壽終正寢，走完平凡但平安的一生。相反，李祖娥在高洋死後，經歷了兒子成為皇帝又被廢被殺，自己被高洋的弟弟高湛霸占，受裸鞭之刑後又被拋棄陰溝的悲慘遭遇。楊愔，則在十年後的宮廷政變中被挖去一眼，死於非命。世事無常，孰勝孰敗，難以一概而論。

人生艱難，世事無常，個人的結局若拋棄時運的因素，其餘則在於自己的選擇。一念之間，可以選擇作惡；一念之間，可以選擇善良，如李祖娥，不因丈夫醜陋而拋棄他，不因丈夫不受重用而輕視他，她的默默陪伴，終於換來今日之榮耀。或許那段困厄的日子裡夫妻攜手相行留下的真情，過於美好，過於真實，過於寶貴，終其一生，高洋都對妻子李祖娥敬重有加，史書有載：「帝好捶撻嬪御，乃至有殺戮者，唯后獨蒙禮敬。」

欲戴王冠，必承其重。力排眾議，終於戴上皇后鳳冠的李祖娥，其位

---

[46] 古代官名，代表對尚書臺一切事務的總領，相當於宰相之職。

居中宮的生活過得並不容易，因為她的丈夫是皇帝，那三宮六院七十二嬪妃，就夠皇帝一人忙了，何況北齊建國不久，政事、軍事一大堆都等著高洋這個皇帝去處理。因而夫妻之間缺少了之前苦中作樂時的耳鬢廝磨，李祖娥和高洋一共生育兩個兒子（高殷和高紹德）、一個女兒（長樂公主高寶德），其中兩個兒子都是在李祖娥還是太原公夫人時所生，可見她當皇后期間，與皇帝丈夫只是相敬如賓而已。

「寂寞空庭春欲晚，梨花滿地不開門。」孤獨幽閉的深宮生活，使得本性恬淡的李祖娥性情更加寧靜淡泊，她將全身心的精力投入到養育兩個兒子身上。然而，樹欲靜而風不止。在李祖娥兩耳不聞窗外事，一心只做賢妻良母之時，她的皇帝丈夫高洋，卻從有道明君轉變為邪惡殘酷的暴君，往地獄的深淵越陷越深。

「十年藏鋒不出聲，一朝出鞘動鬼神。」高洋能成為北齊的開國皇帝，自有他的一番本領在手。即位之初，他對內依法治國，任用能臣，喜好處理政事，善於推測事情發展的趨勢，處理緊急繁瑣的事務，終日不倦；對外，他則獨自決斷，規模宏遠，甚至親自征伐四方，威震海內，展現了傑出帝王的雄才大略。

帝少有大度，志識沉敏，外柔內剛，果敢能斷。雅好吏事，測始知終，理劇處繁，終日不倦。初踐大位，留心政術，以法馭下，公道為先。或有違犯憲章，雖密戚舊勳，必無容舍，內外清靖，莫不祗肅。至於軍國幾策，獨決懷抱，規模宏遠，有人君大略。（《北齊書·帝紀第四》）

北齊王朝的奠基者是東魏的丞相高歡。高歡雖然是漢族人，但他從小生活在北方少數民族地區，身上的鮮卑化氣息頗為濃重，遂成為鮮卑化的漢人。高歡的結髮妻子婁昭君，是個鮮卑族女子。與婁昭君所生的6個兒子，也都相應地具備鮮卑族血統。在北齊朝廷裡，同時存在鮮卑族貴族和

漢人官僚，高洋很有技巧地利用漢人的治國智慧和鮮卑人的作戰勇猛，因此使得北齊國力日盛，幾乎達到治世的高度。當時，「後三國時代」中，北齊的國力最強大，這些都與高洋的聰慧過人息息相關。

哲人說，從真理到謬誤，或許只有一步之遙。同理，從明君到暴君的路，也不會那麼遙遠，或許只有一步之遙。人，都是有惰性乃至惡性的。這惰性和惡性若不加以控制，即成為災難，譬如北齊皇帝高洋。在執政六七年後，高洋以功業自傲，於是流連沉溺於享樂，開始肆意妄為、荒淫暴虐。

身為堂堂天子，他有時竟赤身裸體，在臉上塗脂抹粉，同時披散著頭髮，手中拿著弓箭，在大街上到處遊蕩。路邊一個良家婦女看不下去，隨口說了一句：「這哪像個天子啊。」高洋手起刀落，將這婦女一下子就砍死了。遊蕩得高興了，有時他又會在烈日下脫光衣服，赤裸著身體騎在馬上縱橫馳騁，隨從的人員都覺得難堪，羞愧地低頭走路，唯獨皇帝泰然自若。

（高洋）以功業自矜，遂留連耽湎，肆行淫暴。或躬自鼓舞，歌謳不息，從旦通宵，以夜繼晝。或袒露形體，塗傅粉黛，散髮胡服，雜衣錦彩。拔刀張弓，遊於市肆，勳戚之第，朝夕臨幸。時乘駝駝牛驢，不施鞍勒，盛暑炎赫，隆冬酷寒，或日中暴身，去衣馳騁，從者不堪，帝居之自若。（《北齊書·帝紀第四》）

高洋不僅是個忠實的裸體愛好者，還是個行為主義者，只不過這個行為是殺人。他的殺人，不問理由，不論何人，只要是他有這個意願，就可隨時隨地殺人。譬如，他的後宮裡有兩個美麗可人的嬪妃，是薛氏姐妹。平日裡，這兩個美人經常陪伴高洋尋歡作樂，有一天薛姐姐向高洋提出，是否可以封她們的父親為司徒，意思是想為老父親謀個官職，同時也能抬高薛氏姐妹的身分。誰知，高洋一聽竟勃然大怒，說：「司徒豈是你的父親可以做的？」然後不由分說，將薛姐姐用鋸子鋸為兩半。可憐前一刻還

活色生香的大美人，瞬間即化為鋸子下一縷幽幽冤魂。鋸死姐姐後，高洋還不解恨，想繼續鋸死薛妹妹，只因她尚有身孕，便多活了幾天，等到薛妹妹生產之後，尚在月子裡的她便被高洋殘忍地殺死了。不僅如此，變態的高洋還在大宴群臣之時，將薛妹妹的頭冷不防地拿出來放在盤子裡，讓大家觀賞。在座的大臣無不嚇得魂飛魄散，冷汗淋漓。高洋見此，覺得好玩，他索性將寵妃薛氏的遺體搬上餐桌，順手拿起刀就肢解起屍體來，拿薛氏的大腿骨做了一把琵琶。他一邊彈奏著人骨琵琶，一邊喝酒，口中還唱著：「佳人難再得啊。」唱著唱著，他居然還傷心地哭起來。一時間，惡臭盈鼻，場面詭異，大臣和隨從都已嚇得目瞪口呆，半天說不出話來，唯有高洋在自得其樂地表演著他的行為藝術。

　　所幸薛嬪，甚被寵愛。忽意其經與高岳私通，無故斬首，藏之於懷。於東山宴，勸酬始合，忽探出頭，投於樺上。支解其屍，弄其髀為琵琶。一座驚怖，莫不喪膽。帝方收取，對之流淚云：「佳人難再得，甚可惜也。」載屍以出，被髮步哭而隨之。（《北史・齊本紀中第七》）

　　天保是高洋在位時的年號，可以說，在天保後期，北齊朝廷人人自危。高洋殺人如麻，不僅大臣們早上上朝也不曉得晚上能否平安回家，宮中嬪妃也被薛氏姐妹的悲慘遭遇嚇破了膽，戰戰兢兢，躲避高洋唯恐不及。就連高洋的親生母親婁昭君太后，本來安穩地坐在小床上，被酒醉的高洋抱起來卻把床抬起來以致她摔倒在地，臥床好幾天。高洋發起瘋來，連自己最尊敬的李祖娥的母親崔氏都不放在眼裡，他張弓搭箭，對準崔氏就射了一箭，可憐的老太太痛得滾倒在地，高洋卻冷冷地說了一句：「我喝醉了連太后都敢打，何況是你？」竟揚長而去。

　　太后嘗在北宮，坐一小榻。帝時已醉，手自舉床，後便墜落，頗有傷損。醒悟之後，大懷慚恨。遂令多聚柴火，將入其中。太后驚懼，親自持

挽。又設地席，令平秦王高歸彥執杖，口自責疏，脫背就罰。敕歸彥：「杖不出血，當即斬汝。」太后涕泣，前自抱之。帝流涕苦請，不肯受於太后。太后聽許，方捨背杖，笞腳五十，莫不至到。衣冠拜謝，悲不自勝，因此戒酒。一旬，還復如初。自是耽湎轉劇。遂幸李后家，以鳴鏑射后母崔，正中其頰。因罵曰：「吾醉時尚不識太后，老婢何事！」馬鞭亂打一百有餘。（《北史·齊本紀第七》）

野獸，畢竟是野獸，在困厄時，他可以是溫柔的、行動遲緩的、人畜無害的；但當他實力強大到足以蔑視天下蒼生，視百姓為芻狗時，他的野心會膨脹，他的獸性會爆發，成為暴虐成性的真正的野獸。人在做，天在看，當時，彷彿只有藉助上天的命運之手，才能終結野獸的肆意橫行。天保十年（西元559年），高洋死於酒精中毒，時年31歲。

野獸已走，美女尚存。李祖娥，這位「眼梢眉角藏秀氣，聲音笑貌露溫柔」的北齊第一美女，在高洋這頭暴躁的野獸橫行人間之時，只是安靜地待在屬於她的天地 —— 深宮。史書未曾記載她這10年的皇后生涯是怎麼度過的，但可以估計的是，她這沉寂的10年，終究不會是死水一潭，因為宮中嬪妃慘烈的被肢解情形，她應該聽說過；她的婆婆婁太后被兒子高洋酒醉後摔傷，事故的原因她當然心知肚明；她的母親崔氏被高洋無緣無故地射了一箭，作為女兒，她應該也曾心疼甚至哭泣過。至於高洋在皇宮中聚眾淫亂，在朝堂上當眾殺人，她都應該有所目睹、有所耳聞。但是，她能做什麼呢？

或許當初也曾以妻子身分勸解過丈夫，但九五之尊的高洋，不比微時的太原公，豈能聽從一婦人之語？或許瘋癲成魔的高洋，甚至曾經威脅過結髮妻子李祖娥，不要再多說一句話，否則薛氏姐妹的今日就是她的明天。凡此種種，使得李祖娥這位北齊開國皇后，這10年的皇后生涯，在歷史上竟成為一片空白。這片空白，便是李祖娥的人生選擇：沉默。

高洋是北齊的一頭猛獸，猛獸遠遁之後，李祖娥的生活方不至於每日籠罩在血雨腥風和擔驚受怕中；同時作為丈夫，高洋還是妻子李祖娥的一棵大樹，大樹倒了，沒有任何遮蔽的天空固然清亮，但也讓她暴露在炎炎烈日下，周圍覬覦她兒子的皇帝寶座的、覬覦她美貌的，大有人在，且不少，且都環伺在他們母子身邊。

　　十年一覺皇后夢，夢醒後，李祖娥走向了人生的第二個轉捩點。

誰能掌控世界的棋局？

高殷其人

　　高殷，是北齊文宣帝高洋的大兒子，母親為李祖娥。天保元年（西元550年），高洋即位為皇帝，6歲的高殷被立為太子。西元559年，高洋暴斃於晉陽宮德陽堂。同年，太子高殷順理成章地即位。儘管《北齊書》記載高殷「性敏慧」、「有人君之度」，事實上，高殷卻是個徹底的悲劇人物。他的悲劇，根源俱在其母親李祖娥身上。

　　因受母親李祖娥漢族背景的影響，高殷的太子之位差點都保不住。混世魔王高洋在世時，忙於政務和享樂，將養育兒子的任務放心地交給皇后李祖娥。李祖娥出身漢人世家大族「趙郡李氏」，自小深受儒家文化的浸染，在教育兒子的時候，也多灌輸儒家的仁義禮智信、溫良恭儉讓觀念，因此太子高殷一出場便是文質彬彬、儒雅有禮的形象。這讓擁有一半鮮卑族血統、具備彪悍氣息的高洋非常不滿。有一次，為了考驗太子的膽量，他讓隨從自牢獄中提出幾個囚犯來，讓太子當面用刀將囚犯殺死。誰知，

太子戰戰兢兢地拿著刀子，始終不敢刺向對面的囚犯，在高洋的一再喝斥下，他才勉強地拿刀砍向囚犯的脖子，卻因為膽小害怕不敢用勁，怎麼也砍不斷囚犯的腦袋，《北齊書》稱「太子惻然有難色，再三，不斷其首」。脾氣本就暴躁的高洋怒了，他揚起馬鞭，毫不猶豫地揮向兒子，口中大罵著：「漢家奴！廢物！」秉性本就柔弱的高殷，在父親狂躁的馬鞭聲中，又驚又怕，又羞又怒，眼前一黑，便暈厥過去。醒來後，就有了口吃和間歇性精神病的後遺症。

天可憐見，一個本來風度翩翩的聰慧少年，竟成為「氣悸語吃，精神時復昏擾」的軟弱可憐蟲。高洋見此，更嫌棄太子，常常對人說這個孩子身上的漢家氣質太濃，不像是我的兒子，真想廢掉他的太子之位，改立另一個兒子太原王高紹德。或許是遵循著立嫡長子的傳統，終其一生，高洋都未能改立太子。高殷的太子之位保住了，卻因「漢家氣質」弄得自己的精神幾近崩潰。

此時的他尚不知道，父親遺留給他的不僅有北齊廣袤富饒的江山，還有口吃和精神病等隱疾。正是這口吃和精神有時會發昏，最終導致他又失去了父親給予他的遺產──江山。

此時的他還不知道，母親遺傳給他的漢家氣質，以及母親的漢族人身分，已經使他們母子成為北齊宗室中鮮卑族權貴的眼中釘。他們不僅要篡奪他的皇位，還要索取他的性命，以及母親李祖娥的後半生。

不久的將來，實則不遠，就是高殷繼承皇位的第二年，西元560年。

北齊宗室中的鮮卑族權貴，實則不是別人，正是高殷的兩個親叔叔：常山王高演、長廣王高湛。廣義地說，還可以加上高殷的奶奶、高歡的原配夫人婁昭君，當時，因孫子高殷是皇帝，她被稱為太皇太后。

高殷的母親、漢人李祖娥，被尊稱為皇太后。

最關鍵的一步，還是走錯了

李祖娥第一次以皇太后的身分在歷史舞臺上亮相，是在影響北齊歷史的一場宮廷政變中。這場政變，以漢族官僚楊愔等人發起，以漢族皇太后李祖娥的洩密而功敗垂成，最終以鮮卑族權貴的全盤勝利而告終。

可以說，李祖娥在這場政變中，既是一言九鼎的尊貴皇太后，又是嘴大漏風、可悲的洩密者；既是宮廷奪權政變的受害者，也是惹火燒身的禍事的始作俑者。所謂成也婦人敗也婦人。

西元560年的一天，當時，高殷坐上皇帝之位尚不到半年。大臣楊愔進宮面見皇上，說有要事稟奏。

楊愔，出身弘農（今中國河南三門峽）楊氏，弘農楊氏乃當時的高門大族。他幼時有口吃的毛病，但他風度深敏，出入門闈，別人也不敢戲弄他。長大後，他能清言，美音制，風神俊悟，容止可觀，當時的人見了，都說他必定前程遠大。後來，他成為東魏丞相高歡的謀士，高歡的文檄教令，大多出自楊愔之手。高洋在登基稱帝之前，對東魏局勢的控制沒有十足把握，猶豫不決之時，是楊愔幫他出謀劃策，高洋才順利地建立北齊。東魏孝靜帝將皇位禪讓給高洋之後，並沒有得善終，他被高洋御賜的一杯毒酒奪取了性命，他的皇后，即高歡的女兒太原長公主，遂成寡婦。當時，高洋為報答楊愔在北齊建國之事上的功勞，不僅讓他擔任宰相一職，還將寡居的太原長公主改嫁給楊愔。由此，楊愔成為太后婁昭君的女婿、皇帝高洋的國舅，名副其實的皇親國戚，很是得意。

楊愔，字遵彥，小名秦王，弘農華陰人。父津，魏時累為司空侍中。愔兒童時，口若不能言，而風度深敏，出入門闈，未嘗戲弄。六歲學史書，十一受《詩》、《易》，好《左氏春秋》。……及長，能清言，美音制，風神俊悟，容止可觀。人士見之，莫不敬異，有識者多以遠大許之。……

自尚公主後，衣紫羅袍，金縷大帶。遇李庶，頗以為恥，謂曰：「我此衣服，都是內裁，既見子將，不能無愧。」(《北齊書・列傳第二十六》)

楊愔很得高洋的信任，高洋在當皇帝的後期，暴虐無道，惹得天怒人怨，多虧朝政有楊愔等一票忠誠的大臣成為棟梁，方使得北齊的國運不受皇帝個人作風影響而得以延續，於高洋來說，楊愔無異於是他生命中的福星，因此，彌留之際，高洋將楊愔、高歸彥等幾人列為輔政大臣，期待他們能忠心輔佐年幼的皇帝高殷。

受人之託，忠人之事。楊愔本就是重義輕財之士，史書記載，太保、平原王高隆之和楊愔是鄰居，楊愔每次下朝回來，看見高隆之家門外總有幾個胡人富商進出，似乎平原王高隆之結交的都是做生意的人，楊愔對此很不屑，扭頭對左右說：「幸好我家門前沒有這種東西。」《北齊書・列傳第二十六》評論他「輕貨財，重仁義」。本著這個秉性，楊愔在接受高洋的臨終囑託後，亦對高殷忠心耿耿，盡心盡力。高殷對他也言聽計從，從無反駁，「任遇益隆」。一時間，君臣二人同心協力，合作無間。

唯一讓楊愔放心不下的，是高殷的兩位叔叔：高演和高湛。高演是高歡的第六個兒子，被封為常山王，擔任太傅[47]一職；高湛是高歡的第九個兒子，被封為長廣王，擔任太尉[48]一職。這兩位叔叔位高權重，對高殷的帝位構成嚴重的威脅。楊愔，作為歷經高歡、高澄、高洋、高殷四個時代的老臣，久經風霜，也頗有政治眼光，他一眼便看出年幼的皇帝面臨的巨大危險，因此他提議：兩位叔叔威權既重，宜速去之。這便是前文中提到的，楊愔一大早，急匆匆趕往皇宮向皇帝稟報的要事。

誰知，皇帝高殷性格仁慈，不忍對叔叔們下手，一反常態地不接受楊愔的建議。見狀，楊愔忙提出第二條建議：不除掉兩位王爺也行，但可以

---

[47] 古代官職，是皇帝的輔佐大臣和老師。
[48] 古代官職，是掌管軍事的最高官員。

讓他們降職擔任刺史。皇帝對此不置可否。

楊愔急了，情急之下他想到了皇太后李祖娥。皇帝年幼，不知道政治鬥爭的險惡，皇太后是過來人，應能明白皇帝目前處境的危險性。於是，楊愔當即寫了一封密奏，將事情的來龍去脈和應對建議原封不動、詳細地記述在紙上，呈遞給皇太后李祖娥。

事實證明，病急亂投醫，是極其錯誤的，尤其是關涉朝廷權臣的任命上。

事實證明，政壇老手、閱人無數的楊愔，也會看走眼。他過於信任自己不太了解的皇太后，以致把皇帝的性命、顧命大臣們的前途、國家的命運，所有的寶都押在皇太后李祖娥這樣一個久居深宮的女人身上。

事實證明，一名作家說得對，人生有很長的路要走，最關鍵的卻只有那麼幾步。李祖娥，這位被忠臣楊愔寄予了全部的包括國家的、個人的希望的，很有權勢的皇太后，竟然在人生的關鍵時刻走錯了一步路。

這錯誤的一步路，在於她的機事不密。謹慎的楊愔，呈遞給皇太后的，明明是密奏，而且裡面的陳述也說明事情的嚴重性，嚴重到可以讓許多人掉腦袋的程度。可是，糊塗的李祖娥皇太后，或許是處於興奮當中，或許是大事來臨前的恐懼需要緩解，或許是僅僅出於好奇，她將這封密奏與人分享了。分享的人是宮人李昌儀。

李昌儀出身於趙郡李氏，和李祖娥乃同宗，本是叛變的將領高仲密的妻子，她美艷而聰慧，擅長書寫，善於騎乘。當她還是高仲密的妻子時，就被高歡的兒子高澄看中，好色的高澄幾次調戲她未曾得逞，等到高仲密叛逃到西魏後，作為叛將妻子的李昌儀本應被處死，直到她答應做高澄的小妾，才得以保全性命。李祖娥成為北齊開國皇后、位居中宮後，看到李昌儀是與自己同宗的姑姑，頗為歡喜，遂與之甚為親暱。因此，當李祖娥拿到楊愔的密

奏後，心情又激動又戰慄，環視整個後宮，第一個想到能與之分享這個祕密的人，就是自己的同宗姑姑李昌儀。當時，李昌儀在宮中做宮人。

俗話說，知人知面不知心，畫龍畫虎難畫骨。單純的李祖娥萬萬沒料到，李昌儀不僅是她的同宗姑姑，更是太皇太后婁昭君安插在李祖娥身邊的眼線，或者說她表面上是李祖娥的知心好友，實則為監視李祖娥一舉一動的間諜。這邊心無城府的李祖娥讓李昌儀看了楊愔的密奏，她前腳剛離開李昌儀的房門，這位同宗姑姑後腳就一溜煙地跑到太皇太后的宮中去告密。

本來楊愔的計畫是，以迅雷不及掩耳之勢，先快速將兩位危險等級很高的王爺叔叔貶為刺史，削奪權力，再將他們留在京城便於控制，這樣，即便他們想造反，也不能出城調動軍隊。因為這兩位王爺叔叔，本是太皇太后婁昭君的親生兒子，觸犯他們的利益，就等於削減婁昭君的羽翼，因此，楊愔不敢驚動太皇太后，只是密奏了皇太后李祖娥，因為她是高殷的母親，和皇帝坐在同一條船上。

這本是一個嚴密、嚴絲合縫、快刀斬亂麻的完美計畫，如果沒有出現李祖娥洩密、李昌儀告密之事的話。

於是事情的發展，便逆轉方向，急流而下。因為，北齊歷史上最著名的女強人、太皇太后婁昭君出現了。不只現身，她還有強烈的參與感：她和她的兩個兒子演了一場好戲，特地演給皇帝高殷、皇太后李祖娥及楊愔等眾大臣觀看。

鴻門宴楊愔遇害，昭陽殿胡漢鬥法

好戲開演了。開場序幕中，首先出場的是被視為潛在威脅的兩位王爺叔叔：常山王高演和長廣王高湛。他們假意接受皇帝的任命，舉行拜職宴

會,邀請楊愔、燕子獻、鄭頤等一群主張削弱二王權力的漢族官僚赴宴。陰險的高湛本已在後堂安排好伏擊的勇士,只等他發出約定的暗號即可動手捉拿楊愔等人。果然,宴會開始了,高湛連著喊了兩聲「捉酒」,意即拿酒來,接著他又喊了一聲:「何不捉?」意即為什麼還不拿來,正當楊愔等人還在納悶中,頃刻間埋伏的士兵一擁而上,很快就將楊愔等人綁了。楊愔一邊掙扎著,一邊大喊:「你們是想造反嗎?我等是忠臣,何罪之有?」聞聽此言,本性仁慈的常山王高演想暫時饒恕他們,誰知心狠手辣的長廣王高湛卻不同意,他命人狠狠地擊打楊愔等人。幾人頃刻間就血流滿面,混亂中,楊愔的一顆眼珠被打掉了。其餘人等也只好束手就擒。高湛、高演等人押著楊愔等人來到皇宮中的昭陽殿。在那裡,將繼續演繹這場好戲的高潮部分。

及二王拜職,於尚書省大會百僚,愔等並將同赴。子默止之,云:「事不可量,不可輕脫。」愔云:「吾等至誠體國,豈有常山拜職,有不赴之理,何為忽有此慮?」長廣旦伏家僮數十人於錄尚書後室,仍與席上勳貴數人相知。並與諸勳胄約:「行酒至愔等,我各勸雙杯,彼必致辭。我一曰『捉酒』,二曰『捉酒』,三曰『何不捉』,爾輩即捉。」及宴如之。愔大言曰:「諸王構逆,欲殺忠良邪!尊天子,削諸侯,赤心奉國,未應及此。」常山王欲緩之,長廣王曰:「不可。」於是愔及天和、欽道皆被拳杖亂毆擊,頭面血流,各十人持之。使薛孤延、康買執子默於尚藥局。子默曰:「不用智者言,以致於此,豈非命也。」(《北齊書.列傳第二十六》)

裝飾華麗的昭陽殿中,氣氛有些壓抑。高高的皇帝御座上,端坐在正中間的是太皇太后婁昭君,她穿著隆重的朝服,表情嚴肅,臉上不動聲色;站立在她兩側的則是她的孫子和兒媳:皇帝高殷和皇太后李祖娥。兩人都低著頭,神色惶恐,不時地瞥向太皇太后的眼神中,閃過一絲懼怕。

一陣喧譁聲打破了這寂靜得可怕的肅穆,婁昭君的兩個兒子——高

演和高湛押著楊愔等人闖了進來。高演搶先告狀：「我等與陛下是骨肉至親，這些大臣不僅故意挑撥我們的關係，還獨斷專行，危害朝政。現在我等將這些奸臣抓起來，請陛下明察。」皇帝高殷沉默不語。婁昭君責問高殷：「這些大臣圖謀不軌，企圖陷害我的兩個兒子，接下來就該陷害我了。你為什麼不制止他們？」高殷仍舊不發一言。婁昭君憤怒地側頭看了一眼李祖娥，高聲喊道：「怎麼可能讓我們母子受你這個漢人老婦的擺弄？」一旁的李祖娥嚇得趕快跪倒在地，磕頭謝罪：「臣妾不敢。」殿下正跪著的常山王高演，見狀，趕忙又添了一把火，他叩頭不已，口中自責道：「我罪該萬死，罪該萬死。」不愧是高演，演得真逼真。寥寥幾語，這一精彩的對手戲呼之欲出：皇帝高殷神情恍惚、口吃不能言；婆婆婁昭君怒斥漢家兒媳有野心；兩位皇叔雖則哭泣，實為逼宮。

　　婁昭君絕不是省油的燈，她跟隨高歡出生入死，經驗豐富，對大場面中各人表現看得很清楚。李祖娥拜倒稱罪，高殷默然不語，高演叩頭不止，臺下幾人都是兒子們的囊中之物，顯然眾人都在等著她，這個當今北齊最有權力的女人的決斷。她若再不開口決斷，這場宮廷政變就無法收拾。此時，她可謂一言九鼎。只聽她看似悠緩卻威嚴無比地對高殷說道：「還不快去安慰你叔叔！」這是在替高殷和高演找臺階下。果然，因為驚嚇過度而口吃不能言語的高殷這才開口道：「這些漢人，任憑王叔處置即可。」天子無戲言，於是，楊愔、燕子獻、鄭頤等大臣悉數被斬。

　　太皇太后愴然曰：「楊郎何所能，留使不好耶！」乃讓帝曰：「此等懷逆，欲殺我二兒，次及我，爾何縱之？」帝猶不能言。太皇太后怒且悲，王公皆泣。太皇太后曰：「豈可使我母子受漢老嫗斟酌。」太后拜謝。常山王叩頭不止。太皇太后謂帝：「何不安慰爾叔。」帝乃曰：「天子亦不敢與叔惜，豈敢惜此漢輩？但願乞兒性命，兒自下殿去，此等任叔父處分。」遂皆斬之。（《北齊書・列傳第二十六》）

史書記載，楊愔死之前，社會上曾流傳一首童謠：「阿麼姑禍也，道人姑父死也。」阿麼姑，當指楊愔的妻子太原長公主，她曾做過尼姑，故曰「阿麼姑」；道人，是皇帝高殷的小名，楊愔是他的姑父。楊愔死後，太皇太后婁昭君既心疼女兒太原長公主二次守寡，又可憐楊愔一代忠臣竟成為宮廷鬥爭的犧牲品，她用黃金打造一個假眼，親手安放於楊愔眼中。

可惜，再名貴的假眼，也代替不了人眼。即便是人眼完好無損，精明如楊愔，不也沒看清世事的真相嗎？

楊愔沒看清的是，北齊乃是鮮卑化的漢人高歡奠定基業的王朝，儘管高歡施展了高明的政治手腕，將漢人和鮮卑族人團結在一起做大事，但不可否認的是，在北齊朝廷，鮮卑權貴和漢族官僚的鬥爭一直都存在著。在鮮卑族出身的婁昭君和她的兒子們看來，這些漢人憑著自己擁有高度的文明和優秀的文化，一直在處心積慮地壓制他們乃至想奪權，所以婁昭君才發出那響徹雲霄的吶喊：「豈可使我母子受漢老嫗斟酌。」高演、高湛兄弟倆也就可以對漢族官僚大開殺戒。魏晉南北朝時期，少數民族與漢族的衝突，一直以來都是北方政權中最大的矛盾。楊愔等人與其說是宮廷政變的受害者，不如說是這一矛盾的犧牲品。正如南宋史學家胡三省所說：「楊愔受託孤之寄，不能尊主庇身者，鮮卑之勢素盛，華人不足以制之也。」近代史學家對此亦有精彩總結：「北齊是依靠六鎮鮮卑化的變兵建立起來的，上層統治者反對漢人和漢化的胡人。高歡之妻婁氏曾罵高洋之妻李祖娥（趙郡李希宗之女）為『漢老嫗』。支持李祖娥的楊愔死的時候，廢帝曾謂：『豈敢惜此漢輩！』……這樣排斥漢人，在少數民族中尚少見。」[49]

---

[49] 《陳寅恪魏晉南北朝史講演錄》，陳寅恪著，萬繩楠整理，天津人民出版社，2018 年 12 月版，第 196 頁。

北齊　楊子華〈北齊校書圖〉（宋摹本殘卷）

　　楊愔更沒看清的是，他所信任的合夥人李祖娥，竟是個沒有絲毫政治才能和鬥爭經驗的女人，儘管她是皇太后。李祖娥雖然久經生活的磨難和考驗，但直到她的丈夫高洋去世之前，她一直生活在丈夫寬大的翅膀（皇權和尊敬）庇護之下，有高洋在，她就可以獨受禮敬，享受著榮華富貴而不用面對皇宮之外的險惡。現在，保護傘走了，她在政治鬥爭中才剛登場，就暴露出自己的婦人之仁：沒有心計，以致把機密文件分享給間諜和臥底看；沒有膽識，在婆婆婁昭君的質問下，只會跪地拜謝，絲毫不作辯解和反抗；沒有備用方案，昭陽殿上事態的發展完全讓婁昭君和兩位王爺控制，眼看著忠臣楊愔策劃的政變就要失敗，卻也無可奈何，因為沒有做失敗的備用方案，以致成為任人宰割的羔羊。

　　人為刀俎，我為魚肉。楊愔等人被殺後，失去依靠的李祖娥和高殷，當然就淪為婁昭君和她的兒子們任意宰割的羔羊。自此，皇太后李祖娥才看清楚，在北齊的政治舞臺上，誰才是最有權力的女人。

　　西元560年，太皇太后婁昭君下令，廢黜高殷的帝位，將他貶為濟南王。同時宣布，立常山王高演為皇帝，史稱孝昭皇帝。廢與立，易如反掌。

　　此時，距離高殷當上皇帝尚不足一年，歷史上並沒有他的皇帝廟號，

被稱為廢帝或濟南王。

此時，距離高殷的死期也不遠了，第二年，即西元561年，已經被貶為濟南王的他，被孝昭皇帝高演殺死，死時只有17歲。

可憐的少年皇帝，可悲的漢族母親。高演成為北齊第三任皇帝後，李祖娥被降居昭信宮，人稱昭信皇后。曇花一現的皇太后名號，如同碩大的泡泡，一碰即破，連同那場表面鬧劇般、兒戲般的，實則充滿陰謀與算計的宮廷政變，虛化得無影無蹤，好似從未發生過。就連專門記載后妃傳記的《北齊書‧列傳第一》裡對此一個字也未曾著墨。

縱然千秋功過，留於後人評說，但李祖娥在現實世界和北齊後宮的人生劫難，卻遠未結束。

與狼共舞：一失足成千古恨，再回頭是百年人

西元560年，高歡的第六個兒子——高演即位於晉陽宣德殿，詔奉太皇太后婁昭君為皇太后，封妃子元氏為皇后，世子高百年為皇太子。

一年後的西元561年，高演病逝於晉陽宮，時年27歲。臨終前，他留下了遺詔，讓弟弟高湛繼承帝位。於是，在西元561年，高歡的第九個兒子——高湛即皇帝位，史稱武成皇帝。

高湛自小便「儀表瑰傑」，在所有兒子中，高歡最喜歡他。他8歲時，高歡就為他娶了蠕蠕太子的女兒鄰和公主，當時，高湛冠服端嚴，神情閒遠，無論是漢人還是少數民族人，對此都表示嘆服。《北齊書‧帝紀第七》評論他「風度高尚」、「有帝王之量矣」，但是，筆鋒一轉，既而又說：「帷薄之間，淫佚過度，滅亡之兆，其在斯乎？」意即這位武成皇帝生活淫蕩奢侈，北齊滅亡的兆頭，從他在位時就開始了。

第五章 選擇篇 李祖娥：翻轉人生的抉擇之路

高湛的「淫佚過度」，當追根溯源到他霸占皇嫂李祖娥。

俗話說，落毛的鳳凰不如雞。自兒子帝位被奪、性命被害，自己又被降為皇后身分，貶居在昭信宮，李祖娥便日日以淚洗面，暗自神傷。幸而有佛法，她得以每天虔誠禮佛，在幽幽深宮默默地懺悔、療傷。誰知，舊傷未癒，新傷又至。新任皇帝高湛找上門來，逼迫大嫂做自己的情婦。

原來，早在李祖娥尚是太原公夫人之時，每逢家族聚會，她就以「俏麗若三春之桃，清素若九秋之菊」的美貌和氣質，豔壓群芳，每次不僅惹得大哥高澄對她心猿意馬，九弟高湛也常常懷有非分之想。如今，雖然她已過了「窈窕淑女，君子好逑」的妙齡，但其徐娘半老、風韻猶存的韻味，更使得高湛按捺不住，他剛登基，就馬上跑過來求歡。

昭信宮內，李祖娥驚恐莫名。她沒想到新任皇帝竟這樣厚顏無恥，她是文宣帝高洋的妻子，之前被大哥高澄姦汙過，這已成她終生難以洗淨的恥辱，怎可再委身於高洋的弟弟，令自己陷於無法抽身的深淵？於是，她斷然拒絕了高湛的荒唐要求。貴為天子的高湛，頓時惱羞成怒，他惡狠狠地威脅道：「今日你若不依我，我就把你的兒子高紹德殺死。」李祖娥愣住了，渾身發抖，自高殷被害死後，另一個兒子高紹德是她在這世上唯一的依靠。不能讓高湛就此殺了她的兒子、她的希望。於是，她的希望保住了，她卻沉淪了。

武成踐祚，逼后淫亂，云：「若不許，我當殺爾兒。」后懼，從之。后有娠，太原王紹德至閣，不得見，慍曰：「兒豈不知耶，姊姊腹大，故不見兒。」后聞之，大慚，由是生女不舉。帝橫刀詬曰：「爾殺我女，我何不殺爾兒！」對后前築殺紹德。后大哭，帝愈怒，裸后亂撾撻之，號天不已。盛以絹囊，流血淋灕，投諸渠水，良久乃蘇，犢車載送妙勝尼寺。后性愛佛法，因此為尼。齊亡入關。隋時得還趙郡。（《北齊書・列傳第一》）

在武成皇帝高湛的威逼利誘下，性格軟弱的李祖娥選擇屈從他，從此，開始了她與狼共舞的生活。

春風幾度，珠胎暗結。和高湛在一起不到一年，李祖娥就懷孕了。本來她和高湛的結合就有違禮節，為人所齒，這件叔嫂私通的醜事，早已令她羞愧萬分，如今又懷有高湛的孩子，她更鬱悶，不敢與人言說，只好整日將自己關在屋內，大門不出，二門不邁。但紙終究是包不住火的。隨著李祖娥的肚子越來越大，昭信宮外的風言風語也越來越多。終於，太原王高紹德忍耐不住，跑過來準備向母親問個究竟。

這是西元562年的一天，高紹德來到母親居住的昭信宮門前，請求見母親一面。但李祖娥拒絕見面，並且命令他不准踏進宮門一步。15歲的少年高紹德，已到懂事年紀，母親的這一反常舉動，似乎證實了外面不堪入耳的傳言。他瞬間就發怒了，在宮門外高聲喊道：「兒子知道，母親不願意見我，是因為母親的肚子大了。」說完就氣哼哼地走了。高紹德是高洋的第二個兒子，與哥哥高殷文雅懦弱的漢家氣質不同，他的身上展現更多父親高洋野蠻的少數民族作風，難怪當初高洋揚言要廢黜高殷的太子之位，改立高紹德。

宮外，高貴的少年負氣出走；宮內，卑微的母親淚如雨下。年輕的兒子，哪會知道母親為保住他的性命付出的一切？人說，女子本弱，為母則剛。為了兒子，她付出了常人難以想像的辛苦：名節，她不要；臉面，她不要；甚至連性命，她都可以在所不惜。沒想到，兒子今天卻要跑過來指責自己的不堪。李祖娥羞愧難當，一陣悔意湧上心頭，她不由得痛恨起自己的大肚子。過了幾日，李祖娥生下一女，令宮人們沒想到的是，這個女嬰剛生下來沒多久，就被李祖娥掐死了。

聽聞自己的親生女兒被李祖娥親手殺死，高湛怒不可遏，他手持佩刀

趕到昭信宮，對李祖娥怒吼道：「你敢殺我的女兒，我就敢殺你的兒子。」說著，就命人將太原王高紹德召進宮中，當著李祖娥的面，用刀把狠狠地擊打高紹德的腦袋，只打得這個15歲少年血流滿面，跪地求饒：「阿叔饒我。」高湛卻邊打邊罵：「當初你父親打我的時候，你怎麼不幫我求情呢？」一下子，高紹德便氣息奄奄，須臾氣絕。

母子連心。李祖娥眼睜睜地看著兒子慘死在暴君高湛的手下，不禁大叫一聲，伏在兒子身上放聲痛哭。這痛徹肺腑的哀聲，徹底激怒了尚在暴躁中的高湛，這頭野狼更加憤怒，他命令宮女剝去了李祖娥的衣服，拿起鞭子，衝著赤身裸體的李祖娥就猛烈地抽打起來，只打得李祖娥血肉模糊、慘叫連連，不久便癱倒在地上一動也不動。盛怒的高湛終於放下鞭子，揉揉痠痛的手，吩咐宮女：「把她包起來，扔到水溝裡。若死了，就埋了；若沒死，就送出宮去。」說畢，若無其事地自行離開了。

或許是應了天無絕人之路，鮮血淋漓的李祖娥被遺棄在水溝中，「良久乃蘇」。醒來後，善良的宮女們幫她仔細擦拭身體，穿好衣服，然後用牛車把她送進妙勝尼寺。自此，這個曾經的北齊第一美女、開國皇后，削髮修行，做了尼姑。十五年後，北齊被北周所滅，作為曾經的皇室成員，李祖娥被俘並被帶往北周生活。直到隋朝取代北周的隋文帝時期，她才得以落葉歸根，回到故鄉趙郡。此後，史書上再也找尋不到她的絲毫消息。

一失足成千古恨，再回頭是百年人。暮年的李祖娥，再次踏上故鄉趙郡的土地，或許會感慨萬千。她因美貌而被寵，又因美貌而被辱。從萬千寵愛到色衰愛弛，從榮華富貴到當眾裸刑，她的一生，可謂悲苦。然則，這悲苦，除卻時代、環境和其他背景影響，大多也是她自己選擇的結果。

李祖娥人生的每一項選擇，都關乎她之後命運的走向。微賤時，高洋尚在韜光養晦、養精蓄銳，作為妻子，她的選擇是善良而溫柔的陪伴，故

而才會守得雲開見月明，高洋力排眾議，讓她當上北齊的開國皇后。顯貴時，兒子皇帝之位不穩，作為皇太后，她本應謹慎睿智、果敢決斷，但她的選擇是口無遮攔、軟弱無力，以致引火燒身，自己被貶被辱倒在其次，甚為嚴重的是，兒子不僅丟了江山，還賠上性命。幽居別宮時，高湛圖謀不軌，作為開國皇帝的未亡人和大嫂，她本應嚴詞拒絕，但她選擇了忍辱負重。既然選擇忍辱負重，就該等到自己和兒子實力強大時再復仇，她卻一時衝動、意氣用事，聽到兒子的幾句譏諷就受不了，任性地選擇殺死女兒報復高湛，以致惹怒暴君，眼睜睜地看著唯一活著的兒子被殘忍地殺死，自己貴為金枝玉葉、皇后之身，還要在眾目睽睽之下遭受恥辱的裸鞭之刑。晚年的李祖娥在青燈古佛相伴的餘生，只能「漫悔懊。此事何時壞了」。

人生不可重來，正所謂你的選擇，就是你的命運。

選擇之重與取捨之輕

角色錯置的人生戲

香港女作家亦舒曾在她的小說《圓舞》中寫道：「老覺每個人都是乞丐，自命運的冷飯菜汁盆中討個生活，吃得飽嘛，已經算是幸運，冷飯中或混有菸頭或味道甚差，只好裝作不知不覺，有什麼選擇？乞丐沒有選擇。」人活一世，或許真如乞丐，吃多吃少，吃好吃壞，只能接受命運的安排，但這僅為區域性現象，或者說只是一部分人的選擇。更多的人，只要有些微的骨氣，就不願意被命運扼住喉嚨，尤其是困厄時，都得做一番

鬥爭和反抗。如此努力地活著，當是人生的意義所在。

　　但或許人生最重要的，不是努力，不是奮鬥，而是選擇。升學、婚姻、職業、教育子女、理財規劃、夢想實現，人生處處都是選擇題。或許，一個正確的選擇，即可達到「好風憑藉力，送我上青雲」的絕佳效果；一個錯誤的選擇，則有可能落得「一失足成千古恨，再回頭已百年身」的遺憾下場。選擇，看似一個簡單的向左走、向右走的問題，實則涉及人生道路和方向。正如李白所感嘆的：「行路難，行路難，多歧路，今安在？」

　　至道無難，唯嫌選擇。選擇本身無所謂好壞，因人而異，因時而異，因地而異。就個人而言，面臨人生道路和方向做選擇時，人的角色定位、性格氣質、內心追求和利益衝突等就成為至關重要的決定因素。

　　人常說：戲演人生，人生如戲。大千世界，每個人都有自己要扮演的角色。於女性而言，孩童時的天真，少女時的伶俐，青年時的蓬勃，中年時的成熟，老年時的穩重，當是人生各個階段的自然形態，春夏秋冬，風采百變，各有千秋。若說女性在青少年時代是花旦，中年時是青衣，那麼老年時則為老旦。在面臨人生每個十字路口的選擇時，若角色定位不準，則極易導致選擇的錯誤，釀成命運的悲劇，就如北齊第一任皇后李祖娥。

　　芙蓉不及美人妝，水殿風來珠翠香。年輕時的名門閨秀李祖娥，在北齊上下豔冠一時，可謂北齊第一美女。以她「容德甚美」的資質，配得上高歡家族甚至是北齊任何權貴家豐神俊朗的公子，但命運捉弄人。風華正茂的李祖娥嫁給的偏偏是高歡的15個兒子中最醜陋、最不受人待見的鼻涕蟲高洋，所謂美妻常伴拙夫眠。或許是本性恬靜，李祖娥在陪伴裝瘋賣傻的高洋過著臥薪嘗膽的日子時，缺乏這個年紀的花旦應有的活潑開朗和朝氣蓬勃，而顯現出韜光養晦的成熟穩重，即便被好色的大哥高澄趁機姦汙，她也隱忍地保持緘默，此時她頗有青衣的睿智和老旦的穩重。因此贏

得丈夫高洋一世的敬重有加。

及至李祖娥初登皇太后大位，兒子帝位不穩，身為母親的她本應果敢決斷、心有城府，為保住兒子的江山出謀劃策，或者聽從忠誠果敢的大臣楊愔等人的建議，及早敦促皇帝做出剷除兩位皇叔的決定。可她沒有，她天真地將密奏拿給對手的臥底看，等於將自己、兒子和諸位大臣的密謀示人。在兒子被迫向叔叔高演投降，授權高演誅殺楊愔等忠臣之時，身為母親的她本應積極挽救這些大臣的性命，保住輔政大臣楊愔等人，就是保住自己兒子的皇位。可她沒有，她在太皇太后的威懾下，除了唯唯諾諾、瑟瑟發抖，別無作為。在本應發揮青衣的成熟睿智、殺伐決斷的特長之時，她不合時宜地扮演著天真無邪、楚楚可憐的花旦形象。楊愔選擇角色錯置的李祖娥來做這場宮廷政變的女主角，乃大錯特錯。

武成皇帝高湛本就荒淫凶殘，迫於他的淫威，更為了兒子高紹德的性命著想，寡居的李祖娥只得含垢忍辱、委曲求全，做了小叔高湛見不得人的情婦。這樣的選擇，本是無奈之舉，若她和兒子能互相理解包容，或許也會迎來柳暗花明又一村的那天，畢竟高紹德年輕有為，還是高洋的嫡子。誰知，她卻任性地一時興起，殺死自己和高湛偷情得來的女兒來報復他對自己的霸占。結果卻是：一怒之下踢石頭，只有痛著腳指頭。高紹德和她，一個被殘殺，一個被裸鞭，陰陽兩隔，同羞同辱。處於老旦這個角色的她，本應擁有穩重大氣、老謀深算的心思和氣質，她卻意氣用事如同率性的小女孩，以牙還牙的方式就像在跟暴怒的野獸高湛賭氣，絲毫不考慮如此帶來的後果。

如此錯置到離譜的角色扮演，她人生關頭的每次歷史性選擇，豈非過於隨性，乃至如可笑的兒戲？她的人生豈能不悲苦淒涼？

▎性格決定選擇，選擇決定命運

英國大文豪莎士比亞（Shakespeare）在他的《哈姆雷特》中寫有兩句經典臺詞，一句是著名的「生存還是毀滅，這是個問題」；一句是「女人啊，你的名字叫脆弱」。前一句說明了生命的選擇問題，後一句則顯示出對女性的性格評價。在莎翁的劇中，哈姆雷特的母親在丈夫去世後不到兩個月就嫁給自己的小叔，因此引發了哈姆雷特強烈的不滿，當他譏諷地說出「女人的名字叫脆弱」的時候，不曾想到母親也曾面臨著「生存還是毀滅」的問題。在生死面前，女性表現出的順從，往往被歸結為她們性格的軟弱。

不可否認，人生某些選擇的失敗與成功，跟人的性格有關。李祖娥即是這樣。她的人生充滿悲劇色彩，與她性格中的軟弱、輕信、猶豫有關。若不是因為軟弱，她不會在面對宮廷政變驟然發生異動的情況下束手無策，以致於置楊愔等大臣的性命於不顧，只需跪在一言九鼎的太皇太后面前哭哭啼啼，跪地求饒。若不是因為輕信，她不會將宮人李昌儀引為知己，平日裡絲毫不去查究這位號稱同宗姑姑的底細，更不會將機密文件與之分享，況且還在大戰前夕，況且一切勝負未定。若不是因為猶豫，她不會在凌辱自己的小叔高湛和親生兒子高紹德之間搖擺不定，先是選擇屈從高湛從而懷孕生女，後又選擇照顧兒子的面子而掐死親生女兒。當斷不斷，反受其亂。自保護傘高洋去世後，皇后李祖娥的人生選擇永遠是模稜兩可、一錯再錯，想要什麼都得到，反而什麼都得不到，這是由她自我的性格弱點所決定的，所謂性格決定命運，此言不虛矣。

與李祖娥的成事不足敗事有餘的性格相比，同樣身為女人且是入住北齊皇宮的女人，婆婆婁昭君的性格就顯得更果敢、更強硬、更有主見。婁昭君是鮮卑族女子，自嫁給英雄高歡後，她便堅定不移地追隨丈夫的腳

步,為其創業立下汗馬功勞。

　　作為妻子,婁昭君能幫助高歡的,僅限於為其提供穩定安全的後方保障。高歡創業之初要頻繁地出去打仗,有一次正逢婁昭君在家生孩子,這是一男一女的雙胞胎,左右隨從擔心出事,意欲追告高歡,沒想到滿頭大汗地掙扎在鬼門關的婁昭君卻阻止道:「王出統大兵,何得以我故輕離軍幕。死生命也,來復何為!」高歡聞之,嗟嘆良久。

　　作為女人,婁昭君的果敢和有主見更是令高歡自愧不如。時任東魏丞相的高歡為與柔然交好,準備採取和親的辦法,柔然方面提出必須將公主正式與高歡婚配才可放心,但當時高歡已有婁昭君這個正妻,不便再娶,因此猶豫不決。婁昭君聽說後,反倒勸解高歡:「為了國家的大計,不妨依了他們,不用為此過度煩惱。」高歡沉思半晌,才說道:「如此,豈不是要委屈你了?」婁昭君爽朗地答道:「國事為大,家事為輕,我一人微不足道。」及至高歡將柔然公主迎娶回家,婁昭君更是主動將正妻的房間空出來讓柔然公主居住。高歡對此慚愧不已,對著婁昭君拜謝良久。

　　作為北齊江山的護航者,婁昭君在高歡死後,更是不遺餘力地維護皇族的利益。前文所述漢臣楊愔等人試圖利用皇帝和宮廷政變來剷除高演、高湛兩位王爺,婁昭君接到臥底李昌儀的密告後,急忙奔赴昭陽殿主持大局。當時,皇帝高殷已緊張到口吃病發作,不能言語;皇太后李祖娥則只有婦人之仁,除了跪謝,完全不知所措。唯有婁昭君,一眼就判明朝中局勢,她一方面向皇帝施壓,讓他下詔斬殺諸位漢族官員;一方面又使出懷柔手段,促成皇帝和叔叔們達成和解。

　　尚書令楊愔等受遺詔輔政,疏忌諸王。太皇太后密與孝昭及諸大將定策誅之,下令廢立。孝昭即位,復為皇太后。孝昭帝崩,太后又下詔立武成帝。(《北齊書‧列傳第一》)

第五章 選擇篇 李祖娥：翻轉人生的抉擇之路

在北齊的朝政逐漸穩定之際，太皇太后婁昭君即開始著手皇帝的廢立大事，西元560年，她下詔廢黜漢家氣質過於濃郁的高殷的皇帝之位，另立第六子高演為帝；一年後，高演去世，婁昭君又下詔立第九子高湛為帝。一廢一立，到再立，行事果斷，布局穩妥，北齊朝政和社會的穩定未曾受到較大影響。

文宣將受魏禪，后固執不許，帝所以中止。（《北齊書‧列傳第一》）

即便是大事降臨前的猶豫，婁昭君的想法也顯得比李祖娥更謹慎、更顧全大局。高歡和高澄父子相繼成為東魏權傾朝野的丞相，和曹操一樣，挾天子以令諸侯，但他們終其一生都未能登上皇帝寶座。高洋在篡位當皇帝之前，先去試探政治經驗豐富的老母親的態度。令他頗感意外的是，婁昭君竟這樣打擊他：「你的父親像龍，你的大哥像虎，即便這樣英武，他們尚且終身當臣子，你何德何能，勇於覬覦皇帝的天位呢？」一番話驚醒夢中人。知子莫若母，婁昭君的言語雖然含有鄙視之意，但於行事魯莽的青年高洋來說，無異於一記警醒棒。高洋遂不敢輕舉妄動，他知道，要讓東魏末代皇帝主動禪讓皇位給他，要走的路還很長，要做的準備也有很多。於是，在經過充分準備之後，高洋方小心翼翼地行受禪儀式，正式建立齊國，史稱北齊。

婁昭君，這位北齊歷史上最有權力的女人，性格果斷，作風強硬，抉擇明智。有婆婆性情強悍如此，只要她在世，難怪北齊歷史上最漂亮的女人李祖娥，即使貴為皇太后，在生活上和政治上都要敗下陣來。

▍方向不明時，傾聽內心的聲音

東晉詩人陶淵明曾在詩中寫道：「人生無根蒂，飄如陌上塵。分散逐風轉，此已非常身。」的確，人生渺小且短暫，世事無常且虛妄，尤其是當走

進人生的困境時,常會發出如此感嘆。然則,越是生活困厄,越能顯出選擇的重要性,有時,一著不慎,滿盤皆輸;有時,小不忍則亂大謀。生活的困厄,顯得人生沒有方向感,「飄如陌上塵」。而你的選擇,則是你的生活方向。一旦確定某種生活方向,這種方向即反映了人們內心追求的目標。

《三字經》流傳千年,起始句便是:人之初,性本善。哲人荀子卻說,人性本惡。人性中,當善惡並存。激發出人性中善良與邪惡本性的,除了自我的道德修養,更重要的,當屬外在利益的誘惑。外在利益誘惑過於強大,大到可以泯滅自己的良知,人們更容易選擇惡;外在利益與自我道德追求相差無幾時,人們更願意選擇善。所以,一念之間,可以為善;一念之間,可以為惡。

外在利益與內心追求的鬥爭,即為選擇的過程,因而人人皆稱:需要做出選擇。外在利益和內心追求經常會南轅北轍,因而人人皆稱:選擇真難。

人世幾回傷往事,山形依舊枕寒流。當曾經的北齊皇后李祖娥在妙勝尼寺裡青燈古佛的相伴下,午夜夢迴時,想必曾回想過往事,或許,她會輕嘆幾聲:若我當時不將密奏拿給李昌儀看就好了,若我當時拚著命保住楊愔等幾位大臣就好了,若我當時不屈從高湛那匹餓狼就好了,若我跟兒子高紹德互相包容理解就好了,若我當時不害死剛出生的女兒就好了……然而,人生沒有後悔藥可吃。即便是時光倒流,相信以李祖娥的個性和處境,她依然會走自己的老路,做出同樣的人生選擇。她的選擇,是她的內心追求和外在利益自主妥協的結果。

人,都是趨吉避凶的。當李祖娥拿著密奏興沖沖地給同宗姑姑李昌儀觀看時,她的外在利益追求是虛榮、炫耀和興奮,這些平日裡很難享受到的高昂情緒,以及能夠參政的喜悅,暫時性地壓倒了她答應的對楊愔等人保密的囑託。她選擇分享喜悅或分擔恐懼,而捨棄了大事來臨前的保密和警惕。於是,計畫縝密的宮廷政變胎死腹中,兒子的江山穩固,抵不過李

祖娥一時的虛榮和興奮。說到底，除了毫無政治才能，還有面子在作祟。

當李祖娥站在不怒自威的太皇太后身邊時，昭陽宮已成為她和兒子高殷的囚籠，當時她的外在利益是保命，保住自己和兒子的性命，至於楊愔等人對自己母子的照顧和鼎力協助，都可以通通不顧。畢竟大敵當前，她也是泥菩薩過河──自身難保。於是，強烈的求生欲望壓倒了她內心對這幾位漢家忠臣的愧疚，她選擇跪倒在地，向太皇太后發誓自己絕無奪權的想法，乞求北齊鮮卑貴族饒過他們母子。此舉，說得好聽點，是識時務者為俊傑；說難聽點，則是賣友求榮，踏著同袍的屍體向敵人搖尾乞憐。無他，自私短見的念頭作祟。

溫柔幾許緣何散，愛恨聲聲怨。當李祖娥驚恐萬分地倒在小叔高湛的懷裡時，她想到過名節嗎？雖然，南北朝時期，戰爭頻繁，人口消耗較大，朝廷提倡早婚早育，社會對於寡婦的再嫁和婦女的改嫁，也都較為寬容，譬如北魏孝文帝的妹妹陳留公主就嫁了兩次，第二任丈夫死後，不少求婚者還不斷上門來提親。但在北齊皇宮裡，畢竟李祖娥是從小接受儒家傳統文化長大的，漢族忠貞不渝的婚姻理念在她的腦海裡根深蒂固。但彼時外在的利益──兒子的性命安全更重要，故而她壓抑了自己內心的羞恥心，沒有剛烈地赴死，沒有反抗到底，而是艱難地選擇逆來順受。然而，當她親手掐死自己新生的女兒時，她想到過惹怒高湛的後果嗎？應該有，但當時外在的利益──兒子的指責和譏諷更重要，故而她壓抑了苟活的想法，沒有審時度勢，沒有預想後果，而是選擇恩斷義絕、以卵擊石。在該抗爭時選擇隱忍，在該隱忍時卻選擇反抗，李祖娥，這個可憐的女人，終究還是輸在自己的貪欲上：既要保住兒子的命，也要保住自己的名聲和面子。在北齊這個以淫亂和暴虐著稱的北方皇宮裡，哪裡有這麼好的事？

李祖娥的選擇悲劇，讓人不禁想起魯迅的那段著名評論：「女人的天性中有母性，有女兒性；無妻性。妻性是逼成的，只是母性和女兒性的混

合。」與野獸高洋相依為命的日子裡，李祖娥母性大發，包容一切醜惡、鬱悶、不順；與野狼高湛叔嫂通姦的生活中，李祖娥則一面是母性，小心翼翼地保護著兒子的安全；一面是女兒性，任性地隨意掐死新生女兒，以此來報復高湛對自己的凌辱。這雙面人似的悲劇人物，似乎從未為自己而活，只是被生活的、歷史的潮流裹挾著走向北齊、走向北周、走向隋朝，直至回到滿目瘡痍、物是人非的故鄉趙郡，正是「山河破碎風飄絮，身世浮沉雨打萍」。

　　需要說明的是，李祖娥因個人選擇不當導致命運走向悲劇化，是她個人性格和行事風格使然，但這悲劇的促成，也是當時民族衝突嚴重的選擇的結果。漢人和少數民族人的衝突在北齊一朝始終存在，前文述及，如歷史學家所說，「（北齊）這樣排斥漢人，在少數民族中尚少見」，在這樣的文化和時代大背景下，李祖娥這個漢族出身的皇太后被排斥、被貶低，乃至被侮辱，自是必然。

　　文宣大漸，以常山、長廣二王位地親逼，深以后事為念。愔與尚書左僕射平秦王歸彥、侍中燕子獻、黃門侍郎鄭子默受遺詔輔政，並以二王威望先重，咸有猜忌之心。（《北齊書·列傳第二十六》）

　　同時，她周圍的人的選擇也影響到她的命運，譬如她的皇帝丈夫高洋。高洋選擇具備漢家氣質的高殷做繼承人，又對自己家如狼似虎的兩個弟弟不放心，故而選擇楊愔等漢族人為輔政大臣。但終究，帝權和鮮卑族勳貴的鬥爭不能避免，正如日本學者所說：「我們可以毫不誇張地說，正是巧妙地控制住以侯景為首的、在北鎮之亂中歷經百戰磨練的軍人，高歡的勢力才得以維持……當時的史書將這些軍人當中登上高位的人稱為『勳貴』。從帝權一方來看，這些人的存在構成了帝權完全伸張的阻礙。為此，帝權任用漢人官僚以壓制勳貴的勢力，而這種壓制勢必引起勳貴階層

的牴觸。」[50] 如是，漢人官僚楊愔鬥爭失敗，鮮卑勳貴階層廢掉了高殷。

民族衝突嚴重、帝權鬥爭需求，重重壓力下，李祖娥的悲劇已不可避免，更遑論她個人的選擇一再出現失誤。

覆巢之下：她們的困境與抉擇

綜觀二十五史中的《列女傳》，歷代史家對列女這一種奇女子事蹟的記載，多著重於她們面臨的困境和選擇，唯其困境越大，方顯其選擇的艱難與剛烈。她們中有人與李祖娥遭遇的困境相差無幾，但選擇卻截然不同，譬如北魏宦官苻承祖的姨母楊氏和清朝田緒宗的妻子張氏。

苻承祖的姨母楊氏。北魏孝文帝統治時期，有一姚姓人家的妻子楊氏，是宦官苻承祖的姨母，家境貧寒。苻承祖是北魏文明馮太后最寵信的宦官，被魏孝文帝賜爵略陽公、安南將軍等，一時間權勢熏天，親戚朋友都來巴結他，以求得利益，唯獨楊氏從不登門求這個外甥辦事。不但如此，她還經常對自己的姐姐、苻承祖的母親說：「姐姐雖然有一時的榮耀，但不如妹妹我的無憂之樂。」姐姐每次要送給楊氏衣服，楊氏都不接受，姐姐強行塞到她手上，她就說：「我夫家世代貧寒，這些華衣美服穿上讓人覺得心不安。」姐姐又要送她奴婢，楊氏說：「我們家糧食不多，沒法供養這些奴婢。」終究不肯接受。楊氏平日裡常穿著破衣爛衫，自己親自勞動。有時姐姐家給些衣服，她推託不掉，接受後卻不穿，反而把這些衣服祕密地埋掉。即便偶爾穿上姐姐家送的衣服，她必定要將衣服先弄髒了再穿。

外甥苻承祖每次看到姨母楊氏這樣寒酸微賤，都頗為遺憾，還以為是家人沒送姨母什麼好東西，於是，他對母親說：「兒子今天有地位有成就，

---

[50]《中華的崩潰與擴大：魏晉南北朝》，[日] 川本芳昭著，余曉潮譯，廣西師範大學出版社，2014年1月版，第258頁。

錦衣玉食，我現在什麼都不缺，卻讓我的姨母過得這樣寒酸？」母親把以往送東西的實情告訴了兒子。苻承祖聽說後，立刻派人乘車去迎接姨母，誰知姨母堅決不答應。來的人強行將她抬到車上，楊氏則大哭道：「你們這是要殺我啊。」由此，苻家上下都稱呼楊氏為「痴姨」。

太和十五年（491 年），苻承祖犯了貪汙罪，理應被處死，但文明馮太后生前曾向他許以不死之詔，魏孝文帝懷著對祖母文明馮太后的一片孝心，免了苻承祖的死罪，將他削職禁錮在家，一個多月後，苻承祖死了。樹倒猢猻散，有關部門追查苻承祖的罪行時，將他的兩個姨母捉拿至朝廷問罪，當看到楊氏衣著破舊粗劣，就特意赦免了她。楊氏的見識、智慧，即使是漢朝的呂嬃[51]也比不上。（事見《魏書‧列女傳》）

田緒宗的妻子張氏。清朝的田緒宗是順治九年（西元 1652 年）的進士，官至浙江麗水知縣，為官清正，頗有聲譽。在任時他突然去世，他的妻子張氏強忍悲痛，在繼任者還未到來前，她將丈夫經手的帳目和往來文書一一核對並保存，等繼任者就任，在知府的監察下，她將官府物品逐一移交，確認無一遺漏後，她才扶著丈夫的靈柩回歸故里。

從此以後，她紡線織布，過起苦日子；閉門謝客，只為潛心教育三個兒子讀書，兒子們也不負眾望，「皆有文行」。十年後，大兒子田雯考取了進士；又五年後，二兒子田需也考取了進士；三兒子田霡雖然沒有考中進士，但日後也成為全國聞名的布衣詩人。兒子們的出色源於母親張氏的辛苦培養，更與張氏本人的文學素養分不開。《清史稿‧列女傳》稱讚她：「張通詩、春秋傳，能文。」

經歷 30 多年守寡的艱辛，張氏迎來人生的幸福時刻，70 歲時，兒子和親戚朋友準備為她過大壽，張氏卻告誡兒子們說：「按照禮制，婦人無夫者稱未亡人，凡是吉凶交際之事一概不參與，也不為主名……自從你們

---

[51] 呂嬃，西漢時劉邦的皇后呂雉的妹妹。

的父親在官任上猝然而逝，我攜扶小弱，扶靈柩千里歸來，之後含辛茹苦30餘年。我閉門自守，紡織自給，一直遵循著禮制。幸運的是，你們幾個都有出息，得以自立，還能供養我的晚年。但是，我心中始終有隱痛。每到歲時臘月，兒女滿前，牽衣嬉笑，我就不免心有所動，想到你們的父親不能見到這番熱鬧情景，因此我有時坐著嘆息，有時放下筷子忍不住就哭起來。今日一旦賓客盈門，來為我這個未亡人祝壽稱慶，我這個未亡人還可以說得上歡慶嗎？30年來吉凶交際之事，我都不參與，而今日你們更是強迫我為主名，這能稱得上是合乎禮制的嗎？使我陷於非禮的境地，這不是替我稱慶，完全是增加我的悲傷。你們都在朝為官，應該明曉大體，用符合禮制的做法來考慮事情，才能安慰老人的心。」在她的一再堅持下，慶壽之事不了了之。張氏77歲時去世，留下一部著作《茹荼集》，而她的大兒子田雯，則官至戶部侍郎。（事見《清史稿·列女傳》）

　　苻承祖的「痴姨」看似痴傻，實則精明，有遠見。她知道外甥的權勢來自皇權，皇權有變動，外甥的境遇可能會天差地別，後來果不其然。苻承祖倒臺後，依附於他的其他人跟著倒楣，唯「痴姨」沒跟著他享福，也就不用跟著受罪了。北齊皇后李祖娥卻沒有如此遠見和智慧，只看表面現象，宮人李昌儀跟她同宗，與她套關係，她便把機密文件也與之分享；昭陽殿上胡漢鬥法，她為一己私利，未能保住楊愔等漢臣的性命，也就相當於把自己和兒子高殷置於鮮卑族勳貴的砧板上。缺乏心機和智慧，在權力遊戲中哪有勝利可言？

　　清朝田緒宗的妻子張氏，是位單親母親，她「含艱履戚，三十年餘。闔戶關績，以禮自守」（《清史稿·列女傳》）。亦自稱未亡人，守寡30多年，在70大壽時對兒子們說的一番話，可謂道盡此中胸臆：「然此中長有隱痛。每歲時朕臘，兒女滿前，牽衣嬉笑，輒怦怦心動，念汝父之不及見。故或中坐嘆息，或輟箸掩淚。今一旦賓客填門，羊酒塞路為未亡人稱慶，未亡人

尚何以慶乎？」(《清史稿·列女傳》)。可知，這是一位甘於平淡、堅韌頑強、感情忠貞的母親。這裡的忠貞可指堅守某種約定，不一定非得是貞節，如美國漢學家所說，「(2,000多年前)『貞』的核心就是堅決、頑強、始終如一地堅守道德準則，或者堅守根據這些準則而做的約定，或者用劉向的話說，是『以專一為貞』。」[52] 因此，不必苛求李祖娥必須為文宣帝守節，她被武成帝高湛所迫，委身於小叔，或許是基於保護兒子高紹德的考慮，本無可厚非，但她缺乏足夠的忍耐力和長遠打算，被高紹德譏諷一句，面子上即受不了，於是做成「生女不舉」的衝動行為，反而連累高紹德被殺。衝動是魔鬼，忍耐最高貴。這些列女形象光彩熠熠，可謂替李祖娥這樣依附性極強、缺乏主見和自力更生能力的皇家女性樹立一個良好的榜樣。

　　歷史學家說：「人有三不朽，即立德、立功、立言。這三不朽的次序如何排定的呢？立功只是一時貢獻，立言始是萬世教訓，更高過了立功。立德則只在一己。上面說過，只是反求諸己，自盡我心……立功須有外在條件，有機緣配合。立言更難……那亦有條件，不是人人可能……只有立德，是沒有條件的，人人能之。所以中國古人把立德奉為第一位。」[53] 誠如斯言。於女子而言，封建帝制時代，立功、立言需要外部條件配合，成功的機率很小，唯有立德可行。於李祖娥而言，她立功未成，計畫洩漏，反而葬送兒子的江山和性命；立言談不上；立德可行，她卻反其道而行之。這是李祖娥個人的選擇。

　　當時，實力雄厚的北齊鮮卑族勳貴的選擇是排漢，導致國家命運歸宿是北齊被滅。國力相對較弱的北周，選擇的是另一條道路：漢化改革少數民族。於是，北周戰勝了北齊。最終，歷史做出了它的選擇：少數民族融入漢族，楊堅建立的隋朝再次走向大一統。

[52] 《矢志不渝：明清時期的貞女現象》，[美]盧葦菁著，秦立彥譯，江蘇人民出版社，2011年3月版，第23頁。
[53] 《中華文化十二講》，錢穆著，貴州人民出版社2019年6月版，第38頁。

第五章 選擇篇 李祖娥：翻轉人生的抉擇之路

結語

　　紅塵滾滾，不是每個人都能看清自己的前進方向，尤其是女人，陳陳相因，很容易就走上依附丈夫、兒子以及其他男性的寄生之路。但女性生而為人，當有為自己而活的勇氣。為自己而活，前途渺茫時，方能聽清自己內心的聲音。拋卻世間外在的利益誘惑，虛榮心也好，他人的議論也好，權勢也好，溫柔鄉也好，都抵不過自我內心的天性追求。

　　傾聽心靈的召喚，活出身為女人的自我，如此，方為人生不後悔的一種選擇。

　　即便天生柔弱，在做人生抉擇時，女人也不應示弱。女人該知道，每一種選擇都是可能的，每一種選擇都是自己力所能及的，同樣，每一種選擇都有可能指向幸福和快樂。女人，為自己的幸福、快樂，應主動做出選擇。

　　誠然，世間之事，沒有絕對的對與錯；世間的選擇，也無絕對的對與錯，從歷史大趨勢來說，順應時勢、借勢而為的選擇被證明是相對正確的，逆著時代潮流而行的，大多處處遭遇挫折；就個人而言，一時的痛快選擇固然是穩妥的，但有可能對其一生命運造成無可挽回的損失，這便是個人眼界、能力、格局之所限。若要避免「一著不慎，滿盤皆輸」，唯有學習和歷練，從哪裡跌倒就從哪裡爬起來，吃一塹長一智。磨難過後，方能不畏浮雲遮望眼。

　　人生，無非是向左走、向右走，不管怎麼走，找到適合自己的才是最有可能獲得幸福的道路。

莫高窟第 254 窟北魏〈藥叉伎樂〉

莫高窟第 345 窟北魏〈天宮伎樂〉

尾聲

人生最重要的大事,唯一件:選擇。所謂良臣擇主而事,良禽擇木而棲。

北魏末年,有一位鮮卑族女子,從小便聰慧且覺悟。周圍的豪門大族都爭相找上門來,想要聘她做妻子,都被這女子婉言謝絕了。有一天,這位女子無意中看見城樓上站崗的一位漢族男子,頓時驚喜道:「他正是我應該嫁的人。」隨即派身邊的侍女前去告訴男子,還拿出自己所有的私房錢,資助這位貧窮男子來上門提親。女子的父母不得已,只好答應了這門婚事。

女子與男子成婚後,共生育六男二女。神奇的是,她每懷孕一個孩子,都要做個奇特的夢。懷有大兒子時,她夢見一條斷龍;懷有二兒子時,她夢見一條大龍,首尾連接天地,張口動目,勢狀驚人;懷有三兒子時,她夢見一條匍匐在地的龍;懷有四兒子時,她夢見一條在大海裡沐浴的龍;懷有五兒子、六兒子時,她夢見有老鼠鑽進衣服下面;懷有兩個女兒時,她夢見有月亮撲入懷中。

更令人咋舌的是,後來的歷史發展均如實地驗證了她的夢境。她的前四個兒子或差點當上皇帝,或真正成為九五之尊,做了名副其實的神龍;她的後兩個兒子,則被封王。她的兩個女兒,分別成為北魏孝武帝的皇后和東魏孝靜帝的皇后。一門出三個皇帝、兩個皇后,實屬歷史罕見之事。

這個鮮卑族女子,就是北齊的神武明皇后婁昭君。她的人生傳奇,源自她聰明有主見,選擇了漢人高歡做丈夫。

北魏末年,有一位鮮卑族男子,他長相俊美,善騎射。因為長相俊美,他得以和潘岳、衛玠、蘭陵王等並列為中國古代十大美男;因為風姿

綽約，偶然的一次，他帽子被風吹歪而不自知，城中少年竟以此為美，爭相模仿他的歪戴帽，以致留下「側帽風流」的典故；因為他善於騎射，西元 534 年，北魏孝武帝元脩不願做權臣高歡的傀儡，倉促起身，被迫逃往長安之時，他為追隨孝武帝，千里走單騎，一路狂追，終於趕到皇帝身邊盡忠，孝武帝感動地表揚他說：「世亂識忠良，豈虛言哉！」後來，他在長安的西魏朝廷屢立功勳，官至宰輔，和宇文泰、李虎等成為西魏八大柱國之一。

他的七個兒子均封公封侯，他的三個女兒則成為三個國家的皇后：長女是北周明帝宇文毓的皇后，諡號明敬皇后；第四個女兒是唐朝開國皇帝李淵的母親，被追封為元貞皇后；第七個女兒是隋朝開國皇帝楊堅的皇后，諡號文獻皇后。一門出三個皇后，史書稱「自古以來，未之有也」。

這個鮮卑族男子，就是西魏、北周的著名將領獨孤信。他的女兒們能與三個國家的皇帝聯姻，源自他多年前選擇了忠勇，奮不顧身地追隨皇帝西遷到長安。

魚，我所欲也；熊掌，亦我所欲也。捨魚而取熊掌者也。

—— 本篇完 ——

第五章 選擇篇

李祖娥：翻轉人生的抉擇之路

第六章　美貌篇

馮小憐、潘玉奴、張麗華：傾城容顏，傾世傳說

引子

中華文明5,000年，主要的朝代大約有24個，其中歷史最悠久的三個朝代是夏、商、周，據說都亡於女人之手。夏有妹喜，商有妲己，西周有褒姒。周朝分為西周和東周，東周又分為春秋和戰國，東周表面上擁有大一統的天下，實則政權分裂久已，故《三字經》說：「周武王，始誅紂。八百載，最長久。周轍東，王綱墜。逞干戈，尚遊說。始春秋，終戰國。」實質上的大一統政權，唯西周而已。

泱泱中華5,000年，周朝歷史最悠久，卻也最可惜，因為一個女人被滅亡（西周滅亡），被迫遷都（遷都洛陽，是為東周）。這個女人，就是褒姒。

西元前781年，西周的國王周幽王繼位。這是一位性格暴戾、不理國事、沉溺於酒色的一國君主。在攻打褒國時，他俘獲了一名絕色美女，姓姒，因她來自褒國，所以被稱為褒姒。荒淫的周幽王一見美女就喜不自禁，誰知道，褒姒卻是一位冷若冰霜的冰美人，終日鬱鬱寡歡，眉頭不展，這可急壞了好色的周幽王。《史記》稱「褒姒不好笑，幽王欲其笑萬方，故不笑」，意即褒姒不愛笑，周幽王用了萬種方法逗其笑，都不能博得褒姒一笑。

這時，一個專事諂媚、取悅君主的大臣替周幽王出主意，說可以帶褒姒去看烽火臺的狼煙四起，或許可以使褒姒歡顏一笑。黔驢技窮的周幽王一聽，覺得這個辦法不錯，於是就帶著褒姒來到京城（現今中國的西安）附近的驪山烽火臺。他命人擂起大鼓，將烽火臺的狼糞[54]點燃。當時，烽火臺是王朝的重要軍事設施，國家的多個重要軍事據點均建有烽火臺，每當有敵人入侵，烽火臺的士兵看到後，趕快點起火，並擂大鼓，以此提醒

---

[54] 夜間燃起木柴，稱為烽火；白天燃起狼糞，稱為狼煙。

其他據點的同伴,讓他們加強防備和支援。如是,烽火臺就具備傳遞敵情和請求支援的意義。座座烽火臺連起來,相當於整個國家的一道重要防護屏障。

如今,儘管沒有敵人來侵犯,周幽王為了博得美人一笑,還是啟動了防護屏障的按鈕。看到烽火臺上狼煙滾滾,周國境內的諸侯急忙快馬加鞭趕過來,準備保護他們尊敬的國王。可是,他們心急火燎地趕到後,卻發現並沒有強敵來犯,高高的烽火臺上,唯有周幽王和他的美人在飲酒作樂,侍衛和宮女們都退向一旁等待。悻悻然的諸侯們只好帶領士兵返回駐地。誰知,過了不久,他們又看到烽火臺上煙塵大作。這次應該是真的了吧?他們這樣想著,不敢怠慢,趕忙又一次整頓軍隊,朝狼煙騰空而上的地方奔去。到那裡一看,他們又傻眼了,哪裡有什麼敵人,有的只是他們敬重的國王和美女褒姒。褒姒看到這些平日裡穩重嚴肅的諸侯,個個汗流浹背,氣喘吁吁,衣冠不整,狼狽不堪,甚是好玩,不覺間便哈哈大笑起來。

褒姒笑了,周幽王更樂了,他心裡想:這個點燃烽火臺的辦法真是不錯,果然能讓心愛的美人開懷大笑,於是他吩咐手下:再點幾次,讓冰美人盡情歡笑。

褒姒笑了,諸侯們可氣瘋了,他們想:我們可是提心吊膽、披荊斬棘地奔赴過來的,若為了趕走強敵,在所不惜,但只是為博得這個女人一笑,太不值得也太不應該了。於是,當烽火再次燃起,他們也就懶洋洋地不再理睬。《史記》稱之為「幽王為烽燧大鼓,有寇至則舉烽火。諸侯悉至,至而無寇,褒姒乃大笑。幽王說之,為數舉烽火。其後不信,諸侯益亦不至」。

烽火戲諸侯,博得冰美人嫣然一笑,這是周幽王之前沒有想到的,大喜過望的他,更沒有想到的是,這一嬉戲,卻也令他丟了命、亡了國。

西元前771年，周幽王廢黜原本的王后申后和太子宜臼，立褒姒為王后，立褒姒生的兒子伯服為太子。這一違背禮法的行為，激怒了申后的父親申侯。申侯是一個小國家的君主，他聯合繒國、犬戎一起攻打周幽王。事態緊急，周幽王忙命士兵燃起烽火，向其他諸侯國請求支援，沒想到，其他諸侯國對之前三番五次被戲弄的經歷耿耿於懷，他們以為這次仍是周幽王為博美女一笑的把戲，所以都沒有發兵前來支援。於是，西周的京城被繒國、犬戎等攻破，孤立無援的周幽王和褒姒等人輕而易舉地就被俘虜了。在驪山腳下，敵人將周幽王殺死，把褒姒帶走（也有說褒姒知道申侯不會輕饒她，遂自縊身亡），同時不忘記將西周的京城洗劫一空。

　　自西元前1046年周武王滅商朝，建立周朝，至此已有270多年歷史的西周滅亡了。《詩經》感嘆：「赫赫宗周，褒姒滅之。」自此，周天子失去了統治中國的最高權力，儘管第二年，西元前770年，廢太子宜臼即位為周平王，將都城遷到洛陽，東周開始，但此後的周天子已淪落為強大的諸侯們的傀儡，僅僅是國家的象徵。中國，也從此進入諸侯割據的春秋和戰國時期。

　　「彼欲褒姒笑，焉知周人哭」，美人笑了，老百姓國破家亡，哭了。卻不知，這個能傾城傾國的美人，到底有多美？史書沒記載。

　　還是西元前771年，在周幽王被殺、褒姒被擄走、西周滅亡之時，有一個小國家的君主曾千里迢迢趕來增援，他沒能挽救西周覆亡的命運，但他協助周幽王的廢太子宜臼平定了犬戎等發動的叛亂，還輔佐宜臼登上王位成為周平王。他就是衛國的衛武公。

　　15年後，衛武公去世，他的兒子衛莊公繼位。衛莊公娶了一位叫莊姜的妻子，莊姜很美，到底有多美？《詩經‧碩人》這樣描述她：「碩人其頎，衣錦褧衣。齊侯之子，衛侯之妻……手如柔荑，膚如凝脂。領如蝤蠐，齒如瓠犀，螓首蛾眉。巧笑倩兮，美目盼兮。」

這首詩開了後世描寫美人的先河，被稱為「千古頌美人者，無出其右，是為絕唱」（清人姚際恆語）。這是中國有記載的美人外貌的第一次傳神的形象描寫，想必早她一二十年的褒姒的美，亦是如此。若沒有這傾城傾國的美貌，如何俘獲後宮佳麗無數的君王的歡心？缺少君王的寵溺，又怎能將烽火戲諸侯的戲碼一演再演，以致國亡、家破，人亦香消玉殞？

年年歲歲花相似，歲歲年年人不同。歷史往往是這樣，雖有前車之鑑，後人仍屢犯同樣的錯誤。魏晉南北朝時期，如此因美貌而得寵，因嬉戲而亡國的案例屢見不鮮，就如北齊的亡國之君高緯和馮小憐；南齊的亡國之君蕭寶卷和潘玉奴；南陳的亡國之君陳叔寶和張麗華。正所謂「天道循環，生生不息」。

晉顧愷之〈洛神賦〉

紅顏的絕代風華

馮小憐：灣頭見小憐，請上琵琶弦

馮小憐是南北朝時期北齊後主高緯的嬪妃，被封為淑妃，史稱馮淑妃。她出身卑微，是高緯的皇后穆黃花的婢女。雖然是婢女，但她不僅天生麗質，還聰明伶俐、能歌善舞，尤其是有一門看家本領：善彈琵琶。《北史‧列傳第二》稱她「慧黠能彈琵琶，工歌舞」。

馮淑妃名小憐，大穆後從婢也。穆后愛衰，以五月五日進之，號曰「續命」。慧黠能彈琵琶，工歌舞。後主惑之，坐則同席，出則同馬，願得生死一處。命淑妃處隆基堂，淑妃惡曹昭儀所常居也，悉令反換其地。（《北史‧列傳第二》）

一個出身卑微的婢女、歌伎，值得史書如此大寫特寫？且別小看，正是這個曾經的婢女，在北齊後宮興風作浪，乃至對北齊國運產生重大的轉折性影響。

正是因為馮小憐出身卑微，皇后穆黃花才對她放鬆警惕，認為她不足以對自己的皇后之位構成威脅，反而能幫助自己籠絡住皇帝這好色之徒。北齊後主高緯在位時，某天，看著伶俐的小婢女馮小憐，正為自己色衰愛弛而發愁的穆皇后心生一計。皇帝高緯出生於五月初五，這一天，他收到皇后贈送的一份大禮：天生麗質的婢女馮小憐。皇后將馮小憐當作生日禮物送給皇帝，號曰「續命」。這一當時看似簡單的「續命」，卻續出了穆皇后、皇帝高緯、馮小憐三個人日後複雜而多變的命運。馮小憐自此踏上不斷成為男人手中禮物或戰利品的顛簸路途；高緯則因過度寵溺馮小憐，一再貽誤戰機和國事，最終國亡身死；穆皇后在北齊滅亡後，淪落為敵國北

周的俘虜,據傳說,她和婆婆胡太后在異國他鄉竟做起煙花柳巷的皮肉生意來。如是,這一「續命」的生日禮物,未免過於貴重,乃至沉重。

收到禮物的主人,卻不這麼想。當時,他正意氣風發。

北齊後主高緯,從小就長得很漂亮,他的父親高湛,即為霸占皇嫂李祖娥並殺死姪子高紹德的武成皇帝。高湛十分喜歡這個帥氣的兒子,在高緯還是個孩子的時候,高湛就將皇位禪讓給兒子,自己做起了太上皇。於是,西元565年,年僅10歲的高緯繼承帝位,史稱北齊後主。這位因為亡國而沒有廟號的皇帝,史書對他的評價並不高,他留給歷史的,不僅是屢殺忠臣(著名的美男子、一代戰神、蘭陵王高長恭就死在他手上),還性格軟弱、吝嗇自私且無主見,甚至他還將私生活上的淫亂不堪、荒唐胡鬧風格帶到軍國大事上,以致赫赫有名的北齊王朝毀於一旦。

少年天子高緯在即位之初,並無多少作為,因為當時他的父親武成皇帝高湛還是太上皇帝,一切軍國大事都由高湛做主,在威嚴的太上皇高湛的震懾下,北齊朝政還算風平浪靜,但三年後(西元568年),太上皇高湛駕崩,高緯親政,開始處理朝中事務。似乎是帶著與生俱來的北齊皇室的暴虐殺氣,他,開始向宗室和朝中大臣亮起屠刀。親政三年後,西元571年,他殺害了太保[55]高儼。高儼是他同父同母的弟弟。一年後,西元572年,他殺害了左丞相斛律光。斛律光不僅是跟隨北齊歷代皇帝出生入死的將領,還是高緯的第一個皇后斛律后的父親。又一年後,西元573年,他殺死了太保高長恭。高長恭是北齊文襄皇帝高澄的兒子,是高緯的親叔叔,他作戰勇猛,容貌俊美,被稱為北齊的軍神,可惜,躲不過高緯的猜忌,一杯毒酒就了結了他光輝燦爛的一生。之後,高緯又陸續屠殺了對北齊有功卻被他認為有潛在威脅的朝中大臣和宗室。大肆屠殺戰將和功臣,對北齊的戰鬥力和人心凝聚力都造成極大傷害,以致釀成亡國之禍,難怪

---

[55] 古代官職,「三公」之一,負有監護和輔佐國君的責任。

史書如此評論：「重以名將貽禍，忠臣顯戮，始見浸弱之萌，俄觀土崩之勢，周武因機，遂混區夏，悲夫！」(《北齊書·帝紀第八》)

高緯在政治上毫無建樹，私生活上卻臭名昭彰，作為南北朝時期著名的昏君，他將北齊後宮弄得烏煙瘴氣。其驕奢淫逸的表現處處現奇葩。奇葩之一是，高緯大殺朝中真正的棟梁，反而寵信身邊的小人，將他們都一一封官獎賞。不只如此，他還覺得不過癮，甚至將他所寵愛的狗啊、鷹啊、雞啊等動物，也封官賞爵，史稱高緯朝的北齊「開府千餘，儀同無數」、「馬及鷹犬，乃有儀同、郡君之號」、「鬥雞亦號開府」。開府儀同三司 [56]，誰想到在後主高緯這裡，就變成家禽家畜都可以獲得的賞賜，豈不是一種絕妙的諷刺？奇葩之二是，高緯不理朝政，整天和寵臣、美姬在一起鬼混，自彈琵琶，夜夜笙歌。他的後宮也多是能歌善舞之女人，「樂人曹僧奴進二女，大者忤旨，剝面皮；少者彈琵琶，為昭儀。以僧奴為日南王。僧奴死後，又貴其兄弟妙達等二人，同日皆為郡王。為昭儀別起隆基堂，極為綺麗」、「毛（毛夫人）能彈箏，本和士開薦入」、「帝所幸彭夫人，亦音妓進」、「二李夫人。一李是隸戶女，以五絃進」(《北史·列傳第二》)。可知，高緯對懂音樂、善彈樂器的女人情有獨鍾，他就是在這一片鶯鶯燕燕、吹拉彈唱中，渾渾噩噩地度過自己12年帝王生涯。不獨唯此，高緯還作了〈無愁之曲〉，自彈琵琶並演唱，時人稱他為「無愁天子」。

在穆皇后居心叵測地將馮小憐當作生日禮物獻給高緯後，高緯高興得更加張狂起來。他對馮小憐萬分寵溺，他們不僅坐則同席、出則同馬，而且山盟海誓，願意生死一處。據說馮小憐身材凹凸有致，高緯愛惜不已，甚至在面對大臣時也將她抱在懷裡或橫在膝上。

周師之取平陽，帝獵於三堆，晉州亟告急。帝將還，淑妃請更殺一圍，帝從其言。識者以為後主名緯，殺圍言非吉徵。及帝至晉州，城已欲

---

[56] 是南北朝時期的一種高級職位，從一品，一般是朝廷對有功大臣的重要賞賜。

沒矣。作道地攻之，城陷十餘步，將士乘勢欲入。帝敕且止，召淑妃共觀之。淑妃妝點，不獲時至。周人以木拒塞，城遂不下。舊俗相傳，晉州城西石上有聖人跡，淑妃欲往觀之。帝恐弩矢及橋，故抽攻城木造遠橋，監作舍人以不速成受罰。帝與淑妃度橋，橋壞，至夜乃還。稱妃有功勳，將立為左皇后，即令使馳取褘翟等皇后服御。仍與之並騎觀戰，東偏少卻，淑妃怖曰：「軍敗矣！」帝遂以淑妃奔還。至洪洞戍，淑妃方以粉鏡自玩，後聲亂唱賊至，於是復走。（《北史・列傳第二》）

就這樣，在高緯的昏庸無道中，有著二十多年歷史的北齊王朝搖搖欲墜，處於崩潰的邊緣。一時間，親者痛，仇者快。

最高興的應該是北齊的死對頭——北周。北周政權自北魏分裂後定都長安的西魏而來，北周的都城也在長安。長久以來，西魏和北周的國力都不如東魏和北齊，北周和北齊兩方經常發生戰爭，如史書所說「自東西否隔，二國爭強……力敵勢均，疆場之事，一彼一此」（《周書・武帝紀下》）。但情勢在北齊高緯時期發生變化，當時，北周的皇帝是周武帝宇文邕。在高緯將北齊朝政弄得一塌糊塗之際，北周的宇文邕卻在厲兵秣馬，充實國力，準備消滅北齊。

西元575年，周武帝宇文邕看清北齊混亂的局面，決定出兵討伐北齊。戰爭取得一些成果，因為周武帝生病，只好退兵，但周武帝並不安心。第二年，西元576年，北周再次出兵伐齊，這次，由周武帝親自率軍攻打北齊的平陽。北齊建立後，建有兩個都城，一個是鄴城（今中國河北邯鄲臨漳縣），一個是晉陽（今中國山西太原）。而平陽（今中國山西臨汾）在晉陽的南邊，北周軍從陝西渡過黃河，要想攻打晉陽，就必須先攻打平陽。在北周軍強大的攻勢下，很快，平陽就成為北周的囊中之物。平陽是晉陽的門戶，它已失陷，作為別都的晉陽就岌岌可危了。

當此國家危亡圖存之際，身為一國之君的皇帝，本應抓住戰機，鼓舞

士氣，守護住自己家天下的江山。可惜，此時的「無愁天子」高緯，正帶著他的愛妃馮小憐在悠悠哉哉地打獵。當平陽淪陷、晉陽危急的戰報傳來，高緯和馮小憐竟將軍國大事當作打獵一般的遊戲，處理得隨意而荒唐，以致最終身陷囹圄，客死他鄉。

遊戲之一是，「更請君王獵一圍」。在北周大軍占據平陽，準備進攻晉陽之時，高緯和馮小憐正在附近一個叫三堆的地方打獵。聞聽平陽陷入敵人之手，高緯準備回去救援，可是馮小憐正玩性大起，不願意回去。她裝出可憐兮兮的樣子說：「皇上，我還想打獵，你就再陪我打一次吧！」高緯看見她楚楚可憐，便改變主意，吩咐手下：再圍獵一次。於是，「無愁天子」和馮淑妃高興地跨馬打獵去了，全然不顧前方將士的安危和重要城池的失陷。

遊戲之二是，造橋觀戰。好容易等到馮淑妃和高緯打獵歸來，高緯率兵到平陽（晉州）救援。當時，平陽已失陷，高緯命士兵挖道地向城裡發起攻擊，工程進展很順利，很快就有幾處城牆被挖塌陷了。正在這時，高緯卻命令將士們停止進攻，命人將馮小憐叫來一起觀看挖道地的場景。無奈，將士們只好停工，可是，他們左等右等，怎麼也看不到馮淑妃的倩影，原來，馮小憐正在梳妝打扮，不能馬上前來觀看。可就在北齊將士集體停工的空檔，城中的北周軍隊已迅速將城牆的缺口修補好了。北齊軍士再想進攻，城牆已經攻不下來了。

眼看前功盡棄，到手的熟鴨子卻飛了，北齊將士都遺憾連連、怨聲載道，皇帝高緯卻毫不在意，他在意的只是馮小憐。聽說晉州城西的石頭上有聖人留下的蹤跡，馮小憐想去觀看。高緯一口答應，他擔心城上的弓箭射下來危害到馮淑妃的安全，就命令士兵把準備攻城的木頭搬過來，造了一座橋，供皇帝和馮淑妃行走，誰知走到半路，橋塌了，眾人忙了一夜才返回營地。雙方激戰的緊要關頭，攻城的木頭被浪費掉了，拿什麼來攻城呢？高緯和馮小憐可不管這些，他們還有別的遊戲可玩。

論曰：武成風度高爽，經算弘長，文武之官，俱盡其力，有帝王之量矣。但愛狎庸豎，委以朝權，帷薄之間，淫侈過度，滅亡之兆，其在斯乎？玄象告變，傳位元子，名號雖殊，政猶己出，跡有虛飾，事非憲典，聰明臨下，何易可誣。又河南、河間、樂陵等諸王，或以時嫌，或以猜忌，皆無罪而殞，非所謂知命任天道之義也。

後主以中庸之姿，懷易染之性，永言先訓，教匪義方。始自襁褓，至於傳位，隔以正人，閉其善道。（《北齊書‧帝紀第八》）

遊戲之三是，妃言惑眾亂軍心。聽聞高緯在平陽督戰攻城，北周周武帝特意從長安趕赴平陽，兩軍在平陽城外展開交戰。此次雙方的最高指揮都是皇帝，因而雙方士氣高漲，將士們均浴血奮戰、奮勇殺敵。一時間，分不清誰勝誰負。沒過多久，北齊的軍隊稍稍後退一些，準備積蓄力量發起進攻，誰知這一幕讓跟隨高緯觀戰的馮小憐看見了，不懂戰術的她驚慌失措地大喊道：「不好了，齊軍打敗了，齊軍打敗了。」她這一喊不只驚動了高緯，本就懦弱的高緯在軍士的掩護下慌忙逃到後方，更要緊的是，馮小憐的這一聲嬌喊，動搖了北齊的軍心。將士們一看君主和淑妃都跑了，淑妃還高喊齊軍敗了，頓時人心惶惶，軍心大亂。這時北周軍隊趁勢掩殺過來，北齊軍隊不戰即潰，死傷無數。正所謂，一聲妃子叫，滿城屍骨寒。

高緯和馮小憐氣喘吁吁，一路向北逃亡，準備回到都城鄴城。後面北周大軍也乘勝一路追殺過來，就是在這樣危機重重的逃亡路上，「無愁天子」高緯和淑妃馮小憐，仍不忘玩耍嬉戲的本性。在他們逃到洪洞戍地時，馮小憐嬌弱地說自己跑了這麼久，都沒來得及整理衣服，於是高緯便讓隊伍停下來，讓馮小憐塗脂抹粉。誰知正當她對鏡自賞之時，猛聽見後面雜亂的聲音傳過來，說是北周軍隊追上來了。高緯只好再次帶著馮小憐一路狂奔，一直跑回都城鄴城。

「陷卻平陽為小憐，周師百萬戰長川。」僥倖逃回鄴城的高緯和馮小

憐，並沒有從此安心地做無愁夫婦，與高緯的遊戲軍政迥然的是，北周周武帝胸懷大志，他的目標不是區區一個平陽，而是占領整個北齊的領土。於是，「小憐玉體橫陳夜，已報周師入晉陽」，在高緯還沉溺於馮小憐曼妙多姿的溫柔鄉裡時，北周已經攻破北齊陪都晉陽，下一個進攻目標，就是都城鄴城。無可奈何，高緯只好帶著馮小憐等人繼續踏上逃亡之路。

西元 577 年正月，在黃門侍郎顏之推[57]等人的建議下，高緯帶著皇后、太子、馮小憐等，準備投靠南方的陳國，當他們走到青州（今中國山東濰坊）時，被北周大將尉遲綱追上並俘虜。之後，尉遲綱將他們押送到鄴城。至此，北齊已實質性滅亡。一代雄主高歡，靠妻子婁昭君的豐厚陪嫁起家，一輩子東奔西跑、南征北戰，甚至將自己累死在前線的軍營裡，他辛苦打下來的北齊基業，竟在不到 30 年的時間裡被子孫們敗光，北齊最後竟然因為孫子高緯的一個寵妃的嬉戲玩樂而輝煌不再、江山永失。可謂興也一婦人，亡也一婦人。

腐朽墮落的北齊政權滅亡，被掃進歷史的垃圾堆，但亡國之君高緯和寵妃馮小憐的命運還在繼續往前走。

高緯和馮小憐以及一眾北齊皇室成員（其中就有曾經的北齊皇后李祖娥），被押送到北周的都城長安，周武帝將他們「獻俘於太廟」，京邑觀者，皆稱呼周武帝萬歲。同為一國之君，一個山呼萬歲，一個俯首就擒，境遇判若雲泥，但高緯似乎還嫌這個待遇不夠丟臉，他擔心周武帝霸占馮小憐，就厚顏無恥地說：「請皇上把馮小憐賜還給我吧。」聞聽此言，周武帝輕蔑地一笑，朗聲說道：「我看這天下也不過像脫下的鞋子一般容易，怎麼會跟你爭一個老女人呢？」於是，將馮小憐還給高緯。這是馮小憐第二次被作為禮物送給高緯，上一次她是明眸善睞的生日禮物，這一次，卻成為遭人唾棄的「一老嫗」。

---

[57] 著名的《顏氏家訓》的作者。

後主至長安，請周武帝乞淑妃，帝曰：「朕視天下如脫屣，一老嫗豈與公惜也！」仍以賜之。（《北史·列傳第二》）

然而，高緯並沒有高興多久，僅僅半年後，他就被以謀反罪名殺害，死時 24 歲。

然而，馮小憐也並沒有孤獨多久，作為聞名遐邇的紅顏禍水，不再年輕的她，第三次被當作禮物和戰利品送人：周武帝將她賜予代奰王宇文達。

宇文達是周文帝宇文泰的兒子，周武帝宇文邕的同父異母弟弟。他性格果敢，善於騎射，是一個非常節儉自律的人。宇文達雖然戰功赫赫，周武帝也賞賜給他眾多金銀財寶，但他生性謹慎，從不為個人謀劃家產，以致於沒有什麼積蓄，左右的人常為此事勸解他，他卻說：「君子憂道不憂貧，何煩於此。」

代奰王達（宇文達），字度斤突。性果決，善騎射。武成初，封代國公。建德初，進位柱國。出為荊州刺史，有政績，武帝手敕褒美之。……雅好節儉，食無兼膳，侍姬不過數四，皆衣綈衣。又未嘗營產，國無儲積。左右嘗以為言。達曰：「君子憂道不憂貧，何煩於此。」三年，進為王。從平齊。齊淑妃馮氏尤為齊後主所幸，見獲，帝以達不邇聲色，特以馮氏賜之。（《北史·列傳第四十六》）

正是因為宇文達不喜美色，不貪財物，其正直自律的君子本性打動了周武帝，在高緯被賜死之後，周武帝放心地將馮小憐賜給宇文達。不知是一代紅顏馮小憐的魅力過於強大，還是身為鮮卑族的宇文達的儒學修養不足，總之，自從馮小憐來到代奰王府，就將代奰王府鬧得天翻地覆、人仰馬翻，一如高緯的北齊皇宮。

代奰王府的天翻地覆，首先在於主人宇文達判若兩人的變化。自得到尤物馮小憐之後，宇文達就像換了一個人似的，日夜寵幸馮小憐，對她寵

溺無比。馮小憐善於彈奏琵琶，他就為她舉辦宴會，與她同樂，即便是馮小憐懷念高緯，宇文達也毫不計較，只為博得美人歡心。

「琵琶弦上說相思。當時明月在，曾照彩雲歸。」當馮小憐又一次彈起心愛的琵琶，她腦海裡浮現的便是英俊瀟灑的北齊後主高緯的身影，可惜，這個為了她而不顧一切的君主，已亡國，已身故，人雖逝去，往昔同嬉戲同歡樂的情意卻還在，多情的馮小憐不免傷心落淚，彈著彈著，只聽見「砰」的一聲，琵琶的弦斷了，她幽咽地唱道：「雖蒙今日寵，猶憶昔時憐。欲知心斷絕，應看膝上弦。」

代䣙王府的天翻地覆，還在於宇文達的後院起火了，始作俑者不是別人，正是他所寵愛的馮小憐。在馮小憐未來代䣙王府之前，宇文達與結髮妻子李氏十分恩愛，相敬如賓。自從宇文達專寵馮小憐之後，李氏便受盡丈夫的冷落。對此，李氏只有默默忍受，以淚洗面。但馮小憐似乎並不滿足於得到主人的專寵，她幾次三番慫恿宇文達，說了李氏不少壞話，這使得宇文達更加嫌棄糟糠之妻李氏。善良柔弱的李氏不被丈夫理解，哭訴無門，悲慟欲絕，好幾次她都要自尋短見，幸好被侍女及時發現，才救活過來。史稱「達妃為淑妃所譖，幾致於死」。

子係中山狼，得志便猖狂。然而，重新得志的馮小憐，並未能猖狂多久。西元580年，掌握北周大權的相國、外戚楊堅逼迫北周末代皇帝禪讓，建立隋朝，定都長安，史稱隋文帝。值此改朝換代之際，舊時北周的王公大臣便被楊堅一一消滅，包括周武帝的弟弟宇文達。

宇文達被處死之後，馮小憐恢復自由身，然而，她作為戰利品和禮物的命運，仍未結束。隋文帝楊堅將她賜給了大臣李詢。這是馮小憐第四次被送人，也是最後一次。因為，馮小憐遇到了此生最大的死對頭，另一個老女人。

李詢深沉有大略，善於書記，在周武帝時代，他就以屢立軍功加位為大將軍。隋文帝還是北周丞相時，尉遲迥作亂，李詢因平叛有功，進位為上柱國。上柱國乃是無上的榮譽。等到隋朝建立後，李詢一直備受重用，他死後，隋文帝為之痛哭許久。可以說，李詢是一位德高望重的隋朝功臣，故而楊堅將絕色尤物馮小憐賜予他。

　　不同於上次在代奰王府的興風作浪，馮小憐自進入李詢的府邸，便淪落為最下等的奴婢，整日穿著破舊的衣服舂米，彷彿一夜之間她又回到北齊時遇見高緯前的婢女生活，讓人不禁感嘆天道好輪迴。釀成這一悲慘下場的，並非她的年老色衰，也不是她的彈琵琶技藝生疏無法取悅於人，而是她的主人李詢乃宇文達妻子李氏的哥哥。曾幾何時，李氏在代奰王府被馮小憐折磨得奄奄一息，身為哥哥的李詢可沒忘記妹妹的慘狀，故而馮小憐一進李府，便被發配做最苦最累的工作，也算是哥哥李詢為妹妹復仇。

　　馮小憐畢竟是一代尤物，身為男性的李詢或許還有些許憐香惜玉，只罰她做些粗活，尚且留她一條命。但李詢的母親可就沒有那麼客氣了。當她得知眼前這個楚楚可憐的舂米的女人，正是害得自己女兒痛不欲生的罪魁禍首時，氣得手都發抖了，她一刻都不想看見這個女人在眼前晃蕩，更不想讓這個禍害北齊後主高緯滅國、北周代奰王宇文達滅族的不祥之女再次禍害自己位高權重的兒子。因此，威勢逼人的李老太太，迅速派人替馮小憐送去了三尺白綾，要她自盡了事。馮小憐無奈，遂自殺。

　　一代紅顏，就此謝幕。唐朝詩人李賀感嘆於馮小憐的奇特遭遇，曾特地為她寫了一首詩將馮小憐歸入禍國殃民之紅顏禍水行列。

〈馮小憐〉

　　灣頭見小憐，請上琵琶弦。
　　破得春風恨，今朝值幾錢。

裙垂竹葉帶，鬢溼杏花煙。

玉冷紅絲重，齊宮妾駕鞍。

潘玉奴：齊宮合贈東昏寵，好步黃金菡萏花

　　西元420年，東晉滅亡，劉裕建立宋朝，史稱南朝宋或劉宋。在北魏孝文帝的全面漢化改革進行得轟轟烈烈之時，南朝劉宋王朝卻日漸沒落，終於在走完一個甲子年（60年）後，於西元479年滅亡。同年，蕭道成建立齊朝，史稱南齊或蕭齊。似乎逃不出歷朝歷代的興衰規律，南齊前期的皇帝大都勵精圖治，後期的皇帝則腐化墮落。

　　若說馮小憐是北朝齊國的亡國紅顏，潘玉奴則為南朝齊國的末路狂花。潘玉奴是南齊第六位皇帝東昏侯的貴妃，和馮小憐一樣，潘玉奴出身低微。不只出身微賤，她的姓氏也是被皇帝賜予的。

　　潘玉奴本姓俞，本名叫俞尼子。她的父親俞寶慶本是一個小商販，在封建時代，出身高低的排名依次為士農工商，商人是最低等的。出身低微的俞尼子，因為長相出眾，亭亭玉立的她被人選中，做了大司馬王敬則家的歌伎。可惜好景不長，隨著齊明帝蕭鸞對大司馬王敬則的猜忌越來越深，忍無可忍的王敬則只好舉兵反叛，起初叛軍聲勢浩大，誰知沒過多久就失敗了。

　　西元498年是個很重要的年分，這一年，大司馬王敬則起兵反叛，敗亡後被殺，不久後，他的死對頭齊明帝蕭鸞駕崩。

　　正是在這一年，朝廷消滅王敬則反叛勢力，作為王敬則的歌伎，俞尼子被充入皇帝後宮，她得遇今生知己東昏侯蕭寶卷。蕭寶卷對她寵愛有加，替她改名為「潘玉兒」。據說是因為在位時間長達三十年的宋文帝劉義隆有位潘妃，蕭寶卷希望自己也能像宋文帝那樣坐擁潘妃在皇帝位上坐

得長久。又因俞尼子花容月貌，皮膚白皙得像玉一樣有光澤，便替她賜名玉兒，也稱玉奴。自此，南齊後宮，展開了屬於潘玉奴的時代。

（東昏侯）在宮嘗夜捕鼠達旦，以為笑樂。明帝臨崩，屬後事，以隆昌為戒，曰：「作事不可在人後！」故委任群小，誅諸宰臣，無不如意。（《南史．本紀第五》）

正是在這一年，齊明帝蕭鸞駕崩，他的次子蕭寶卷得以即位，成為南齊的第六位皇帝。由此，開始了他荒誕昏庸的皇帝生涯，雖然這一生涯只有短短的兩三年時間。

同樣作為亡國之君的知己紅顏，北齊的馮小憐和南陳的張麗華，都得以在史書中留下單獨的傳記，唯獨南齊的潘玉奴沒有傳記，她的事蹟散見於其恩主東昏侯的傳記中。

東昏侯蕭寶卷，是齊明帝蕭鸞的兒子，年少時便不喜歡讀書。作為歷史上著名的昏庸皇帝，他最大的愛好只有兩個：一個是捕鼠玩樂，一個是寵愛潘貴妃。堂堂天子，可以為了捕捉老鼠而通宵達旦，處理自己的本職工作──朝政，卻是敷衍了事，視若無睹。東昏侯從小便少言寡語，不願意和朝中大臣接觸，及登臨帝位後，大臣們呈遞上來的奏摺，他經常是過了一個月甚至更長的時間才批閱完畢返還，有的奏摺甚至不知所終。齊明帝蕭鸞駕崩前，拉著兒子蕭寶卷的手，諄諄告誡：「做事一定要先下手為強，不可落在人後。」意即寧可教我負天下人，不可讓天下人負我。此種陰暗行事的作風，蕭寶卷將之深深銘記在心。在朝堂上，他繼位不久就將父親留給他的六位輔政大臣殺得一乾二淨，遠賢臣，親小人，不多久便將一個好端端的南齊弄得烏煙瘴氣，以致全國各地反叛四起。

西元499年，蕭寶卷即位一年後，始安王蕭遙光起兵反叛，兵敗被殺。

西元499年十一月，蕭遙光起兵之後三個月，太尉陳顯達起兵反叛，

兵敗被殺。

西元 500 年正月，豫州刺史[58]裴叔業反叛，二月，裴叔業病死。

西元 500 年三月，平西將軍崔慧景起兵反叛，四月，崔慧景兵敗被殺。在崔慧景進入京師騷亂時，蕭寶卷緊急徵召豫州刺史蕭懿入京增援。蕭懿因救駕有功入朝為官。

西元 500 年十月，曾幫助蕭寶卷平定崔慧景叛亂的大功臣、尚書令蕭懿，被蕭寶卷下令殺害。

天理昭昭，報應不爽。蕭寶卷誅殺忠臣蕭懿的惡行，終於釀成嚴重的惡果，那就是激起蕭懿的弟弟蕭衍的激烈反抗。當時，蕭衍擔任雍州刺史，正手握一方大權。哥哥蕭懿死後兩個月，蕭衍在襄陽舉兵起義，第二年，即西元 501 年三月，蕭衍擁立蕭寶卷的弟弟、南康王蕭寶融在江陵即皇帝位，史稱齊和帝，同時蕭衍率領起義軍攻打蕭寶卷居住的建康城。僅僅 9 個月後，即西元 501 年十二月，蕭衍的起義軍就攻破了建康城，四面楚歌之際，被圍困在宮殿裡的蕭寶卷被身邊信任的宦官刺殺身亡，首級被送至蕭衍手中。可憐一代少年天子，在位僅僅三年，就成為身首異處的刀下鬼，死時年僅 19 歲。

蕭寶卷死後，在蕭衍的示意下，宣德太后頒布詔書廢黜他的帝號，將他降為東昏侯。唐朝詩人周曇曾有一首專門諷刺東昏侯的詩〈六朝門·齊廢帝東昏侯〉，曰：「定策誰扶捕鼠兒，不憂蕭衍畏潘妃。長圍既合刀臨項，猶惜金錢對落暉。」

「不憂蕭衍畏潘妃。」東昏侯就是這樣一個將朝廷的安危和國防的安全置之不顧，寧願和寵妃潘玉奴在後宮過著酣嬉淋漓日子的「捕鼠」皇帝。東昏侯與潘玉奴，荒淫誤國的行徑在他們共同生活的三年中的衣食住行、

---

[58] 刺史，古代官職，為地方軍事行政長官。

吃喝玩樂方面表現得淋漓盡致。

「金蓮華上俞尼子，永壽神仙羅繡綺。」潘玉奴作為南齊皇宮中集「萬千寵愛於一身」的貴妃，地位僅次於皇后，她的吃穿用度可謂豪冠後宮。所謂好馬配好鞍，美人披華服，潘玉奴的衣服當然竭盡華麗之窮極。不僅宮中庫房保存的舊物不夠用，需要用高出市價數倍的價錢收取民間的金銀珍寶，而且她所佩戴的珠寶，皆價值連城。僅一只琥珀手鐲，就價值 170 萬錢。

在居住方面東昏侯為了討潘玉奴的歡心，更是揮金如土，極盡窮侈極奢之能事。西元 501 年，南齊皇宮一場大火將宮殿燒毀不少，如此倒讓東昏侯有一個大興土木的機會，他藉此為潘貴妃修建了神仙、永壽、玉壽三殿。這些宮殿不僅建造得高大宏偉，裝飾也極盡奢華，四周都用金箔來裝飾，可謂名副其實的金碧輝煌。為了裝飾潘貴妃的三座宮殿，宮中精巧貴重的裝飾品不夠用，東昏侯就命人到民間和佛寺去巧取豪奪，什麼莊嚴寺的玉九子鈴、外國寺的佛像上的金裝、禪靈寺塔的諸多寶石，通通被搜刮來裝飾潘貴妃的宮殿。

莊嚴寺有玉九子鈴，外國寺佛面有光相，禪靈寺塔諸寶珥，皆剝取以施潘妃殿飾。（東昏侯）性急暴，所作便欲速成，造殿未施梁桷，便於地畫之，唯須宏麗，不知精密。酷不別畫，但取絢曜而已，故諸匠賴此得不用情。又鑿金為蓮華以帖地，令潘妃行其上，曰：「此步步生蓮華也。」塗壁皆以麝香，錦幔珠簾，窮極綺麗。繁役工匠，自夜達曉，猶不副速，乃剔取諸寺佛剎殿藻井、仙人、騎獸以充足之。武帝興光樓上施青漆，世人謂之「青樓」，帝曰：「武帝不巧，何不純用琉璃。」

潘氏服御，極選珍寶，主衣庫舊物，不復周用，貴市人間金銀寶物，價皆數倍。虎珀釧一只，值百七十萬。（《南史・283 本紀第五》）

第六章 美貌篇 馮小憐、潘玉奴、張麗華：傾城容顏，傾世傳說

　　環顧這珠環翠繞的豪華宮殿，東昏侯覺得似乎缺少點什麼，突然，他靈光一現，計上心來。他命人將金子打造成蓮花的樣子，把這些金蓮花貼在潘貴妃的宮殿地面，然後，他讓潘貴妃在金蓮花上行走。頓時，只見潘貴妃裊裊婷婷，體態婀娜，每走一步，腳下彷彿就生出一朵美麗的蓮花，彷若仙女行走在人間。東昏侯不覺間看呆了，情不自禁地說：「此步步生蓮花也。」步步金蓮的典故，便誕生於此。真可謂「東昏當日寵容華，潘妃步步生蓮花」。

　　潘妃膚白貌美，更兼有一雙纖纖玉足，惹得東昏侯神魂顛倒。更奇葩的是，貴為九五之尊的皇帝和貴妃，兩人竟然在宮中玩起了扮演民間夫婦的遊戲。其中一個遊戲便是貴妃乘轎，皇帝跟班。東昏侯自小不喜讀書，喜歡出風頭，尤其鍾愛熱鬧的遊街活動。史書稱其為「屏除」。每逢皇帝和貴妃出遊，潘貴妃都乘坐可以躺著休息的大車，皇帝則扮作貴妃的跟班，騎馬跟著後面，他不以為恥，反以為榮。不只如此，在出遊前東昏侯還要求道路兩側不得有閒人停留，犯禁者格殺勿論。即便是屋子裡有人，也得急忙避開為好。有一次，聽聞皇帝出遊，一處房屋內的孕婦來不及躲避，被東昏侯發現，他惡作劇似的命人將孕婦的肚子剖開，看胎兒是男是女。一時間，血流成河，母子雙雙斃命。東昏侯毫不在意，摟著潘貴妃，絕塵而去。出遊期間，東昏侯的隊伍不斷掠奪沿途百姓的財產，以致於當時富裕的人家不得不狡兔三窟，在各地都備有房產，以防居無定所。史書稱其「故貴人富室者，皆數處立宅，以為避圍之舍」（《南史‧齊本紀下第五》）。富者尚可如此，普通老百姓只有聽天由命、老幼啼號。皇帝和貴妃如此將百姓生命視如草芥，任意虐殺，日後他們得不到百姓的支持，兵敗身亡也就不足為奇了。

　　陳顯達平，漸出遊走，不欲令人見之，驅斥百姓，唯置空宅而已。是時率一月二十餘出，既往無定處，尉司常慮得罪，東行驅西，南行驅北，

應旦出,夜便驅逐,吏司奔驅,叫呼盈路。打鼓蹋圍,鼓聲所聞,便應奔走,臨時驅迫,衣不暇披,乃至徒跣走出,犯禁者應手格殺。百姓無復作業,終日路隅。從萬春門由東宮以東至郊外,數十里,皆空家盡室。巷陌縣幔為高障,置人防守,謂之「屏除」。……又嘗至沈公城,有一婦人當產不去,帝入其家,問:「何獨在?」答曰:「臨產不得去。」因剖腹看男女。(《南史‧本紀第五》)

潘貴妃本是商販家庭出身,來到皇宮備受恩寵後,見東昏侯蕭寶卷也跟她一樣,是個貪玩、胡鬧之人,恃寵傲嬌的潘貴妃便想出一個更特別的玩樂遊戲,那就是在宮中模仿民間市集的買賣之事。蕭寶卷一聽,連稱好玩,為滿足潘貴妃的心願,他特意命人在宮中閱武堂的芳樂苑開闢店肆,模擬民間市場的買賣格局,讓宦官和宮女採辦一些物品在裡面販賣。為求遊戲的逼真,讓潘貴妃盡興,蕭寶卷讓潘貴妃擔任市令[59],他自己則為市吏錄事[60],市場上每有爭執發生,都得奏請潘貴妃來定奪。有時,蕭寶卷事情處理得不妥當,也甘願承受潘貴妃的責打,當然,用來鞭打皇帝的棍杖是中空的木桿,不是真正的實木棍棒。即便如此,也凸顯出潘貴妃和蕭寶卷昏庸和荒唐的作風,難怪當時的百姓不無諷刺地唱歌戲謔道:「閱武堂,種楊柳,至尊屠肉,潘妃酤酒。」

俗話說,一人得道,雞犬升天。潘玉奴倚姣作媚,不僅和東昏侯在宮中胡作非為,還縱容自己的父親潘寶慶在宮外恃強凌弱。潘寶慶(本姓俞,女兒改姓潘後,他亦稱潘寶慶)整日和諸多小人鬼混在一起,看到有錢人家的財產,便誣陷富人有罪,趁機霸占人家的田產財物,常常是罰沒一個富商尚不夠,還要連累富商的親鄰。有時害怕留下後患,還將富家的男丁全部殺死才可放心。一時間,鬧得天怒人怨,工商凋敝。

---

[59] 市場管理員。
[60] 市場管理員的助手。

潘妃放恣，威行遠近。父寶慶與諸小共逞奸毒，富人悉誣為罪，田宅貲財，莫不啟乞。（《南史・本紀第五》）

親小人，遠賢臣；寵貴妃，恣意鬧；朝政墮，百姓怨。終於，蕭寶卷的皇帝生涯走到盡頭。當一代雄主蕭衍向都城建康吹起衝鋒的號角之時，皇帝蕭寶卷卻在宮中為幾根房梁的木頭跟宦官斤斤計較。宦官茹法珍跪在他的面前，請求皇帝將錢財發放給守城的將士，以激勵士氣，誰知，蕭寶卷卻反問道：「叛軍打過來，只是單單取我一人性命嗎？為什麼只讓我出錢呢？」身邊人無奈，提出將宮中珍藏的數百根木頭用作城防工具，沒想到倔強的蕭寶卷竟不肯，他振振有詞：「我還要用這些木頭建造宮殿呢。」起義軍首領蕭衍已兵臨城下，城中做困獸鬥的蕭寶卷竟如此執迷不悟，無怪乎唐朝詩人周曇寫詩諷刺他：「長圍既合刀臨項，猶惜金錢對落暉。」

寧願花費千金為潘貴妃鋪就步步金蓮，也不願散盡錢財挽救朝廷；寧願在宮中設立市集假冒市令做遊戲，也不願花費心思批閱朝臣奏章；寧願紆尊降貴充當潘貴妃的侍衛跟班，也不願溫柔仁慈地對待沿街民眾。這樣的皇帝和貴妃，豈有不亡國身敗的道理？難怪日本學者稱蕭寶卷為「惡童天子」。

19歲的少年天子、「惡童天子」蕭寶卷，死在身邊人的刀下；南齊王朝，卻未曾徹底滅亡。蕭寶卷死後，蕭衍擁立的蕭寶融順理成章地成為南齊的第七個皇帝，他既是徹頭徹尾的傀儡皇帝，也是南齊的末代皇帝。僅僅一年之後，蕭衍就逼迫蕭寶融禪讓帝位，蕭衍建立梁朝，南齊徹底滅亡。南齊，實則在東昏侯蕭寶卷死後已名存實亡。南齊的統治只有23年，成為南北朝時期最短的一個朝代。

死去元知萬事空。最大的靠山蕭寶卷倒下去，卻不知他的寵妃潘玉奴還有她的人生難題擺在眼前：美豔動人的她，被帶到起義軍首領蕭衍的面

前。如同三年前主人王敬則兵敗被殺後，她被帶到蕭寶卷面前。歷史，總有一個時刻讓人恍若一夢，夢醒後，發現自己又回到原點。

「漢兵已略地，四方楚歌聲。大王意氣盡，賤妾何聊生。」回到原點的潘玉奴並未等待多久，又一次，她靠著美豔動人的姿色被新主人看重。蕭衍垂涎潘玉奴的美貌，欲將她納為妃子。這時，他的手下王茂看出端倪，趕快勸諫：「使齊國滅亡的正是潘玉兒這個女人，您留下她，恐怕會讓您遭遇外界的非議。」王茂是南北朝時期南梁的開國功臣，梁武帝蕭衍對他是言聽計從。蕭衍也是個立志成大事的明理人，一聽此言，立刻派人將潘玉兒帶出去。他手下的軍官田安趁機對蕭衍提出：請將潘玉兒賜予我為妻。蕭衍答應了他，誰知潘玉兒卻不肯。她跪在蕭衍面前，淚流滿面地說道：「昔日我有幸承載君主的恩情，今日豈能再嫁給下人？死就死了，我絕不接受這樣的侮辱。」說完，泣不成聲。蕭衍見她哭得梨花帶雨，態度如此堅決，只好賜她自盡。據說潘玉兒死後，面色仍如生時豔若桃花，惹得埋葬她的士兵甚至做出侮辱屍體的不雅舉動。

時東昏妃潘玉兒有國色，武帝將留之，以問茂。茂曰：「亡齊者此物，留之恐貽外議。」帝乃出之。軍主田安啟求為婦，玉兒泣曰：「昔者見遇時主，今豈下匹非類。死而後已，義不受辱。」及見縊，潔美如生。輿出，尉吏俱行非禮。（《南史·列傳第四十五》）

後世文人墨客感慨於潘玉奴寧為玉碎不為瓦全的忠貞，紛紛寫詩悼念。唐朝詩人孫元晏寫道：「曾步金蓮寵絕倫，豈甘今日委埃塵。玉兒還有懷恩處，不肯將身嫁小臣。」宋人鄧林寫道：「此身肯許兜鍪夫[61]，猛為東昏判一死。到今羞殺賣降人，去作練兒[62]梁姓臣。」就連大文豪蘇軾也為她發出「玉奴終不負東昏」的感慨。

---

[61] 兜鍪，是古代戰士戴的頭，這裡用來指代士兵。
[62] 練兒，是梁武帝蕭衍的小名。

也信美人終作土，不堪幽夢太匆匆。潘玉奴，這個豔冠南齊後宮的商販之女，做過歌伎，當過貴妃，也曾好步黃金菡萏花，也曾閱武堂前種楊柳，也曾玉兒雪腕親酤酒，但她與東昏侯嬉戲誤國的鬧劇，連當時的宣德太后都看不下去，說他們「容狀險醜」、「手斷國命」，他們終究還是消失在改朝換代的滔滔歷史長河裡，徒留傳說在人間。正所謂「蓮花不見楊柳空，蒼煙白露雜悲風」。

張麗華：商女不知亡國恨，隔江猶唱後庭花

南齊滅亡後，蕭衍建立梁朝，史稱南梁，南梁持續了 55 年，最終於西元 557 年滅亡，同年，陳霸先建立陳朝，史稱南陳。南陳在經歷了陳霸先、陳蒨、陳伯宗、陳頊四任皇帝後，終於，輪到陳叔寶登上歷史舞臺。陳叔寶是南陳的最後一任皇帝，亦稱陳後主。他與貴妃張麗華放歌縱酒、不理朝政以致亡國的往事一直是後世歷代帝王的長鳴警鐘。

張麗華本為兵家女，父兄以織蓆為業，出身並不高，因此年僅 10 歲的她就被送進陳叔寶的府邸，做了陳叔寶的龔姓侍妾的一名婢女。當時，陳叔寶尚是太子。有一天，陳叔寶來到龔妾的房中，猛然看見一眉清目秀的婢女，美麗嬌柔如初夏小荷，亭亭玉立，稚氣歡脫，陳叔寶興奮異常，立刻就臨幸了她。隨後婢女便懷有身孕，生下兒子陳深。陳叔寶即皇帝位後，封婢女為貴妃，後來還立婢女所生的兒子為太子。這個婢女，就是天生麗質的張麗華。

張麗華長得非常漂亮，否則不會在一眾鶯鶯燕燕中一眼就被當時還為太子的陳叔寶看中。在後宮，張麗華集萬千寵愛在一身，首推她驚人的美貌。史書說她「髮長七尺，鬢黑如漆，其光可鑑」。古代的七尺相當於現在的一百七十公分左右。可以想見，當貴妃張麗華款款而來，吸引眾人的

首先便是這一頭瀑布般的黑長直髮，絲滑，柔順，再配上她的絕世容顏，真是含辭未吐，氣若幽蘭。貴為天子的陳叔寶拜倒在她的石榴裙下，當不為奇事。張麗華吸引陳叔寶的不僅是其機密武器——黑髮瀑布，更有其飄若神仙的氣質。每當她倚立在宮殿欄杆上，輕撫一頭黑髮，顧盼神飛，宮中的人遠遠看過去，彷若看到神仙降臨一般。真可謂「倚東風，一笑嫣然，轉盼萬花羞落」。

而張貴妃髮長七尺，鬢黑如漆，其光可鑑。特聰惠，有神采，進止閒暇，容色端麗。每瞻視盼睞，光采溢目，照映左右。常於閣上靚妝，臨於軒檻，宮中遙望，飄若神仙。才辯強記，善候人主顏色。（《陳書．列傳第一》）

君王喜憑絳仙立，殿腳爭畫雙長眉。美女與權力結合，惹出無數事端；美女與才子結合，生出無限風流；若這才子擁有至尊權力，得遇絕色美女，頓使這人間「風乍起，吹皺一池春水」。擁有神仙玉骨的張麗華，得遇的陳叔寶，便是歷史上著名的才子皇帝。

陳叔寶，是南陳第四任皇帝陳宣帝的嫡長子。雖然貴為皇子，他的成長經歷卻並不輕鬆，甚至可謂歷經坎坷。西元553年十一月，陳叔寶在江陵（今中國湖北荊州）出生，雖然在四年後的西元557年陳霸先才建立陳國，但當時陳霸先因為幫助南梁平叛侯景之亂有功，已成為一方霸主。當時的皇帝——梁元帝蕭繹為了牽制陳霸先，就讓陳霸先的子姪親屬等居住在皇帝眼前的首都江陵（西元552年，平定侯景叛亂後，蕭繹在江陵即位為帝），陳叔寶的父親陳頊也在其中。西元554年，江陵被西魏的宇文泰侵占，父親陳頊被西魏軍俘虜至長安，剛剛一歲的陳叔寶則和母親柳敬言、胞弟陳叔陵作為人質，被扣留在襄城（今中國河南鄧州）。

西元557年，陳霸先建立陳朝，成為陳朝開國皇帝，陳頊和陳叔寶等

人仍在西魏過著人質生活。直到西元 562 年，陳朝的第二任皇帝陳文帝在位期間，才將陳頊和陳叔寶等人接回陳朝，此時，陳叔寶已 10 歲。可以說，他的童年時光是在流浪、屈辱的異國他鄉的人質生活中度過的。

自從南歸後，陳頊逐漸掌握了陳朝的朝政大權，西元 568 年，陳頊廢掉陳文帝之子陳伯宗的帝位，自立為帝，史稱陳宣帝。陳叔寶被立為皇太子，此時，他已十五六歲。年輕的他喜愛文藝，正是在當太子的這段時間，他的身邊聚集了一大批文人雅士，他們吟詩作曲、唱歌跳舞，成為日後繼承皇帝位的陳叔寶宮中的一批御用文人。

西元 582 年，父親陳宣帝病危，太子陳叔寶和胞弟陳叔陵都在陳宣帝床前伺候。陳宣帝剛駕崩，身為長子，本就文人氣息強烈的陳叔寶，感念傷懷，在父親靈前痛哭不已。令他萬萬沒想到的是，他的弟弟陳叔陵，卻趁機在身後拿起屠刀準備刺殺他。一直以來，陳叔陵都在和陳叔寶爭奪皇位的繼承權，他雖然在父親面前表現得文質彬彬、好學有禮，背地裡卻做著一件令人不齒的職業——掘墓。是的，貴為堂堂皇子的陳叔陵喜歡從事盜墓事業，他認為東晉名相謝安的墓穴風水不錯，就將謝安之墓挖開，扔掉遺骸，然後將他的生母彭氏的靈柩安葬在這裡，期望好風水能使自己興旺發達，甚至是登臨帝位。可惜，直到父親陳宣帝駕崩，陳叔陵都未能如願被立為太子，他只是被封為始興王。眼睜睜看著皇帝之位將落入陳叔寶之手，氣急敗壞的陳叔陵只能孤注一擲，決定在宮殿中刺殺哥哥。毫無防備的陳叔寶被砍傷脖子，幸虧母親柳太后和乳母吳氏及時相救，他才倖免於難。陳叔陵刺殺行動失敗，逃走後被大將蕭摩訶殺死。奪位之爭的另一主角陳叔寶，則帶著脖子上的傷痛，於西元 582 年正月即皇帝位於太極殿。

晉世王公貴人，多葬梅嶺，及彭卒，叔陵啟求於梅嶺葬之，乃發故太傅謝安舊墓，棄去安柩，以葬其母。（《陳書·列傳第三十》）

即位伊始，陳叔寶尚能勤政為民，但國力稍有起色，他便驕傲自滿，逐漸喪失執政的熱情，轉而寄情於詩文、醇酒和美人。究其原因，或許是童年寄人籬下的漂泊生涯，使他從小沒有樹立正確的奮鬥理念；或許是弟弟陳叔陵的刺殺使他對權力之爭產生深深的厭惡；或許是骨子裡的文藝氣息促使他遠離朝堂上的陽奉陰違、爭權奪利，總之，執政後期，陳叔寶「唯寄情於文酒」，整日與寵臣、文友、愛妃廝混在一起，以致朝廷小人當道，上下相蒙，眾叛親離，臨機不寤。如此，離亡國也就不遠了。果然，西元 589 年，陳朝被楊堅建立的隋朝滅掉，陳叔寶作為亡國之君，被押往隋朝都城長安。昔日圍繞在他身邊的文士、佞臣均被斬首，他最寵愛的貴妃張麗華，作為紅顏禍水的典範，被斬首於青溪中橋，時年 31 歲。

說張麗華是亡陳的紅顏禍水，實在不算冤枉。

張麗華非常聰明，否則不會在十幾歲時獲得陳叔寶的垂憐，14 年後陳叔寶繼位後立刻封她為貴妃，一直到八年後陳國覆亡的最後時刻，陳叔寶都對她寵愛有加，宮門被破後躲在井下逃命都沒忘記帶上張麗華。作為歷史上著名的紅顏禍水，張麗華能在南陳後宮維持恩寵長達 20 年，沒有色衰愛弛，沒有爭風吃醋，沒有幽怨哀憐，她「甚被寵遇」，以致當時的江東小朝廷，不知有陳叔寶，只知有張麗華，除了她驚為天人的美貌，更多的在於她「聰慧」。

在陳後主不恤政事、荒於酒色之際，身為皇帝最受寵愛的妃子，在後宮張麗華的地位甚至超過皇后；在朝政上，皇帝藉口身上傷勢作祟，懶於理政，有大臣將奏摺呈遞上來，他都交給宦官蔡脫兒、李善度奏請，同時他又將張麗華抱在膝上，幾人共同決議。遇到兩位宦官記不清楚的，聰慧的張麗華都能逐條陳述清楚，並無遺漏。皇帝陳叔寶不僅對她言聽計從，而且放手讓她處理一些朝政大事。如此，貴妃張麗華手中的權力達到巔峰。

第六章 美貌篇 馮小憐、潘玉奴、張麗華：傾城容顏，傾世傳說

　　集聰慧與美貌於一身的張貴妃，若能慎重善待手中的無上權力，或許能成為陳叔寶的賢內助，或可青史留美名。可惜，張麗華鼠目寸光，只立足於眼前的榮華富貴和縱慾享樂，將手中權力用來滿足自己的一己私利，以致在歷史上留下不堪的罵名。譬如，後宮中有不遵法度、有悖於事理者，經常跑到張貴妃面前求情，狡黠的張麗華，一方面派宦官蔡脫兒、李善度在皇上面前啟奏，一方面又在皇帝面前從容說情，皇上對她的意見一概順從，如此，張麗華便在後宮籠絡了一批忠實的拍馬屁者。又如，朝中大臣有不順從張麗華集團意見的，張麗華便在皇帝面前說盡他的壞話，借皇帝之手剷除異己。朝中正直的、不願依附於張貴妃集團的大臣，人心惶惶，坐立難安。而張貴妃及其黨羽，不僅違規提拔任用自己的宗族親戚，而且大肆收受賄賂，賞罰無常。西元588年六月，張貴妃甚至操縱群臣上書，廢掉原本的太子陳胤，改立自己的親生兒子陳深為太子。一時間，本就偏安一隅的南陳王朝綱紀墮落，國將不國。

　　是時後主怠於政事，百司啟奏，並因宦者蔡脫兒、李善度進請，後主置張貴妃於膝上共決之。李、蔡所不能記者，貴妃並為條疏，無所遺脫。由是益加寵異，冠絕後庭。而後宮之家，不遵法度，有掛於理者，但求哀於貴妃，貴妃則令李、蔡先啟其事，而後從容為言之。大臣有不從者，亦因而譖之，所言無不聽。於是張、孔之勢，薰灼四方，大臣執政，亦從風而靡。閹宦便佞之徒，內外交結，轉相引進，賄賂公行，賞罰無常，綱紀瞀亂矣。（《陳書‧列傳第一》）

　　張麗華不僅利用自己的聰慧在朝中干涉政事，在深宮後院，更是和陳叔寶過著醉生夢死、放歌縱酒的糜爛生活。於是，和南齊的潘玉奴、北齊的馮小憐一樣，張麗華和陳叔寶也落入嬉戲亡國的窠臼。

　　陳朝建立之初，地盤就已大幅縮小，國力不強；陳叔寶的父親陳宣帝又一意孤行，屢次進行北伐，北伐沒有成功，連年的征戰卻使陳朝的國力

大幅削弱。到陳後主繼位後，陳朝已處於沒落時期，但昏庸的陳叔寶對這些熟視無睹，為討貴妃張麗華的歡心，繼位僅僅兩年後，便大興土木，為張麗華建造了臨春、結綺、望仙三座閣樓。這些閣樓高數十丈，其窗戶、門楣、欄杆等，皆用陳年檀香木做成，裡面又裝飾有金玉、珍珠翡翠等，其鋪設、玩賞之物，「瑰麗皆近古未有」。三座豪華閣樓建成後，陳叔寶住在臨春閣，張麗華住在結綺閣，孔、龔兩位貴嬪住在望仙閣，這些閣樓之間還建有連通的走廊，方便他們互相往來。

除大興土木外，為替後宮遊樂增添雅趣，陳叔寶將自己當太子時籠絡的一幫文人雅士召集在一起，他們和宮中的女學士一起共賦新詩，互相贈答。詩句中辭藻豔麗者，便被配上樂曲，交給歌伎演唱。辭藻華美、曲調委婉的歌曲包括〈臨春樂〉等，其中歌詞唱道：「璧月夜夜滿，瓊樹朝朝新。」這些大多是歌頌張貴妃、孔貴嬪等人的嬌豔容顏。「水國春常在，臺城夜未寒。麗華承寵渥，江令捧杯盤。宴罷明堂爛，詩成寶炬殘。兵來吾有計，金井玉鉤欄。」唐朝詩人羅隱在〈臺城〉詩中寫道。江令，即江總，本是陳叔寶時期的僕射尚書令，但此人不理政務，日日參加陳叔寶在後宮中舉行的宴會，阿諛奉承，極盡狎客之本能。

身為豔詞高手的陳叔寶尚不盡興，為表示對張麗華的極度寵幸之情，特地為張麗華量身定做一首曲子叫〈玉樹後庭花〉。陳朝滅亡後，後世將陳叔寶的這篇代表作〈玉樹後庭花〉稱作「亡國之音」。如北宋文學家王安石的〈金陵懷古〉詞中就有「至今商女，時時猶唱，後庭遺曲」；唐朝詩人杜牧的一句「商女不知亡國恨，隔江猶唱後庭花」更是傳唱千古。

〈玉樹後庭花〉

  麗宇芳林對高閣，

  新裝豔質本傾城。

第六章 美貌篇 馮小憐、潘玉奴、張麗華：傾城容顏，傾世傳說

> 映戶凝嬌乍不進，
> 出帷含態笑相迎。
> 妖姬臉似花含露，
> 玉樹流光照後庭。
> 花開花落不長久，
> 落紅滿地歸寂中。

山外青山樓外樓，金陵歌舞幾時休？當南陳的陳叔寶在紅飛翠舞中摟著張貴妃，和一群宵小通宵達旦地吟唱著〈玉樹後庭花〉時，他並不知道，北方的一個強大帝國和皇帝已經對他磨刀霍霍了。陳叔寶於西元582年即皇帝位，當時，於前一年，西元581年，雄踞北方的北周已經亡國，北周外戚楊堅建立隋朝。隋文帝楊堅早有掃平天下之志，消滅南朝的陳國只是早晚的問題。

終於，這一天到來了。西元588年十一月，隋文帝命晉王楊廣（楊堅第二子）、秦王楊俊（楊堅第三子）、清河公楊素為行軍元帥，總管韓擒虎、賀若弼等率五十一萬大軍分道直取江南，大舉伐陳。陳朝佞臣當道，竟將隋軍進犯的戰報私自壓下，不呈報給皇帝，以致陳軍一再貽誤戰機。

西元589年正月，陳朝舉行新年朝會時，大霧瀰漫，入人鼻皆辛酸，彷若不祥之兆。陳叔寶在昏昏欲睡中度過新年的第一天。沒多久，他就接到隋軍已經渡過長江，準備攻打建康城的消息。陳叔寶頓時從一世繁華的春夢中驚醒，嚇得六神無主，唯有哭泣。他本想命令驃騎將軍蕭摩訶計劃有效的抵抗，誰知「兵交而走，諸將支離，陣猶未合，騎卒潰散，駐之弗止，摩訶無所用力焉，為隋軍所執」（《陳書·列傳第二十五》），蕭摩訶投降於隋軍。不多久，建康城內文武百官便一哄而散，只有少數幾個官員留下來陪伴皇帝。

風流天子陳叔寶自知陳朝大勢已去，只好放棄反抗，他一邊顫抖說著「鋒刃之下，未可與爭，我自有計」，一邊領著自己甚為寵幸的張麗華和孔貴嬪來到後宮的一處枯井前。原來，這位九五之尊所說的「我自有計」竟是跳入枯井中暫時避難。如此掩耳盜鈴式的保全之計，讓人不禁啼笑皆非。當時，宮門外殺聲震天，隋軍總管韓擒虎只用五百人的精銳騎兵就攻破了建康城的朱雀門，直逼南陳後宮。韓擒虎來到皇后宮中，只見陳叔寶的皇后沈婺華，神情肅穆，居處如常；他又來到太子陳深的殿中，只見這個只有15歲的少年，關閉房門，端坐中間，靜候敵軍和歷史安排給他的無奈命運。遍尋皇宮，唯獨看不到這重重深宮的主人——皇帝陳叔寶，以及豔冠後庭的尤物張麗華。

　　正當韓擒虎疑惑之際，忽聽見一處後院傳來士兵的呼叫聲：「井裡有人。」韓擒虎忙跑過去，只見士兵正向一處枯井中探望。其中一個士兵說：「下面有人嗎？再不答應我就扔石頭了。」聞聽要落井下石，井下傳來顫抖的求饒聲：「別扔石頭。拉我們上去。」士兵們於是朝井裡扔下繩子，徐徐往上拉，可是好幾個士兵竟一時拖拽不住，待得費力拉出來後，才發現，原來一根繩子上竟攀附著三個人，分別是陳叔寶、張麗華和孔貴嬪。三人灰頭土臉，神情悽慘。「門外韓擒虎，樓頭張麗華。誰憐容足地，卻羨井中蛙。」200多年後的唐朝詩人杜牧，不無嘲弄地如此寫道。

　　好一個「門外韓擒虎，樓頭張麗華」。南齊的蕭寶卷不畏蕭衍畏潘妃，南陳的陳叔寶看不見門外的韓擒虎勢如破竹，眼中只有樓頭的張麗華恍若神仙，其亡國之路何其相似。建康被攻破，陳叔寶束手就擒，和皇后及王公貴族一眾人被押送到隋朝都城長安。在那裡，被隋文帝稱為「全無心肝」的陳叔寶繼續過著他厚顏無恥的縱酒享樂生活，胸襟大度的隋文帝甚至還允許他以三品官員的身分上朝。投降隋朝後的陳叔寶全沒有「無限江山，別時容易見時難」的亡國之痛，沒心沒肺地活到52歲時去世，他甚

至比隋文帝楊堅還多活了幾個月。

　　至於江南尤物張麗華，則沒有那麼幸運。據《隋書》記載，當時負責平陳一切事宜的晉王楊廣看到張麗華，頓時被這個美麗女俘的豔光所震懾，一心想將她納為自己的妃子。誰知楊廣的長史[63]高穎卻堅決不同意，他警告楊廣說：「周武王滅掉殷商後，很快就殺掉了妲己，是害怕這個紅顏禍水殃及周朝的大業；如今陳朝因為張麗華而亡，王爺您不應娶她。」言畢，不由分說就命人將張麗華拉出去斬了。據說晉王楊廣對此很不高興，但香魂已逝，他亦無可奈何。

〈詠張麗華〉

宋　趙崇嶓

陳事分明屬綺羅，
香塵吹盡井無波。
行軍長史何勞怒，
次第論功妾更多。

　　張麗華血濺青溪中橋，死時 31 歲。血汙遊魂救不得，如此下場，禍根在於她的美貌，更在於她的恣意妄為。20 多年前，她以美貌獲得君主的垂愛；國破家亡後，她仍因美貌和穢行而被殺。著名演義小說作家、歷史學家對此評論說：「張麗華為江南尤物，與鄴下之馮小憐相似，小憐亡齊，麗華亡陳，乃知尤物之貽禍國家，無古今中外一也。」此話過於武斷，有失公允，但馮小憐和張麗華的恣意妄為對朝政產生極壞影響，確為事實。

　　隨著張麗華香消玉殞，陳叔寶被押送長安，南北朝時期南朝的最後一個朝代陳朝，在走過 33 年磕絆的歷程後，化為過眼雲煙。若論隋軍長史

---

[63]　古代官職，是幕僚性質的官員。

高穎為何怒斬張麗華，若論陳朝奔赴滅亡之路上，誰在煽風點火，誰在火上澆油，誰成為壓倒陳朝將傾大廈的最後一根稻草，想必，青溪橋畔的貴妃張麗華，心裡更清楚。

末世皇妃，難逃宿命？

絕代佳人，遺世而獨立

　　古語云：士為知己者死，女為悅己者容。世間女子，對美的嚮往和追求是孜孜一生的。大凡女子，皆希望自己擁有美麗的外貌，這不僅能提升信心，更能贏得男子的愛慕，甚或是同性的嫉妒。然，天道自然，除非刻意去整容，每個人的容貌乃天生，醜即醜，美即美，平庸即平庸。大多數女子，皆屬平凡之姿色，既非奇醜無比，如嫫母、鍾無豔、孟光和賈南風等；也非豔冠群芳，殊若仙子，如四大美女、馮小憐、潘玉奴、張麗華等。

　　天生麗質難自棄。毋庸置疑，馮小憐、潘玉奴、張麗華這些絕色美女，當數大自然優勝劣汰的幸運兒。身為芸芸眾生中的佼佼者，她們的美貌確實讓眾多女子自慚形穢。若說容貌是女人來到人世間敲開一扇扇命運之門的工具，美貌就是美女們的武器，殺傷力巨大的武器。美貌，乃武器，女人最大的武器，尤其是在短時間內無法展示女性其他美好特質的時刻。馮小憐、潘玉奴、張麗華，這三位絕色尤物，就是手握這一利器，輕而易舉就俘獲了各國君主的垂愛，甚至是專寵。在為皇帝、太子挑選妃子對出身要求最挑剔的古代，出身不好的女子，甚至連報名的資格都沒有。馮小憐是婢女出身，潘玉奴出身商販之家，張麗華乃兵家女，父兄以織蓆

為生,她們若無驚為天人的美貌,怎能得見天顏,一朝選在君王側,乃至被封為貴妃,萬千寵愛在一身?可見,美貌有時比出身更重要。

美貌的女人何其幸運,在叢林世界中拚殺,天生就比別的女人多了一件稱手的武器。然而,自古美人嘆遲暮,不許人間見白頭。美貌既為天生,必定隨著年歲漸長而走向衰老,所謂歲月神偷,韶華易逝,任誰也逃不出這自然規律。當眼球渾濁取代明眸善睞,白髮蒼蒼取代雲鬢青絲,拱肩縮背取代亭亭玉立,菊老荷枯取代桃羞李讓,還會有男子願意在人群中多看你一眼嗎?何況高高在上,永遠不缺美女獻殷勤的君王?可知,美貌管得了一時,管不了一世。

聰明的美女不會僅拿一件武器去闖世界,何況她要面對的是世界上競爭對手最多、女性水準最高的後宮,以及世界上最花心的男人——擁有萬千佳麗的帝王。除了美貌之外,她們還有自己的獨門祕笈,那就是每個人都有自己獨一無二的遺世獨立之處。慧黠的馮小憐擁有無人能比的曼妙身材,唐朝詩人李商隱的詩句「小憐玉體橫陳夜」,雖是描寫北齊後主高緯的荒淫生活,卻也道出高緯為何能被馮小憐迷得如痴如醉,在國家危急時刻還能陪著她一再打獵。南齊的潘玉奴擁有一雙纖纖玉足,凌波微步,羅襪生塵,所謂「好步黃金菡萏花」,南齊東昏侯為欣賞這性感的玉足,不惜在潘玉奴的宮殿中鋪滿黃金雕刻的蓮花。張麗華的獨門武器則更絕,她「髮長七尺,鬢黑如漆,其光可鑑」,當她站在高高的閣樓,梳理這引以為傲的如瀑黑髮,霞光輝映,光彩溢目,瞬間就將身旁的嬪妃與婢女比照得低微到塵埃裡,如此神采,怎能不讓南陳的陳叔寶即刻拜倒在她的石榴裙下?如此方知,絕代佳人,都有自己高人一籌的獨特之處,非一般美女可比擬。

俗話說:一招鮮,吃遍天。然則,對於生活在後宮、日日參演宮鬥劇的女人來說,只有美貌和身體這一自然條件,顯然是遠遠不夠的。若想在萬千女人中脫穎而出,獨享恩寵,除了天生的美貌,還需有純熟的技藝和

聰明的大腦，畢竟再美麗的臉龐、再曼妙的身材，看得久了，也會看膩。長得漂亮是老天爺賞飯吃，能否一輩子有好飯吃，才是考驗美女智慧的難題。這方面，北齊、南齊、南陳的三位亡國紅顏就樹立了很好的榜樣。

譬如馮小憐，史書記載她「慧黠能彈琵琶，工歌舞」，除此之外，再無對其能力的描寫。會一門樂器，會唱歌跳舞，就是這樣一個看似簡單的愛好和技藝，竟能在北齊後宮惹得皇帝高緯甘願與她同生共死，以致喪國也在所不惜；也使得北周的宇文達，從一個自律到極點的儒雅王爺，轉而成為情感的奴僕，以致髮妻受虐也在所不惜。「玉貌羞花長窈窕，宮腰怯柳更輕盈」，可以想見，當顧盼流轉的馮小憐或輕撫琵琶，或輕歌曼舞，在那些尊貴男人的心裡該蕩起多麼美妙的漣漪。

又如潘玉奴，史書未能詳細記載她的本領，但從她的經歷和在宮中的作為可以推測，這個玉兒不簡單。她本是大司馬王敬則家中的一名歌伎，因王敬則起兵反叛兵敗被殺，玉兒便被送進皇宮。在遇見今生的冤家東昏侯之前，潘玉奴是能歌善舞的，遇見東昏侯後，兩人便惺惺相惜，相見恨晚。明豔不可方物的潘玉奴，膚白貌美，能歌善舞，還頭腦清楚、善於算計，知道如何在後宮玩出新花樣讓皇帝開心，因為她出身商販之家，對買賣經營之類事務當然駕輕就熟。「縱態迷歡心不足，風流可惜當年」，或許，出身高貴的少年天子東昏侯剛好喜歡潘玉奴的這種市井俗態的美，即便受她鞭打責罰也毫無怨言，甚至還很享受這種民間夫婦的計較和凡俗。

再如張麗華，史書記載她的特點很鮮明，第一是髮長七尺，飄若神仙；第二便是她「特別聰慧」、「才辯強記，善侯人主顏色」。聰明的張麗華有著異於常人的記憶力。陳後主即位初期，弟弟陳叔陵砍傷他，尚在養傷的陳後主便命張麗華陪伴在自己身邊，和他一起批閱奏摺。後來陳叔寶懶於理政，就讓張麗華和兩位寵信的宦官處理奏摺，兩位宦官忘記的，張麗華都能將之一一陳述清楚，無絲毫遺漏。其博聞強記的本領讓陳叔寶嘆為

觀止,他對張麗華便「益加寵異」。「重樓複閣參天起,不見佳人張麗華」,試想,若沒有這超強記憶力和察言觀色之本領,神仙玉骨的張麗華又怎能贏得自詡風流的文人皇帝陳叔寶的尊敬和愛寵,又怎能在長達20年的後宮生活中始終「冠絕後庭」?

嬌豔的臉龐,婀娜的身姿,精巧的玉足,漆黑的長髮,本是天成,所謂「清水出芙蓉,天然去雕飾」,這些都是大自然給予女性中佼佼者、幸運兒的天然餽贈。

琵琶聲響,歌甜舞美、嬉笑怒罵,酣嬉淋漓;博聞強記,善解人意,乃是後天錘鍊所致,所謂「要想人前顯貴,學會背後受罪」,這些都是聰明的美女找到能保證自己一輩子有飯吃的技巧。她們明白,美貌加技藝,如同錦上添花,威力必然不同凡響。

這威力,施展在一國之君身上,必定地動山搖,因為加上了權力。

狐媚為何偏能惑主?

唐朝有位神童詩人,叫駱賓王;唐朝有位女皇帝,叫武則天。身為女人的武則天篡奪了李家的江山,做了皇帝,惹得正統文人,尤其是男性文人憤憤不平。神童詩人駱賓王在一篇討伐武則天的檄文中指責道:「入門見嫉,蛾眉不肯讓人;掩袖工讒,狐媚偏能惑主。」是啊,後宮佳麗三千人,為何偏就她能惑主?僅僅是進讒言嗎?未必。

美女得遇君王,君王沉溺於美人溫柔鄉,從此君王不早朝,乃常事,尤其是末代君主,更過分。人們大多會譴責紅顏誤國、君王昏庸,卻不曾想到為何一個女人能迷惑一國之君到如此地步,繼而使得國家陷入衰亡的深淵。俗話說一個巴掌拍不響,她能惑他,只因他看重的不僅是她的美,更是她的人,所謂美貌是皮,價值觀是裡,正是兩人的價值觀一致,才能

如此惺惺相惜。

馮小憐、潘玉奴、張麗華，美則美矣，但在人生關鍵時刻，都得遇情趣相投的君主，才能演繹一番「金風玉露一相逢，便勝卻人間無數」。

北齊後主高緯本是一翩翩美少年，出生在尊貴的帝王家，能幹強悍的父輩支撐著江山社稷，他不用為基業操心；養尊處優的生活使得他習慣看風花雪月，不自覺間養成愛好吟誦、喜歡音樂的文藝氣息。繼位後的高緯，對音樂的愛好絲毫不減，對政事的處理照舊懶散。他曾經自己作詞作曲，製作一首〈無愁之曲〉，將之譜入琵琶，與馮小憐一唱一和，不亦樂乎，因此獲得「無愁天子」的稱號。

高緯除了和馮小憐有共同的愛好——音樂之外，還喜歡遊戲人生，甚至將軍國大事也視作兒戲一般。西元 577 年，北周軍隊集聚北齊邊境，發動侵略戰爭，敵人大軍壓境之際，北齊忠君愛國的將軍心急如焚，他們請求皇帝慰勞士兵，舉行誓師大會，並事先替皇帝準備好演講稿，只需要皇帝將它背熟即可。誰知，高緯一出場，面對黑壓壓的士兵，一時間竟忘記自己是來做什麼的，慷慨激昂的演講詞更是忘得一乾二淨，他沒為自己的糊塗而難堪，反倒仰頭哈哈大笑，一直笑到離場方作罷。左右官員尷尬莫名，臺下的士兵看到皇帝如此荒唐，深感為這樣的主子和這樣的國家賣命不值得。全體將士的鬥志瞬間鬆懈，一潰千里便不足為奇了。美貌皇妃馮小憐為滿足自己打獵的興趣、遊山玩水的樂趣、塗脂抹粉出盡風頭的愛好，使得「無愁天子」高緯一再為她延誤戰機，以致誤國的作風，與皇帝處理國事軍事荒誕不經的行為，有得一拚，所謂王八看綠豆——對了眼了，難怪兩人情趣相投，即使做了亡國奴也不忘記廝守在一起。

斛律孝卿居中受委，帶甲以處分，請帝親勞，為帝撰辭，且曰宜慷慨流涕，感激人心。帝既出臨眾，將令之，不復記所受言，遂大笑，左右亦群哈，將士莫不解體。（《北齊書·帝紀第八》）

第六章 美貌篇 馮小憐、潘玉奴、張麗華：傾城容顏，傾世傳說

南齊的東昏侯蕭寶卷，雖然出身帝王之家，受教育的環境並不差，但他從小便不愛讀書，唯一的愛好竟是捕捉老鼠。齊明帝蕭鸞自己建立一世偉業，對兒子的要求反而降低，對兒子的不學無術不僅不以為恥，還時常以厚黑學理論教導兒子：做人要狠，下手要早。如此鬆懈、陰暗的宮廷文化薰陶出的蕭寶卷，年紀輕輕便成為名震天下的混世魔王：晝夜尋樂、草菅人命、玩火自焚、好大喜功。與之對應的，商販出身、做過歌伎的潘玉奴，同樣沒有受過什麼教育也沒有目標，除了賣弄美色和作威作福，便是和蕭寶卷在後宮過著胡天胡地的生活。莊嚴肅穆的南齊皇宮，市場喧囂，商舖林立，宮女和宦官扮作商家和顧客，皇帝親自操著屠刀賣肉，貴妃端起酒葡萄賣酒。「至尊屠肉，潘妃酤酒」，同樣是不學無術，少年天子和卑微歌伎一見鍾情；同樣是缺乏高雅追求，十八九歲的皇帝喜愛捕鼠和耍雜技（「甚有筋力」），聰明伶俐的潘貴妃喜歡買賣算計；同樣是驕奢淫逸，她有一雙美足，他便鑿金蓮鋪地；他喜歡嬉鬧，她便想方設法與他共樂。興趣愛好、脾氣秉性、行事作風如此一致，蕭寶卷和潘玉奴簡直是天作之合，互為知音。故而，蕭寶卷為她縱情享樂，不問政事，丟了江山亡了國；故而，潘玉奴在蕭寶卷死後，不肯委身小臣，情願結束自己風流無限的一生，所謂「長在眼，遠銷魂。玉奴那忍負東昏」。

喝酒誤事，乃人之常情；喝酒誤國，則天地之大事。南陳後主陳叔寶便是這樣一個喝酒誤國之人。陳朝被滅掉後，隋文帝楊堅講述了陳叔寶的一件往事。他說，當日隋朝大將賀若弼攻打京口時，防守的陳軍將緊急戰報快馬呈遞給皇帝，當時，陳叔寶正在喝酒，不予理睬。當隋軍長史高穎攻破建康來到皇宮察看時，發現那封加急戰報還靜靜地躺在陳叔寶的床下，甚至封皮都沒被拆開。「這可真是愚蠢可笑到極點！」楊堅不無感慨地評論道。讓楊堅驚訝的不僅是這些。建康城破之後，陳叔寶帶著張麗華和孔貴嬪躲在宮中枯井裡，後被隋軍士兵捉拿，當楊堅聽說陳國君主竟

躲在枯井中時，大吃一驚，史書說「隋文帝聞之大驚」。讓雄才大略的楊堅屢屢瞠目結舌的陳叔寶就是這樣一個人：耽於酒色、沉溺詩文、不顧廉恥、全無心肝。

張麗華出身低微，家境貧寒，十歲之前就去當婢女，及至十歲時被陳叔寶寵幸，才飛黃騰達，過上養尊處優的日子。對此，她當然很珍惜。婢女的生活使她養成善於揣摩人意的本領，對於恩主陳叔寶，張麗華竭盡所能地侍候，因她討人喜歡，陳叔寶受傷後拒絕一切嬪妃及太后的探望，只將善解人意的張麗華留在身邊。她天生記憶力超群，正好迎合了陳叔寶懶於思考、疏於理政的習慣，隨後張麗華便名正言順地幫陳後主處理政務，忙於詩文創作酬和的陳叔寶樂得清閒，對張麗華更加倚重和寵愛。作為絕代佳人，張麗華的美貌和聰慧激發了陳叔寶那敏感而多情的文人靈感，兩人對美的追求和享受是一致的。作為懦弱無能的末代君主，陳叔寶的才情和懶政使得張麗華將自己的權力欲望之手從後宮延伸至朝政，兩人的長處與短處互為彌補，配合默契。可惜，對於一國之君來說，這實屬狼狽為奸，隋文帝楊堅總結陳叔寶亡國的原因，說：「陳叔寶的亡國皆與酒有關，若將這作詩的功夫用在國事上，豈能有如此下場？」

后從至仁壽宮，常侍宴，及出，隋文帝目之曰：「此敗豈不由酒；將作詩功夫，何如思安時事。當賀若弼度京口，彼人密啟告急，叔寶為飲酒，遂不省之。高熲至日，猶見啟在床下，未開封。此亦是可笑，蓋天亡也。昔符氏所征得國，皆榮貴其主。苟欲求名，不知違天命，與之官，乃違天也。」（《南史·本紀第十》）

唐朝政治家魏徵曾在自己編修的《隋書》中說：「古人有言，亡國之主，多有才藝，考之梁、陳及隋，信非虛論。」於北齊的高緯、南齊的蕭寶卷、南陳的陳叔寶而言，會一點才藝本無錯，錯就錯在他們將這點個人愛好無限放大，重才藝，輕國事，乃至於沉溺才藝耽於享樂而亡國。於馮

小憐、潘玉奴、張麗華而言,既已明豔絕倫,又多才多藝,本屬鳳毛麟角之人才,既遇情趣相投的君主,更為幸事一件,偏偏她們均無遠大目標和高尚修養,放縱自己,也帶壞周圍人與之共同沉淪。

「最是倉皇辭廟日,教坊猶奏別離歌,垂淚對宮娥。」江山已失,祖廟將辭,宮人已遣散,末代君主們也從高高在上的九五之尊淪為仰人鼻息的南冠楚囚。那些與末代君主情投意合、價值觀一致的所謂「狐狸精」,離開君主這參天大樹的庇護,她們的命運又能如何呢?

花自飄零水自流

古時的女子,囿於教育、觀念、環境、體力等諸多原因,大多依附性強。具有傾城傾國之貌的女子,也不例外。她們的命運大多不掌握在自己手中,而是繫於男性,甚至是女性之手中。仗著美貌、聰明和才藝,她們大多可以吸引優秀的男性,譬如君王,「名花傾國兩相歡,常得君王帶笑看」;君王這個特殊位置上的伴侶,既放大了她們的美,亦縱容了她們的惡。由是,她們缺乏有效的約束,自我修養亦不夠,重肉慾、虛榮,目光短淺,及時享樂,還恩寵不絕、榮華不斷,由此帶壞了後宮乃至前朝的風氣。從這個角度而言,紅顏禍水,其言不虛。

〈清平調〉

名花傾國兩相歡,
常得君王帶笑看。
解釋春風無限恨,
沉香亭北倚闌干。

然而,明媚嬌豔能幾時,一朝漂泊難尋覓。國破家亡之後的貴妃們,

不像君王尚有招牌和道具的利用價值，不像皇后尚可尊敬，等待她們的，既有猥瑣垂涎的目光，還有高懸頭頂的屠刀。這些人中，既有男性，也有女性；既有英雄，也有情敵。無論是誰，在他們眼裡，落魄貴妃們都是待宰的羔羊。

若說美貌的貴妃們相伴的亡國之君都是風流才子，善才藝，荒政事，那些一舉蕩平腐朽沒落王朝的正義之師的首領，便是胸懷大志的真英雄。這樣的真英雄，或者在美色面前，坐懷不亂；或者暫時被美色所迷惑，經人勸諫後立即會改邪歸正。美女們慣用的美貌武器，被他們自律的堅強意志所化解，毫無用處，反倒成為一把雙刃劍，傷及自身，使得美女帶來滅頂之災。

譬如馮小憐。她面對的真英雄是北周周武帝宇文邕，以及隋朝的隋文帝楊堅。周武帝性深沉，有遠見卓識。當時，他看到北齊在高緯的統治下日漸腐敗衰落，便有伐齊之意。當高緯在後宮眠花宿柳、吹拉彈唱、鋪張浪費之際，周武帝在北周是身衣布袍，寢布被，無金寶之飾；當高緯被眾多佳麗前呼後擁之時，周武帝的後宮嬪御，不過數十人。更厲害的是，當高緯在誓師大會上因忘記演講詞而哈哈大笑時，周武帝也在檢閱軍隊，他騎著御馬，所到之處對每一位將領都能叫出名字，並給予親切的慰問，將士們「感見知之恩，各思自厲」，於是北齊軍隊被打得落荒而逃。在戰爭中，周武帝身先士卒，見到沒有穿鞋的士兵，就將自己的靴子脫下來賜給士兵，士兵因此感激涕零。這樣有志於天下的真英雄，才會在面對齊國尤物馮小憐時，鄙夷地說一聲：「朕視天下如脫屣，一老嫗豈與共惜也！」隋文帝楊堅有雄才大略和過人膽識，西元589年，他派軍消滅南朝的陳國，結束了自西晉末年以來長達三百多年的南北分裂的局面，完成大一統偉業。中國，又一次成為一個完整統一的國家。歷史學家讚嘆他：「隋文帝何如主也？賢主也。」據史書記載，他與妻子獨孤皇后感情很深，故而不

容易受到馮小憐這個尤物的迷惑，在宇文達死後，楊堅轉手就將馮小憐賜予另一有功大臣李詢，自己不復沾手。馮小憐無往而不利的美貌武器，至此折戟沉沙。

平齊之役，見軍士有跣行者，帝親脫靴以賜之。每宴會將士，必自執杯勸酒，或手付賜物。至於征伐之處，躬在行陣。性又果決，能斷大事，故能得士卒死力，以弱制強。破齊之後，遂欲窮兵極武。平突厥、定江南，一二年間，必使天下一統，此其志也。（《北史·本紀第十》）

又如潘玉奴。蕭寶卷死後，她被帶到蕭衍面前。蕭衍起初也被她的美貌所迷惑，但在大臣王茂提醒下，瞬間就改正自己的想法，以大事為重，不糾纏於兒女情長。隨後將潘玉奴賜死。作為南朝梁的建立者，蕭衍博學多通，好籌略，有文武才能，他享年 86 歲，在位時間長達 48 年，是魏晉南北朝時期在位時間最長、壽命最長的皇帝。之所以如此，除了他過人的精力和勵精圖治使得梁朝國力蒸蒸日上之外，還在於他是一個極其嚴格自律的人。史書說他「性方正」，雖然居住在無人看見的小殿暗室，也是衣著整齊，即便三伏天熱得汗流浹背，他也不曾衣冠不整，袒胸露乳。西元 549 年，梁朝爆發侯景之亂，梁武帝蕭衍被侯景囚禁在皇宮，雖然身陷危局，他仍能齋戒不廢，病得臥床不起不能進食，他仍「盥漱如初」。強大的自制力使得梁武帝在面對潘玉奴的誘惑時，能迅速打消念頭，看清大局。絕色當前尚能如此冷靜，此乃真英雄。這比起一見潘玉奴就走不動路、甘願被潘氏驅使的蕭寶卷，不知要強大多少倍。所以，亡國的是東昏侯，建立不世偉業的是梁武帝。

再如張麗華。「昭君偏遇毛延壽，煬帝難留張麗華」，這裡的煬帝，不是指陳煬帝陳叔寶（他死後，楊廣替他上諡號曰「煬」，古代諡法，去禮遠眾稱煬。陳叔寶也被稱為陳煬帝），而是指隋煬帝楊廣。楊廣在歷史上臭名昭彰，隋朝就是在他手上倒下的，他死後被唐朝的開國皇帝李淵上諡

號曰「煬」，史稱隋煬帝。但那時，討伐陳朝、攻入建康的楊廣，剛滿 20 歲，正是風華正茂、建功立業之時。面對楚楚動人的張麗華，年輕的楊廣和一般男性一樣，把持不住，幸虧長史高穎在旁苦苦相勸，提醒他銘記歷史：1,500 多年前，殷商就是被妲己毀滅的，禍根不能留。當時的楊廣正年輕氣盛、意氣風發，在美色和前途面前，他尚能選擇前途，遂同意高穎處死張麗華。史書記載楊廣「上好學，善屬文，沉深嚴重，朝野屬望」（《隋書·帝紀第三》），在平定陳國後，他斬奸佞，誅張麗華，封府庫，資財無所取，「天下稱賢」。相比於只會吟唱〈玉樹後庭花〉等亡國之音的陳叔寶，當時平定陳國、大敗突厥的 20 歲的楊廣，亦可稱英雄。

常言道，英雄難過美人關。實則，難過美人關的英雄，皆為假英雄，如北周的宇文達、隋朝後期的楊廣等；真正的英雄，應為大事當前不亂懷者，如周武帝宇文邕、隋文帝楊堅、梁武帝蕭衍等。真英雄，往往是絕代佳人真正的敵人。

絕色美人們還有一個真正的敵人，那就是女人。木秀於林，風必摧之。太漂亮的女人，往往是所有女人羨慕及嫉妒的對象。太漂亮的女人，往往自視甚高，不將別的女人，尤其是不如她的女人放在眼裡，由此便無端生出諸多愛恨情仇。別的女人或明或暗地貶損詆毀漂亮女人，大多沒有什麼效果，如陳叔寶的沈皇后，多次上書諫諍，讓皇帝改邪歸正，可惜這些諍言不只沒有撼動貴妃張麗華的地位，反倒惹得陳叔寶一怒之下準備廢黜沈皇后。可知，在風華絕代的貴妃面前，皇后之類的人物只能是表面上的假情敵，不堪一擊。

美女們真正的情敵是她的婆婆，或者說是壓她一頭的掌權人物。這樣的女人，因為是同性，對美女的美貌往往無感，甚至視為妖冶。這樣的女人，因為掌握生殺予奪的權力，對美女具有真正的威懾力。譬如娉婷的馮小憐，將北齊的皇帝高緯整治得服服貼貼，將北周的王爺宇文達迷惑得團

團轉，待得面見李詢的母親後，立刻就委靡了，不僅被罰做苦役，最後還被賜死。潘玉奴和張麗華未能堅持到最後，假以時日，若她們被迫淪為敵國大臣的小妾，未免要走馮小憐的老路，落得「花自飄零水自流」。

可知，終結美女命運的，有真英雄，也有老女人，或曰有權勢的女人。

「舞榭歌臺，風流總被、雨打風吹去。」辛棄疾的這句詞可謂對亡國紅顏命運的最好注釋。

美人之澤，幾世而斬？

《孟子‧離婁章句下》說：「君子之澤，五世而斬；小人之澤，五世而斬。」君子千錘百鍊練就的、小人處心積慮累積來的恩澤，流傳五世即斷絕。縱觀歷史，那些依靠天然美貌和才藝上位的后妃，她們的恩澤又如何呢？

美貌無罪，依靠美貌得以一躍成為枝頭鳳凰的后妃們，出身微賤的女樂也好，家世煊赫的名媛也好，幾千年來大多走著一條相似的人生路徑：美而豔，豔而寵，寵而驕，驕而敗，敗而累及自身和家族的衰落。

「妾家兄弟知多少，恰要同時拜列侯。」西漢的衛子夫美而豔，豔在漂亮的外表，更豔在一副美妙的歌喉，讓她在一眾歌女中脫穎而出，「謳者進，上望見，獨說衛子夫」。衛子夫一路高歌跨入漢武帝深深的皇宮大院，備受寵愛，直至母憑子貴坐上皇后寶座。寵而驕，驕而敗，靠她的裙帶關係走上歷史前臺的還有她的哥哥衛青和外甥霍去病，一門五人被封為侯爵，貴氣沖天。然而，太子劉據兵敗，衛子夫自殺，衛氏很快便族滅。

自衛氏興，大將軍青首封，其後支屬五人為侯。凡二十四歲而五侯皆奪國。征和中，戾太子敗，衛氏遂滅。（《漢書‧列傳第二十五》）

「北方有佳人，絕世而獨立。」西漢的李夫人美而豔，豔在能歌善舞，更豔在冰雪聰明，知道如何利用美貌永久地俘獲一個男人、一位帝王喜新厭舊的心，她因聰明睿智而獲得寵愛，她的家族也深受裨益，她人已香消玉殞，漢武帝還將她的兄弟們封官晉爵，然而，李廣利和李延年並未善終，更談不上延續李家的榮華富貴，漢武帝還在位期間，「李延年弟季坐奸亂宮，廣利降匈奴，家族滅矣」(《漢書·列傳第六十七》)。李家也族滅了。

孝武李夫人，本以倡進。初，夫人兄延年性知音，善歌舞，武帝愛之。每為新聲變曲，聞者莫不感動。延年侍上起舞，歌曰：「北方有佳人，絕世而獨立，一顧傾人城，再顧傾人國。寧不知傾城與傾國，佳人難再得！」上嘆息曰：「善！世豈有此人乎？」平陽主因言延年有女弟，上乃召見之，實妙麗善舞。……及夫人卒，上以后禮葬焉。其後，上以夫人兄李廣利為貳師將軍，封海西侯，延年為協律都尉。(《漢書·列傳第六十七》)

「飛燕單衫初舞罷，班姬雙淚欲啼乾。」西漢的趙飛燕美而豔，豔在輕盈飄渺的舞姿，更豔在雙胞胎姐妹花的嫵媚各領風騷。趙飛燕姐妹在後宮備受寵愛是毋庸置疑的，漢成帝專為她們建造的宮殿是後宮從未有過的。而漢成帝直至45歲撒手人寰時尚無一個子嗣存世，乃拜趙飛燕姐妹所賜，也是其姐妹倆恃寵而驕的結果。驕而敗，敗而身死族滅。以殘忍手段迫害皇家子嗣的事情暴露後，趙家姐妹花相繼自殺身亡，趙家的侯爺及其家屬也被流放。

「朝朝瓊樹後庭花，步步金蓮潘麗華，龍蟠虎踞山如畫。」南齊東昏侯寵幸的潘玉兒乃女樂出身，「所幸潘妃本姓俞名尼子，王敬則伎也」；北齊後主寵幸的馮小憐乃婢女出身，「馮淑妃名小憐，大穆後從婢也」；陳國後主寵幸的張麗華，兵家女出身，「張貴妃，名麗華，兵家女也。父兄以織蓆為業」，三美女出身低賤，傾國傾城，史書未記載她們受寵而驕縱後對

家族的提攜，大概是家族已無後繼人。況且，當時正值各自王朝的末世，三大美女所依傍的君主將身死國滅，權杖頓失，美女們亦零落成泥碾作塵，改朝換代之際，龍蟠虎踞美如畫的江山都將易主，貴妃的性命、家族的命運自不可保全矣。

（趙飛燕）居昭陽舍，其中庭彤朱，而殿上髹漆，切皆銅沓黃金塗，白玉階，壁帶往往為黃金釭，函藍田璧，明珠、翠羽飾之，自後宮未嘗有焉。（《漢書·外戚傳》）

北齊出身於娼家的薛嬪姐妹花，同樣仰仗美貌進宮，受寵而生驕縱心，僅僅因要幫父親求得官職便被文宣帝高洋用鋸子殺死，連剛生完孩子、為皇家開枝散葉的功勞也不抵事。

歌一曲，舞一場，榮華富貴得到時輕而易舉，失去更易如反掌，轉眼便一切成空。由女樂至后妃的路走得何其荒唐而虛幻。

出身較為尊貴的「麗華們」，後宮恩寵之路走得不平坦，其家族的富貴與衰落亦不難預料。東漢的陰麗華皇后，幾經周折終於站在天下女人仰慕的山巔，起初，陰氏家族仰仗著陰麗華的恩澤，在東漢朝廷形成鐵桶般的權勢，但僅僅 80 年後，這一家族的全族人員被放逐到日南郡，從此再沒登上中國的政治舞臺。

北周的楊麗華是被父親楊堅作為一枚奪權的棋子嫁入皇家的，「楊堅透過兩次聯姻，在關隴集團內部獲得了十分突出的位置，第一次聯姻是楊堅本人娶了獨孤信的一個女兒，獨孤信是八柱國之一；另一次聯姻，是楊堅的女兒楊麗華，嫁給了周武帝的太子宇文贇，後來就成了周宣帝的皇后。透過兩次聯姻，楊堅實際上成為關隴集團內部一個舉足輕重的關鍵人物。」[64] 楊麗華嫁給北周宣帝宇文贇，並不幸福；北周滅亡，她對隋朝的

---

[64]《資治通鑑與家國興衰》，張國剛著，中華書局，2016 年 8 月版，第 340 頁。

建立是有功的。她臨終前最關心的還是自己和北周宣帝所生的獨生女宇文娥英，懇請弟弟楊廣將自己的湯邑回賜給女婿李敏。隋煬帝答應了姐姐的要求，但不幸的是，10年後，李敏惹怒了楊廣而被誅，時年39歲。楊麗華的一生心血和唯一期盼付之東流。

明　仇英〈貴妃曉妝〉

　　後梁的元貞皇后張氏，曾令梟雄朱溫發出「麗華之嘆」，她賢明機智，寬厚待人，天祐元年（西元904年），張氏去世。3年後的西元907年，朱溫篡奪唐朝皇位成功，建立梁朝。16年後，後梁滅亡。史書未記載張氏家族的富貴，若有，大概也隨著後梁一起灰飛煙滅了。

裊裊婷婷走向皇宮後院的女樂皇妃們，風流嫵媚，多才多藝，寵愛來得容易，失去更容易，大多在自己這一世已身敗名裂，家族因她恩澤而享受的榮耀亦倏忽而逝。

　　歷經坎坷、款款走向皇后尊位的「麗華們」，賢淑端莊，德才兼備，因她們而飛黃騰達的外戚們，恩寵亦只有一二世而已，其後便消失於眾人視野與歷史深處。

　　君子之澤，五世而斬；小人之澤，五世而斬；美人之澤，一二世即斬。家族百年基業長青，靠的是一代代人的孜孜不倦、不斷奮鬥上進，試圖依靠族中某一女子的一人得道雞犬升天，達到榮耀恆久遠，大概是最不可信的。

結語

　　在香豔傳奇的故事中開始，在恐懼嘆惋的現實中結束，這大概是歷史上美豔的女樂后妃們的宿命。實則，女樂們也沒有選擇，出身伎家或娼家，才貌是把雙刃劍，向上可攀附皇權，向下即淪落風塵；向上是在權力的刀尖上討生活，向下是風塵中千人踏萬人踩。何去何從，在於機遇，也在於自我追求。

　　「北方有佳人，絕世而獨立。一顧傾人城，再顧傾人國。寧不知傾城與傾國，佳人難再得。」當800年前西漢的宮廷樂師李延年吟唱起這首佳人曲，可曾想到，傾城傾國的佳人，既不會前無古人，也不會後無來者。世間自有城邦、國家，便有對權力的追逐；自有享受無所限制權力的君王，便有對美色無休止的追求；自有猶如長江後浪推前浪的美女去做末代

君主的玩伴，便生出這「多少淚珠何限恨，倚闌干」的亡國之嘆。

這些佳人，大多出身低賤，沒有諸多禮節束縛，故而放得開，反正不需要立什麼貞節牌坊。她們追求的是轟轟烈烈地活一回，哪怕城傾，哪怕國覆，總歸是和情投意合的人在一起，大鬧一場。正如武俠大師所說：人生無非是大鬧一場，然後悄然離去。如此，她們便比普通女性活得真實、活得瀟灑，她們活出了古時難得的女子的自我，雖然付出的代價高昂奢侈，慘不忍睹。

美貌的女子，何其幸運，又何其聰明，她們知道如何最大化地運用上天賜予最昂貴的武器來征服世界。

有人說，男人征服世界，女人征服男人，所以女人也就征服了世界。殊不知古時女人根本就不曾征服過男人，無論何時，男人只是將她們看作一件玩物，輕如一件衣服。顏色好，就多寵幸幾天；顏色差，就棄如敝屣。聰明的女人便利用上天賜予的完美肉體和後天習得的奇巧淫技，去迎合男人、控制男人，用美貌去摧毀這個踐踏她們的世界。馮小憐、潘玉奴、張麗華們儘管未曾有此自覺自醒的想法，但她們實際上就這樣做了。

只是，絕世而獨立的佳人，不加節制地嬉戲，搭配君王無上的權力，威力堪稱炸彈，摧毀一切荒誕的同時，佳人們亦香消玉殞。

往事悠悠越千年，無限江山無限恨。歷史一再用淚水和鮮血告訴我們，不加限制的美貌，能傾城，亦能傾國，如同它攀附同樣不加限制的權杖。

尾聲

陳朝滅亡後約1,000年，明朝戲曲家湯顯祖在他的代表作《牡丹亭》中寫有「沉魚落雁鳥驚喧，羞花閉月花愁顫」之金句。沉魚、落雁、閉月、羞花，偉大的作曲家將中國古代四大美女的美貌巧妙而形象地融會在一起了。

西施，本是春秋時期越國的浣紗女，長得如花似玉，後被越國國王勾踐看中。勾踐將她獻給敵國吳國的君主夫差，他期望西施能施展美人計，讓吳國夫差沉溺於美色，不理國事，這樣越國就能趁機戰勝吳國，雄霸南方。果然，西施不負眾望，吳國滅亡，越國崛起。美人計成功後的西施下落不明，有人說，她被越王勾踐沉塘餵魚了。傳說，當年西施在越國浣紗時，看見她的美貌，水中的魚群羞愧地躲在河底不出來，因此人們將西施的美稱為「沉魚」。

王昭君，本是西漢漢元帝時的宮女，因為沒有替畫師毛延壽送禮，畫師遂將她的畫像醜化，豔若桃李的她因此得不到皇帝的寵幸。漢朝北方邊境的匈奴王來求親，皇帝便將王昭君許配給匈奴王。臨行前，皇帝才發現王昭君驚人的美貌，但君無戲言，只好飲恨吞聲。無奈的王昭君踏上北去的征程，前路茫茫。一路上只見大雁紛紛跌落於平沙之上，原來是王昭君的美貌驚得大雁忘記揮動翅膀了。「落雁」從此成為王昭君的雅稱。

貂蟬，本是《三國演義》裡的人物，她是東漢司徒王允府中的歌女，因長得嬌豔驚人，被王允當作間諜，用來離間奸臣董卓和董卓義子呂布的關係。王允先是將貂蟬許配給好色的呂布，並約定日期送呂府完婚。後又把貂蟬送給董卓。兩人同時為貂蟬所傾倒，貂蟬與呂布幽會，故意讓董卓看到，於是董卓和呂布反目為仇，呂布殺死董卓。呂布後來被曹操縊死，

貂蟬亦被殺。傳說貂蟬在司徒府後花園拜祭月亮時，月亮嫉妒她秀色可餐的美貌，竟躲在雲層裡不出來，因此，人們常用「閉月」來形容貂蟬的美貌。

　　楊玉環，本是唐玄宗李隆基的媳婦，因她過於漂亮，李隆基便將她納入後宮，和她日夜廝混在一起，「從此君王不早朝」。唐玄宗寵幸楊貴妃，聽憑朝政由楊國忠等人把持，導致安史之亂爆發。叛軍打進長安城，唐玄宗慌忙帶著楊貴妃朝西逃去，走到一個叫馬嵬坡的地方，將士們要求處死禍國殃民的楊貴妃才可前行。唐玄宗無奈，只好賜楊貴妃自盡。傳說楊貴妃在御花園裡賞花，她美豔絕倫的容貌使鮮花都自慚形穢，羞得低下頭，不敢仰臉迎人。「羞花」自此成為楊玉環的代稱。

　　若無這沉魚、落雁、閉月、羞花之容貌，又怎能沾染這被沉塘、背井離鄉、兵敗被殺、被迫自盡的被動命運？

　　君莫舞，君不見，玉環飛燕皆塵土。

—— 本篇完 ——

她們，魏晉南北朝女子圖鑑：
賈南風、綠珠、謝道韞……她們的名字，勾勒出魏晉南北朝的波瀾

作　　　者：	淡霞	
發 行 人：	黃振庭	
出 版 者：	沐燁文化事業有限公司	
發 行 者：	崧燁文化事業有限公司	
E - m a i l：	sonbookservice@gmail.com	
粉 絲 頁：	https://www.facebook.com/sonbookss/	
網　　　址：	https://sonbook.net/	
地　　　址：	台北市中正區重慶南路一段 61 號 8 樓	
	8F., No.61, Sec. 1, Chongqing S. Rd., Zhongzheng Dist., Taipei City 100, Taiwan	

電　　　話：(02)2370-3310
傳　　　真：(02)2388-1990
印　　　刷：京峯數位服務有限公司
律師顧問：廣華律師事務所 張珮琦律師

-版權聲明

本書版權為河南文藝出版社所有授權沐燁文化事業有限公司獨家發行繁體字版電子書及紙本書。若有其他相關權利及授權需求請與本公司聯繫。
未經書面許可，不得複製、發行。

定　　　價：399 元
發行日期：2025 年 01 月第一版
◎本書以 POD 印製

國家圖書館出版品預行編目資料

她們，魏晉南北朝女子圖鑑：賈南風、綠珠、謝道韞……她們的名字，勾勒出魏晉南北朝的波瀾 / 淡霞 著 . -- 第一版 . -- 臺北市：沐燁文化事業有限公司, 2025.01
面；　公分
POD 版
ISBN 978-626-7628-28-7(平裝)
1.CST: 女性傳記 2.CST: 魏晉南北朝
782.223　　　　　114000117

電子書購買

爽讀 APP　　　臉書